U0037422

中國驚雷

Thunder Out of China

前言

時勢所造之英雄，終究是無可取代，一旦發生了，就會在某個主題上造就一段具有啟發性的史詩，並在那個分毫不差的當下引爆，成為社會關注的核心。

如此非凡的事件，指的就是白修德[1]的《中國驚雷》（Thunder Out Of China）一書。今天全世界對白修德的認識勝過一九四六年的時候，也就是他與賈安娜[2]的早期成果問世之時。白修德從那個時候開始就已經寫過十幾本書，在每一本書裡，他追求真相的熱情都遭遇了重大的社會問題與政治問題，但卻沒有一本像《中國驚雷》這般舉足輕重。

美國在華利益，源遠流長，深深扎根於十九世紀時的美國貿易形式——飛剪式快速帆船，以及後來的傳福音行為，試圖把基督教和善功帶給被視為落後、無宗教信仰的中國人。

1 譯注：「白修德」是作者之一西奧多．哈羅德．懷特（Theodore H. White）的正式中文名字。

2 譯注：「賈安娜」是作者之一安娜麗．賈科比（Annalee Jacoby）的正式中文名字。

這樣資本主義和倫理的考量，在對於一個被視為陌生、神祕且難忘之國度的浪漫渴求下獲得了支持。

中國在這樣長達一世紀的吸引力下，將其自身更加鮮明地投射在美國的意識上，於是在某種程度上，美國開始透過所謂的「門戶開放」政策（現實中這只是美國政府堅持它在對華貿易上享有利益均霑的權力），以及伴隨大量美國傳教士的努力而出現的慈善事業，把自己視為中國的保護者和施惠者。

到了第二次世界大戰的時候，中國對日本侵略的抵抗被視為英勇的對抗，而為自己搏得了廣大的同情，美國的同情也完全傾向了中國，蔣介石與他美麗的妻子遂成為了美國人心中的英雄；與此同時，在愛德加．史諾（Edgar Snow）的《紅星照耀中國》（Red Star Over Chine）與海倫．史諾（Helen Snow）的《紅色中國內幕》（Inside Red China）二書的大力推波助瀾下，對於中國共產主義的運動也存在一股日漸廣泛的興趣。

白修德在《探尋歷史》（In Search of History）這本一九七八年出版的自傳作品中，說了他前往中國的故事，而且說得比任何人都好。當時已經有大量來自中國的美國報導，但是愛德加．史諾和他那位當時以尼姆．威爾斯（Nym Wales）為名寫作的結髮夫妻海倫，他們所寫下關於毛澤東與中國共產黨人的出色作品卻無可比擬。關於中國抵抗日本的逐日紀錄得以被許多一流的美國記者報導出來。

在這樣的情境下，出現了擁有特殊經歷的白修德。他在哈佛學過中文，也在無與倫比的費正清（John King Fairbank）門下研究中國的歷史和政治。來自南達科他州的費正清，當時在哈佛學院還是初出茅廬的二十九歲，曾到過中國，不僅結識了史諾夫婦，也深知中國的實際現況，而且他所傳達的那些勇氣、活力、熱忱和冒險精神，讓白修德有了一種感覺：沒什麼，真沒什麼比中國更重要。

白修德於一九三九年四月十日抵達中國的戰時首都重慶，從那一刻起，他的人生即是中國。他幾乎直接成為《時代》（Time）雜誌的「地方」（非雇員）特派員，然後很快又成為專職特派員。他無處不到，而且對任何事都帶有狂熱的好奇心和鋼鐵般的耐力，並以非凡的寫作能力跟對真相的著迷涉及所有事。

在戰爭結束之前，無論是中國還是蔣介石和他那卓越妻子的缺點，不管是腐敗，或是毛澤東、周恩來、朱德這些人和其他中國共產黨員的個人魅力及能力等，白修德幾乎無所不知。他認識非凡的「醋性子喬」（Vinegar Joe）將軍史迪威（Joseph Stilwell）和令人驚異的派屈克．赫爾利（Patrick J. Hurley）將軍，也認識一些老中國通（old China hands），像是謝偉思（John Service）和小約翰．佩頓．戴維斯（John Paton Davies, Jr.）。

白修德後來跟他的老闆，時代雜誌創辦人亨利．魯斯（Henry Luce）非常熟識。亨利．魯斯本身是中國的「傳教士之子」，起初他是魯斯的寵兒，後來成了魯斯無法寬容的競爭對手。

最重要的是，白修德開始瞭解中國，包括整個中國、國民黨員、共產黨員和傳統派，然後更逐漸瞭解中國和美國之間微妙而最終變得極為複雜的關係。如果他沒有完全掌握毛澤東和史達林之間錯綜複雜而且基本上屬於對立的關係，那也不能怪他。任何處於中國和蘇聯政治局最核心以外的人都無法理解這些細微差別，或者說是不被允許去瞭解。不過，白修德的分析卻緊緊抓住了這些本質。他理解中國共產主義不是蘇聯共產主義，延安不是莫斯科，而毛澤東也不是史達林的屬官。他正確察覺到中國共產黨員靠向美國的傾向，而且也完全明白，史達林從一九三〇年代中期以來，就一直支持蔣介石，而中國共產黨員在抗日戰爭中只能仰賴自己。正如白修德的觀察：「毛澤東試圖闡明他的信念，中國共產黨員唯一依據的架構必須是中國的現實，而非外來的政策。」

隨著日本投降，白修德明白中國的未來以及美中關係的未來將取決於國民黨員與共產黨員之間可能發生內戰的勢力平衡。他對美蘇干預的預期是確實的，而美國與蘇聯之間的戰爭態勢將凌駕於中國情勢之上的預期也是真切的。

《中國驚雷》是白修德讓美國人瞭解這個危險局勢所作出的英勇貢獻。他曾就蔣介石和毛澤東兩人所扮演的角色與意義跟亨利．魯斯及《時代》雜誌發生爭吵，並因此分道揚鑣。白修德以狂熱的方式寫作，因為他感覺中國和美國正在災難的邊緣，在局面變得無法挽回之前，他要不計代價地讓美國人掌握中國真實現況的事實。他出色地達成他的目的。過去《中國驚雷》非常成功，現今讀起來仍然像當初寫下的時候一樣鮮明，其中的報導、判斷以及人物性格的描寫都經得住時間的考驗。在將近四十年後，《中國驚雷》的描述，還是讓中國在大規模內戰以及革命前夜的寫照生動、適切地躍然於紙上。白修德捕捉到的當下就宛如琥珀中的蒼蠅，讓我們可以在它的所有複雜光度中回首重視，他身為記者的本能並沒有將他帶往錯誤的方向。

確實，白修德對未來所提出的解決方法，就像他在一九四六年時寫下的，對於某些人而言可能理想化到惱人的地步。但假如他的想法被採納了，中國和美國也許已經避免了流血、犧牲、受難和對抗的損失，那是龐大到無法估計的代價。中國將會，也一定會發生革命，白修德此時的理解已是普遍的常識，他的明智之處是希望政府由國民黨人、共產黨人和無黨派民主人士聯合參與，但中國政治的現實（殘酷）和美國政策的無能都讓白修德的希望成為難以企及的目標。

《中國驚雷》對於中美兩國來說都是有幫助的，它是一系列由美國記者持續寫下的非凡著作之一，這些作品是以參與動亂的人無法複製，甚至無法試圖觸及或跟上的方式，捕捉著一個國家處於動亂之中的當代史，因為這些人身陷於事件的暴力漩渦當中。今日當我們在瞭解中國共產黨員是如何在最後的掙扎階段為自己帶來權力時，白修德的著作是不可或缺的，正如一九三〇年代，中國共產主義運動在毛澤東的領導下從延安展開，當我們要瞭解其運動本質時，史諾的著作同樣是必須的存在。《中國驚雷》正如當初完成時那樣，如今依然是一個注定要花一輩子探尋歷史的人（就像白修德自己後來所描述）的一場輝煌冒險。

哈里森・薩利斯伯里（Harrison Salisbury）

塔柯尼克，康乃狄克州

一九八〇年五月

致讀者

本書是兩個人的智慧結晶，幾乎所有章節都是兩位作者在最緊密的合作之下誕生的成果。文中有時候只有我們其中一人現身於事件的觀察與報導，在這種情況下，少數幾章中的第一人稱便是白修德。

我們想要感謝許多人於閱讀、編輯以及準備出版稿件上的幫助，其中幫忙最多的有傑克・貝爾登（Jack Belden）、羅伯特・馬喬爾（Robert Machol）、瑪格麗特・德丁（Margaret Durdin）、南西・賓恩（Nancy Bean）、卡蘿・惠特莫爾（Carol Whitmore），以及葛蕾蒂絲・懷特（Gladys White），她在剔除本書錯誤上貢獻極大。這些錯誤也許書中還有，然而我們在這裡想總結和表達的是，這是我們的責任。

我們還想表達我們對時代公司的感謝，謝謝他們允許我們重製我們擔任專職特派員時寄給他們的素材和部分新聞稿。然而，本書的意見和結論僅是兩位作者的意見和結論，絕對沒有反映時代公司的意見和政策。我們也感謝美聯社（Associated Press）允許我們重製他們報導攻擊珍珠港的第一份新聞稿。

中國驚雷
Thunder Out of China

白修德 與 賈安娜
一九四六年八月十五日

序言

這場戰爭沒有擊出最後一槍、沒有最後的防線，也沒有區分和平和戰爭之間的最後一日。散布在地表上的六家無線電台滴答作響，將訊息傳遞於首都之間，同時也傳送到無數平民家裡。和平在空氣中傳播，遍及全球。在東京灣內，密蘇里號（U.S.S Missouri）戰艦上舉辦的盛大典禮，是個令人掃興的結尾，是個陳舊的慣例，是為了尚未到來的和平以及尚未結束的戰爭而舉辦的制式儀式。

在黑暗陰鬱的烏雲籠罩下，世界上最大的艦隊躺在世界上最大的廢墟中間。密蘇里號一邊停著美國船艦愛荷華號（U.S.S. Iowa），另一邊則是美國船艦南達科他號（U.S.S. South Dakota）。一面殘破的旗子掛在密蘇里號戰艦的其中一座砲塔上，旗子上有著三十一顆星，那是稚嫩的共和國的旗子。在將近一百年前，這面旗子由海軍准將培里（Matthew C. Perry）自同一個港灣帶來。在主桅之上，飄揚著聯邦（Union）的戰旗。甲板上擠滿著美國的天才使徒們——技術專家、重轟炸的專家、戰術轟炸的專家、兩棲作戰的專家、空運部隊專家。這些人是屠殺界的藝術家，歷經四年的戰爭已經被訓練得臻於完美。這戰艦本身，從上方的雷達桅，到下方的灰色厚裝甲（由成分保密的合金組成），全是美國技術的完美模範。這是一場美國秀：演員有蘇聯人，帽上圍著紅帶子，還有一個塔斯社（Tass）的新聞短片攝影記者，堅持要鑽進主要演員當中拍攝；另外有加拿大的將軍，他搞砸了自己的戲份；還有一個服裝剪裁講究的中國將軍，戰爭時他人在重慶，當時曾在一張大陸地圖上調遣著疲倦的師旅。這些人也是技術專家，但他們被身穿著美國卡其色、白色制服的人群淹沒。太平洋上的勝利，嚴格來說是技術上的勝利。我們身為技術領域的頂尖能手，威懾了其他各國。

日本人的出現為我們提供了一抹人性的觀察。六個日本人，移動到密蘇里號的一側甲板上，大家的記憶中只記得兩個人——梅津美治郎將軍和政治家重光葵。梅津穿著閱兵時的軍裝，身上所有的緞帶都閃閃發光。他的眼神空洞，但你可以看見他臉上隨情緒忽脹忽消的痘疤。重光戴著絲質高帽，身穿正式的早禮服，彷彿要去參加婚禮或葬禮。他的一隻木腳，在甲板上跛行著。當他準備攀上露天甲板簽訂和平協議時，他痛苦難受地緊握繩子向上攀爬。看見重光吃力的爬上階梯，每個人都帶著野蠻的滿足感，沒有一個美國人願意向這位跛腳老人伸出援手。

重光和梅津被引領向前，麥克阿瑟將軍（Douglas MacArthur）漂亮地說完一段詞彙經過精挑細選的談話後，他們便在文件上簽署，宣告了日本帝國的末日。現在，重光和梅津也都成了技術人員，如果有人問他們為什麼戰敗，問他們為什麼被迫簽下自己的世界末日，他們會提出許多令人信服的理由。這些理由圍繞在船艦噸位、五金、槍炮、師團、盟友的數字，以及不合時機的決定。他們所有的理由也許在專家耳裡聽來通情達理。不管是重光還是梅津，他們大概完全不會認為自己的戰敗可能是因為他們的盤算是如此的可怕邪惡，所以得到報應、自食其果。他們簽字之後，其他各國的將軍與海軍上將們隨即在文件上簽名，於是和平——如果這代表和平的話——就此到來。

這次的勝利是美國的勝利，是美國透過金屬、槍砲在數量上的優勢以及高超技術，將日本打得體無完膚的勝利。不過，不論是密蘇里號上的歡慶勝利，還是勝利之前的挫敗日子也好，或是勝利之後充滿生氣的日子裡，都沒任何跡象顯示美國瞭解自己在太平洋上打這場戰爭的意義。我們感到一股來自東方，惡毒、黑暗的威脅，弄來一台蒸氣壓路機把這威脅碾碎。但是，我們從來沒有停止探詢這股威脅的源頭。

美國的戰爭盲目地阻擋了一場人類史上最大規模革命的發展——亞洲的革命。我們暫時切開高壓的腦袋，釋放大量鮮血來緩和緊迫的張力，但基本的緊繃狀態和潛伏的壓力仍然存在，並逐漸醞釀出新的危機。和平並沒跟隨勝利而來，整個亞洲的人們依然在相互殘殺。他們今天如此，未來也將持續如此。

在亞洲，有超過十億人對世界的現狀感到厭煩，他們確實生活在可怕的束縛當中，除了鎖鏈之外他們已經沒有什麼能再失去。他們受限於無知和貧窮的情況，已經嚴重到即使把他們的日常生活描寫下來，美國的讀者也不會相信。在印度，人們的平均壽命為二十七歲，而中國有一半的人還不到三十歲就夭折。在亞洲的每個地方，生命都充斥著無可避免的恐怖——飢餓、屈辱和暴力。無論處於戰爭還是和平、飢荒還是豐食，屍體都是寬廣公路與城市街邊上稀鬆平常的景象。在上海，早晨的例行公事就是在工廠門口收拾童工的屍首。官員和憲警對亞洲鄉民的痛打、鞭笞、虐待和侮辱，都是政府權威的實質。這些人努力求生，用最原始的方法和與生俱來的氣力，從貧瘠的土地中挖出任何他們可以賴以維生的東西。當天公不作美時，他們只能餓死。歐洲在不到千年之前，也經歷過這樣的生活，於是歐洲發起一連串的血腥戰爭來反抗舊有的制度，讓舊有制度在經過一代又一代的提昇後，成為我們現在認可的文明。而亞洲的人們正經歷著一樣的過程。

史書往往過度關注在成功的革命上。當龐大的群眾自悲慘的情況中爆發，想要以流血和暴力來改善自己的生活時，迎接他們的通常是當代歷史學家的驚恐和謾罵，唯有時間能使這種起義受人尊敬。當起義失敗，表面的穩定被重建起來時，這種穩定會被視為美好而令人滿足的東西。然而，在表面的穩定之下，革命失敗的悲慘、緊張、壓迫以及恐懼，依舊不斷以折磨人的暴力形式向內發展。於是人們被壓抑的熱情，在虛假口號和修辭的誘騙下，很容易引發成悲劇，最後背離整個世界的和平。這就是發生在日本身上的情況。

我們與日本的戰爭，是一場使革命結果付諸東流的戰爭。一百年前，西方衝擊著中國和日本，轉動了革命之輪。幾個世代以來，我們普遍認為日本已經成功過渡至現代世界，而中國則失敗了，但那是錯的。日本的革命，在培里抵達東京灣後的十五年內就已失敗。日本領袖思想陳舊、保守，革命的能量落到他們的手中，全被扭曲作為日本帝國為出發點。正如一九四一年我們所知的那樣，一個社會無法解決自己的問題，只能藉由侵略世界來解決，這是一種注定會發生的侵略行為。潛伏在日本鄉村的悲慘，對工人們的嚴格控管，日本的領袖為所有的人民帶來了災難。至於中國的那延續了一百年的混亂，則證明中國人反抗古老不幸的革命浪潮，已經強烈到任何團體都無法掌控與曲解。

日本向我們發起的這場戰爭，在起跑點就已經先輸了。他們對政治只有亂七八糟的理解，在這樣的軍事領導下，他們被更為高明的軍事專家打敗，因為這些軍事專家雖然對政治的理解與日本不相上下，卻擁有日本無法比擬的鋼鐵與科學資產。雖然戰勝日本，但我們沒有就此帶來和平，這份在日本流產的革命，仍在其他亞州地區進行。在整個亞洲，人們依然試著將自己從過去的飢餓與磨難中解放。

尋求改變的力量在中國，要比整個亞洲的其他地方都要來得危險，也更具爆炸性，亞洲的和平以及我們未來的安全，端看我們是否瞭解這股力量有多強大，是從何而來，又受到什麼牽制。同盟國的各指揮官中，除了約瑟夫．史迪威將軍，似乎沒有人曉得這才是這場東方之戰的根本問題。史迪威沒有意識形態，但他明白參與此戰的我們，是在描繪和平的輪廓。他瞭解勝利與和平都需要透過手段，才能夠把人們的力量從封建的束縛中解放出來。他的方針來自於他在戰場上親身體驗中國生活的經歷，但這個方針並沒有獲得美國政府的支持，他甚至還被解除指揮權；不過，他被解除指揮權這件事，是一個比他在戰場上贏得的任何殊榮都還要來得光榮的標誌。

這本書是中國戰爭故事的一部分，唯有中國人才能為自己的人民寫下真正的中國歷史。中國戰爭的故事是蔣介石的悲劇故事，他跟日本或者勝利盟國的技術專家一樣，對戰爭有很深的誤解。蔣介石無法理解這場革命，認為革命是必須加以摧毀的駭人之物。他占盡所有優勢，包括強大盟國的支持、正義的動機，以及起初全心全力熱誠擁護他的所有人民。他所帶領的人們，本能地感受到這場對日戰爭其實是在對抗時代悲劇下的整個腐敗結構。當蔣介石一邊抗日，還一邊保存舊有結構的同時，他不僅無法打敗日本人，也無力維護他自身的權威。而他那位歷史留名的敵人——共產黨員，卻從八萬五人的軍隊成長成百萬大軍，從管理一百五十萬農民的地方長官成為九千萬人的統領。共產黨員靠的不是魔法，他們知道人民想要什麼樣的改變，而他們願意發起這些改變。兩黨都在說謊、欺騙和毀約，但人民站在共產黨員那邊，所以他們可以蓄人民之勢創造他們自己的新正義。所以，當美國技術專家的勢力在戰爭最後一年轉而支持蔣介石時，即使是美國也無力幫他奪回全國光榮抗戰第一年，他曾經擁有過的權力。

目錄

Chapter 1

重慶，與時際會的城市

Chungking, a Point in Time

重慶，中國的戰時首都，沒有被標注在任何人的地圖上。那個被稱作重慶的地方，是個昏昏欲睡的寧靜小鎮，座落峭壁之上。峭壁從揚子江上[3]的雲霧中升起，劃破天際；只要揚子江持續流入太平洋，這座江上城鎮就會永存著。

歷史上的重慶，是一座與時際會的城市，一個超出地理含義的臨時居所，像慕尼黑和凡爾賽一樣，是成千上百人共同分享過的插曲，這些人心懷著中國的宏偉，懷著守住家園抵禦日本人的滿腔熱血，共聚在重慶牆邊的陰影之下。這些人來自各方，大人物或小人物、高尚者或墮落者、勇者或懦夫，他們在此聚集過短暫的片刻，戰後全都返回老家了。倫敦、巴黎、莫斯科和華盛頓仍是關鍵大都市，是發號施令和下達決策的中心，那些名聲響亮的人們也依舊生活在那，老朋友依舊在熟悉的老地方會面。但重慶的功能只屬於戰時，是與時際會的地點。如今城市已逝，而它在全中國一度燃起的偉大希望和崇高承諾，也跟著一塊兒死去了。

歷史讓重慶成為中國的戰時首都，因為不論從傳統、邏輯或是緊迫性來看，都是唯一的選擇。過去幾百年來，重慶因為是內地關鍵省分中的關鍵城鎮而聞名。中國的大

3 譯注：即長江，不過長江自江源至宜賓各段有獨立的名稱，而宜賓以下則是狹義的「長江」，幹流江段各有別稱，其中宜賓至宜昌又稱「川江」，枝江至城陵磯又稱「荊江」，安徽省內江段又稱「皖江」，南京以下至長江口的江段就稱為「揚子江」。

江——揚子江，被華中和內地的狹窄岩谷擠壓，一分為二，而峽谷上的第一大城重慶，是座會讓那些想以武力溯江西進的敵人眉頭緊皺、堅不可摧的堡壘。它在商業和政治上稱霸四川省，而四川則統御著整個華西。四川（名為四條河川）是一塊巨大的三角洲，面積和人口都勝過法國和英國。在整個中國歷史上，它位於嚴峻高山的屏障內，自成一國。冬天溼潤而寒冷，夏天則潮濕而溫熱，中國最豐富的礦藏和最饒沃的土地都在它的群山之內。四川滋養萬物，而且生長良好，盛產糖、小麥、稻米、橘子、杜鵑花、罌粟花以及各種蔬菜，中國有句俗諺說：「四川物產豐富，是天府之國。」

四川的僻遠和自足，讓整個省遠離了國家主政，它以神祕、遙遠國度的姿態出現在傳說和歷史故事中。其實，正是四川的落後，成就了它在中國歷史上的重要性，一直以來，四川人都是最後才歸順於新王朝，是北京最難管轄的地方。而前仆後繼反抗外來政權的力量，也總是蓄積於四川的人民，他們是抵抗災難的錨石。以一九一一年反抗滿人的共和革命為例，這場繼而引起全世界的關注、釀成世代的轉換，並從中誕生出現代中國的大革命，就是從四川爆發而進入華中。可是在那場革命之後，四川再度被冷落，獨自度過漫長的二十五年。四川不刻意追求革命，卻陷入了混亂之中。四川軍閥的部隊，拖著疾病和恐怖，跨過一個又一個的山谷，將所到之處摧毀殆盡。在政府的舊有制度失去效力之際，軍閥們全然掌控了農民的生命，並且開始那史無前例、可笑又野蠻的征戰。這些軍閥都是有聲有色的人物，他們歡快地跟眾多小老婆住在豪房裡，以鴉片買賣養胖自己，從農民身上強索稅收，有時預收多達五十年，並從原有地主身上強取土地來增加自己的地產，藉此成了地產大亨。他們財富充實，洋溢著傲慢。

一九三〇年代中期，一個名為劉湘的大軍閥，仿效蔣介石統一中國的方法，用欺詐和武力征服了其他軍閥；一九三七年，當日本人攻進華北時，坐鎮重慶的劉湘將軍以穩固的半封建式網脈將四川聯合起來。在這樣的軍閥聯邦制度下，地下組織沿著河谷遍地開花。這座散發著鴉片味的城市裡，霍亂、痢疾、梅毒和沙眼，腐蝕著人們的健康。城裡幾乎沒有工業發展，教育更是原始，全省五千萬人，僅有兩間所謂的大學以及一所一流的傳教大學。華西的農民跟他們的父親、祖先一樣在土地上工作，他們的眼界最遠只到下一個市鎮。當日本侵華時，四川的軍閥全都百分之百地擁戴蔣介石，但在他們不尋常的思維當中，他們與蔣介石的盟友關係僅限於共同對抗日本人，不代表他們交出了自己的獨立，也不代表他們從屬於任何人的命令之下。當日本人長驅直入內地之時，四川省接收了各地來的難民，重慶則成了臨時政府。

這個被中央政府接管來當流亡之家的城市，即便在中國也是一個為人所知，極不適合生存的地方。重慶的一年之中有六個月處在雨霧的籠罩之下，巷弄滿是爛泥。加上重慶位於揚子江和嘉陵江的交會之處，如同舔食著陸地的舌頭，洪水季時水位會從六十英尺漲至九十英尺，每年都會把沿著江邊蘑菇般蔓延生長的搭建棚屋沖刷殆盡。重慶的經濟結構由數千個農村構成，這片土地供應農人稻米、肉類和蠶絲，帶來紗線、衣料和煤油。它是一個農村都市，聲音和氣息都像一個龐大的封建村落。古老重慶的城牆，從江流匯合之處延伸到陡峻的山脈之巔，環繞了整個半島，進入城市腹地的開口位於山頂之上。當地人說這個城牆大約建於五百年前，現在幾乎原封不動地佇立在那，九座大城門依然是交通運輸之要道。一九三九年，當重慶開始被轟炸時，其中一座城門每晚都還是由守夜人看守著。九座城門裡，有八座敞開於峭壁之上，俯瞰著大江，第九座則是陸路通道，稱為「通遠門」，也就是「通往遠處的門」。古代的驛道都是從通遠門離開重慶，沿著山谷通往成都，再從那裡爬上北方群山前往西安，然後迂迴曲折地抵達北京。現在通往華西的主要公路，在離遠通門一百英尺處貫穿了城牆，但乞丐們依然聚集在古舊拱門邊的陰暗處，而販售鞋帶、橘子的小販們，依舊倚在斑剝損壞的石階旁。

在戰爭打進以前，牆內的一切就是重慶的一切。二十萬人全擠進這個貧瘠的區域中，只有少數的有錢人在城鎮幾英里外擁有占地廣大的私宅，諸如軍閥、大銀行家或富裕的地主。城牆內彷彿不受時間影響，抗日戰爭之於二十世紀的到來，不過是幾十年前的事，第一輛人力車在一九二七年才出現，它們都是新穎、新奇的事物，就像那兩條新建的公路一樣。一九三一年第一個公用電話系統建成，一九三二年有了全新的自來水系統，而二十四小時的供電服務則在一九三五年才開始。隨後在本世紀之初，第一艘動力輪船於揚子江逆流而上，但日後不再多見。

重慶上千條的巷子，從兩條主幹道延著山坡放射出去，它們蜿蜒曲折，經由階梯下降，幾世紀以來已被草鞋踏到光滑無痕。本地四川人在這些巷弄裡已經住了上百年，他們避著下游那些世俗的中國人，對他們抱持著戒心。這裡的巷子狹小，被黑暗的斜影劃過，在起霧的日子，看起來就像灰白霧氣中的通道，其中有些窄小到穿越時，雨傘能接到兩側屋簷滴下的水珠。苦力們帶著水桶，搖搖晃晃地穿過泥濘的階梯，前往那些供水系統無法觸及的邊巷，而他們傾倒汙水和垃圾的河流，卻也是他們取用飲用水的來源。入夜後，家裡會點起油燈和蠟燭。當人們病了，有些人會前往三家優良的傳教診所或醫院，但更多人會選擇尋求中醫，用神祕配方調配治療藥物，配方從麝香到孩童的尿液，什麼都有可能。把一隻活生生的公雞綁在屍體的胸口，藉此來驅靈，是他們對抗感染的方法。他們頭戴染灰的頭巾——看起來就像回教徒的特本——是一種十六世紀時用來哀悼民間英雄逝世的遺俗。女人們在跟鄰居聊天的時候，會當街餵養嬰孩，還會直接把孩子抱到排水溝上解便。

舊街上滿溢著美好的古老聲響——嚄嚄叫的豬、嚎啕的嬰孩、嘎嘎叫的母雞、婦女的八卦、男人的喊叫，以及苦力從河邊貨船上把貨物搬上城腳時，那永久傳唱的同一首曲調。

賣布的人擔著貨物，一邊走，一邊有韻律地敲著一塊木頭，宣傳著自己的商品。雜貨擔販把貨物裝在一個小方箱子裡，背著走，一件一件大聲念著貨物的名稱。晚上挑糞的人也自己有一套唱法。賣銅傢伙的也有一套——小鈴子、小刀、剔牙仗、挖耳器，通通掛在一根長桿子上搖來晃去。負責將舊棉被翻新的店鋪裡，工人們敲打著一根顫動的弦子，彷彿低音提琴的伴奏，一會兒深入棉花中發出鼻音，一會兒響亮起來，再一會兒又埋在棉花裡發出嗡嗡的鼾聲。

一九三九年，這個古城附近，新的戰時首都出現了。蔣介石選擇重慶為首都的原因與歷代征服者相同，都是因為它在地理上的關鍵位置。華西所有的交通線都以重慶為中心匯聚，公路通向東南、雲南、成都及北方。許多河流在湧入峽谷之前先在重慶匯合。比起其他城市，蔣介石可以在較短的時間內利用重慶運送較多的軍需品和援軍到前線去。不僅如此，重慶還有別的優點——它有名的冬霧能將城市包覆隱藏起來，一年有六個月的時間，讓日本的轟炸機難於轟炸，而它的山崖可以挖建世界上最堅固的防空洞。

從一九三八年秋天到一九三九年春天，那些被日本人趕跑的政府人員，有的衣衫襤褸，有的是烏合之眾，還有的是貴族，紛紛來到重慶。政府機關大陣仗的轉移陣地至此，他們有人坐公共汽車或小轎車、有的坐卡車或黃包車、有的坐船或是步行。小販、店老闆、政客都在長途跋涉之後定居該城。該城二十萬人口在幾個月之內增了一倍多；在一九三八年秋天，武漢陷落之後的六個月內，該城人口接近一百萬人。舊城擠得水洩不通，大街小巷充斥著莫名的欣喜氣象。這就好比美國肯塔基州小鄉鎮裡的鄉下人，突然要招待最顯赫活躍的紐約人、德州人和加州人一樣。

新的建築物像真菌一樣擴散。四川沒有鋼，因此他們把竹頭當作梁柱；釘子少，竹條就用來固定梁柱；木頭也少，只好把竹頭劈開，編成牆壁。最後，這東倒西歪的小盒子似的東西，四壁塗上泥，上頭再用茅草或瓦片一蓋，就是房子了。在這些草屋裡，住著「自由中國」的信仰者，這些公務員們大可以回去和敵人合作，過上更舒適的生活，但卻選擇待在重慶——因為國家需要他們。城裡滿是新店鋪和新招牌，每家店鋪都標著老家的地名：南京帽莊、漢口洗染公司、蘇州糖果店和上海修車廠等等，各都有幾十家。這些難民各有其飲食口味，四川的飯館無法一一滿足，因此出現了各種飯館，各家都標明自家的特色。各地的飲食習慣從沿海地區跟隨難民一起進到內地來。骯髒、草率築成的棚屋內，你可以買到福建魚羹、廣東點心、湖南辣子雞、北京烤鴨。在戰時的幾年裡，重慶內有錢奢侈的人漸漸多了，店裡可以吃到山珍海味，和皇帝時代一樣好——只要出得了錢。中國各地的方言在重慶混雜一塊，變成一種奇怪而快樂的叫囂，充斥著噪音、懶洋洋、不連貫或粗魯的聲音。外國人以生澀的國語問路，很可能會問到一個廣東人，對方的國語甚至比他更不行。政府機關的官員們發現，和某些同事以紙筆溝通反而來的方便，四川的傳話員很難懂得他們所說的話。

重慶沸騰、擴大了。它溢出城牆到達市郊以外，吞沒了稻田和荒野。政府為街道訂定新的名字，民國路、民生路、中一中二中三路等，所有這些聽上去堂皇漂亮的名字，出現在官方文件和邀請函上。但黃包車夫可認不得這些。當你接到一份邀請函，就得立刻將它譯成舊的四川話，讓黃包車夫聽懂你是要到觀音岩、七星崗，還是陝西街、白象街口。

這裡的難民和流亡者，落定後不久馬上認定重慶是個令人厭惡的地方，而最惹人厭的部分，就是重慶人。與政府一起到長江上游的下江人，把四川人當作某種奇妙的次等居民。雖然重慶的銀行家楊氏兄弟，是屬於有錢的貴族階層，可是一般的四川人，頭纏骯髒的白布，說話像在唱歌似的，圓滑如啼聲，態度則是一副沒精打采、要死不活。甚至在連沿海最落後的人眼裡，四川人還比他們更落後些，畢竟沿海的人還有見過電車。在另一方面，本地人卻視下江人為闖入者或外國人，應該要被處罰、榨取和譏笑。外江人的大量湧入使物價高漲，這更加激惱了他們。重慶一直以來不大受西方文化影響，它仍死守著舊觀念，結婚依然是由父母作主，丈夫第一次遇見妻子，是在結婚的那一天。重慶看不慣下江女孩子唇上的口紅，她們頭頂的捲髮，年輕男女在公共的飯館裡一起吃飯，使它大為震驚。

那些剛到的人，也許會發現這裡的天氣甚至比人更惡劣。重慶只有兩個季節，兩個都糟糕透頂。從初秋起至暮春止，霧和雨滴滴答答，籠罩全城的潮濕和寒冷，占領著每戶人家。大街上的泥巴有好幾寸厚，人們把滑溜溜的泥巴從寢室帶到辦公所裡，又再帶回家去。除非有機會探訪少數有煤爐的現代化人家，否則怎樣也逃不掉潮濕的寒冷。居住地擁擠不堪，逃難人家捲縮在偷工減料的茅屋裡，只能在炭缽上暖暖自己的手指，要不就只能早點熄燈上床。大家發顫到夏天來的那一刻，夏天一到，熱氣就來了，太陽曬得人發昏。全城覆蓋著塵土，塵土之厚，像冬天的爛泥一樣。而濕氣沒有隨夏季而來遠去，讓人整天渾身是汗，而那針刺似的熱，殘害著皮膚。走上一點點路如同遠征一般，走長路簡直是酷刑。成群結隊的臭蟲出來了，綠色的小蟲在飲用的水裡游泳，四英寸大的蜘蛛，在牆上爬行。有名的重慶蚊子也來了，美國人說，這些蚊子是三隻一組出動工作的，兩隻揭開帳子，第三隻就嗡嗡嗡地進去咬人。熱到肉都腐爛了，水更是永遠不夠。痢疾肆虐，躲也躲不掉。

在濃霧之下以及酷熱之中，這戰爭的六年間，發展出近乎荒唐的各種生活方式。中國社會的所有各階層，在其各個發展階段，都混雜在一個城市裡，這個城市的主要性格，由誇張、瘋狂和妖媚湊合起來。政府宣布燙頭髮是非法的，上海和香港女人依舊偷偷的違禁燙髮；政府宣布抽鴉片是非法的，本地船夫和腳夫照樣偷偷的違禁抽鴉片。富人的幾輛汽車在大街上狂叫著走，閃著成群的豬和破爛不堪的黃包車。天旱時節，許多人頭上插了綠葉，排成一隊向神道求雨；傳統的婚禮行列，領頭的是飾有紅布的花轎，愉快地在號召人們紀念航空節的牌樓和標語橫幅之下走過。重慶城總是浮動的著各種氣味，香的臭的都有。栗子攙在砂粒裡放在炭火上炒，風一吹，帶來草藥店裡微微的甜味。在夏天，陰溝裡面人的尿屎惡臭，與摻著油煎、香料味的食物香氣混在一起。

外國人、流亡者和四川人有一項共通點，那就是陌生之感。沿海來的流亡者對時間和空間都感到陌生。他們從海岸向中國內陸撤退，每後退一步，就和不久以前才剛脫離的民族古老傳統接近一步，他們到達重慶時，就像重回了封建時代。重慶本地人對於時代也是有陌生之感的，新的世界走到他們身上，他們不能理解。

重慶首度遭大轟炸的那一夜，四川恰巧遇到月蝕。據中國的民間傳說，月蝕是因為天狗吞月，只有敲打銅鑼才能把天狗嚇走，使它不致完全把月亮吞掉。五月三日空襲至五月四日空襲之間的夜裡，救月的銅鑼通宵地敲打，銅鑼響徹城中，與火爆聲及許多受難者的哀痛之聲合成一片。

大轟炸促成重慶的偉大，也將各地參差不齊的男女融合成一個社會。重慶是一個不設防城市，它的高射炮幾乎毫無用處，在日本開始對該城大轟炸的時候，炮筒的膛線因為用得久，全磨光了。這裡沒有雷達，也沒有任何能稱作是空軍的東西。居住地擁擠得可怕，房屋由易燃的材料建成，救火器具和水源缺乏，就算有也等於沒有。能對付日本飛機的只有三件東西：城內崖石之間的大山洞，還有中國人機靈而快速架構出來的防空制度，以及人民不屈不撓的意志。

轟炸在一九三九年五月開始。當年秋天漢口淪陷之後，日本人等了幾個月。他們向蔣介石提出議和以及奴隸條件，但都被否決了。所有的大城市都落入侵略者手中，七零八落的中國軍隊，無助地散布在蒙古至廣東一線的山嶺上。日本人覺得中國早已一蹶不振，剩下的，只是以火焰來懲罰依然頑強的中國政府，逼他們面對眼前必然的失敗。這項任務，日本人交給空軍執行。四月底，當冬天的霧在重慶周圍消散，日本飛機來了。兩次的空襲劃下新的時代，第一次空襲剛過去，第二次緊接著就來。第一次空襲發生在一九三九年五月三日，破壞不大，炸彈多半落在長江的水裡。隔天的二次空襲才是真正的大災難。轟炸機從北面的暮靄之中飛出，泰然自若地排成整齊的隊伍，一個連著一個穿過舊城的市中心區。發揮不了作用的高射炮彈在殷紅的天上苦尋彈道，在空中爆成一片粉紅色，但永遠也打不到，永遠只打在轟炸機隊的後頭。

炸彈投下的恐慌襲擊了重慶。屍首、血淋淋的人，以及數十萬擠不進防空洞的人們，當地人被這些景象嚇壞。但更讓他們恐懼的，是那些過去前所未知東西——來自未來世界的轟炸機，那些轟隆靠近地面，沒有任何傳統民間信仰能解釋的新式飛機。日本的燃燒彈引起十幾處小火頭，在一兩個鐘頭之內蔓延成火堆，永遠吞滅了那些古老的街巷。在後街、小巷以及彎彎曲曲的弄堂裡，數千男女被火燒死，無法搶救。許多古廟的別緻圖騰，被身後火海一映，與暗夜形成強烈對比。大火製造的一切混雜聲音，由於古城的坍陷，顯得更是強烈——木頭折裂、嘶叫、人們的呼喊，還有木板和竹子搭成的陋屋在猛火之中溶解時，竹節不時發出的折裂聲。

人群從那條通往郊外的主要街道上湧去。恐慌透過沉默散播開來——晦暗光線下一張張緊繃的臉、身子挨著身子地推擠碰撞、嬰孩的啼哭、婦人的悲泣、男人靜靜地坐在土堆和石塊上。飛機已經走了，人們剛從現代世界逃離出來，那個世界是他們理解範圍內最令人膽裂魂飛的事。他們在爆炸發生的那一剎那間，帶著奇奇怪怪的東西奔逃：有的人帶著活雞，有的人帶著家用物品、被褥、茶壺，或親人的屍體。這一大隊人快速地走入田野的黑暗中，雜亂的腳步在塵土之中翻滾，連綿不斷。有時轎子、黃包車、軍用卡車或漂亮的小轎車擠入人群，人們就退開來讓它們過去，讓完路行列又合攏來，繼續拖著疲憊的步伐急速向前走。

起初，重慶缺乏對炸彈的應對能力。他們曾經只是拜神求雨的農人，他們向矮胖的彌勒佛以及其他各種家神祈求的，不過就是風調雨順與日常必需品，突然要面對那些配有引擎的怪物從天上丟下來的死亡，完全招架不住。如果日軍馬上再來幾回這樣野蠻的空襲，重慶大概會就此垮台。政府猶豫了幾天後打算再向後撤退，退到四川的內地去。這一星期裡，街上不大有人，馬路上散布著瓦礫堆。沒想到轟炸機竟沒有再來，原因不明。差不多過了一個月，日機才恢復空襲，這時的重慶已經喘過氣來了。不過，首次轟炸後的幾個星期，街上閒蕩的人心有餘悸，如果稍微受到一點兒驚嚇，便以為聽見空襲警報聲而奔跑起來，別人看到也跟著跑，最後幾千人爭先恐後的擠入防空洞，其實方圓百英里之內並無敵機。到仲夏時，這種頻繁出現的虛驚也不再發生，重慶在恐怖之中安頓了，就這樣忍受了三個夏季的轟炸。人們學會信賴兩樣東西，空襲警報制度和防空洞。

警報制度的建立，顯現出中國人的機智敏捷，這制度透過陳納德（Claire Chennault）貢獻的一些意見再稍加整飾。陳納德是美國的航空專家，在戰爭中一直是中國政府的高級航空顧問。警報制度的功用，是要通知重慶轟炸機的到來，判斷來者是偵察機還是轟炸機，以及可能抵達重慶的時間。日軍主要轟炸基地在漢口，中國的間諜在漢口守望日機的出發，一看到，就打電話通知藏在市內的中國電台。這些電台就從漢口報告中國前線的電台，在敵機還沒有到達飛行高度的時候，重慶早已得知敵機在途中了。中國沒有雷達從空中探測來襲敵機的高度、方向和數目，但他們在中國的邊界上派駐數千個兩人一組的觀察哨。

重慶最初使用的是極為陽春的警報器，當敵機溯江越過四川省界時，會發出警報聲響，此後各項功能大幅改善。政府在市內山頂及山腰各處，設立絞架般的柱子，當警報一響，柱子上便升起一個巨大的紙燈籠，代表離敵機來襲還有一小時路程；若掛的是兩個燈籠，代表敵機近了；兩個燈籠突然降落，意思是「進洞吧，他們來了。」綠色的長燈籠是警報解除的記號，在夜裡，燈籠裡會點上火。他們不實施半滅、暗、全滅的燈火管制，日機若出現在五十英里之內，電力廠會直接拔掉總電源，使全城陷入死寂——電燈、無線電、電話、機器，什麼都不動了。在空襲時，如果憲兵看到窗戶裡有光、香菸頭的火，或是手電筒閃爍，會乾脆直接開槍。

警報網以重慶的防空洞制度為基礎而設計。重慶城建築在峻峭的山岩上，他們把崖石鑿開，挖成大小道路以及各種洞窟，有的山洞長達一英里半。挖防空洞成了重慶城內的基本行業之一。整個冬天，工人們有韻律地揮槌鑿山，唱著歌，黑炸藥炸開山石之聲，是城市內習以為常的聲音。鑿掘出來的石頭，用來鋪築新的道路。每個政府機關都有一個近便的防空洞，各機關搶著要建造最大、最乾燥的防空洞。機關內每人都有一張入洞證，憑證才可以攜帶他的太太、小孩、母親、父親以及親戚入洞。人們都信任自己的防空洞，數年的轟炸期間，掘得較深的山洞頂多只有兩、三座崩坍，加上有掛燈及警報制度，在危險逼近之前躲進防空洞的時間總是足夠。

重慶就此衍生出全新的生活型態。比起過去任何時期，人們更常需要居住在工作的地方，突襲式的轟炸讓行動受到限制。各機關都蓋起宿舍，宿舍大部分住的是職員及其家屬。訪客一進中央廣播電台那宏偉的大門以後，就得彎著腰走過一堆晾著的濕漉漉衣服。行政機關的堂皇門階上，孩子們在嘰嘰咕咕地玩耍。一切東西，從機關的檔案到職員的衣物，平日都打包得好好的，以便警報一響能飛速衝進防空洞。日常辦事還得視天氣而定，需要走得遠的事務，要留到陰天處理，若看似要出大太陽了，人們就必須在天亮以前起身準備長征，以免空襲來時趕不到防空洞。重慶官員和民眾們的態度值得讚許，他們大方地接受一個事實：在夏季任何出太陽的日子，他們都隨時可能會被炸死。大家都口渴，每個人都睡不好，無論誰都在塵灰之中走路，全部都要蹲在山洞裡。他們開始自傲了，開始景仰四周所有同受苦難考驗的人們。在這種情況下，穿西裝的中國人和穿藍布衫的中國人彼此都是同胞。

政府的唯一資源就是它的人民，在這雖然短暫，但沒有外界援助的孤立時期，政府知道他們必須依靠人民，而且要給予人民領導權。也因此，人民領導的精神充滿著高尚理想和自我犧牲，當時重慶的英勇事蹟，在歷史上留下了漂亮、精彩的一頁。當時重慶市長叫作吳國楨，是一名胖呼呼，受過美國訓練的知識分子。他在轟炸時，指揮城內各項生活應變救急，做得比誰都好。當天空在空襲，他卻在戶外衝來衝去，以令人敬佩的個人勇氣指揮救護以及救火。他是委員長的親信之一，他個人的性格品行，激勵了所有人。敵機若轟毀掉一大片地方，他便馬上再弄出乾淨的新街道來。不過，吳國楨的名聲後來漸漸低落，因為他向戰爭將結束後瀰漫重慶的厭世和投機主義屈服，而且是比別人更嚴重的屈服了。

五月初到九月底，熱氣籠罩在重慶頭上，日機隨心所欲地折磨著重慶。一九三九年時，它們的主要戰略是夜晚突襲，一九四〇年它們大多在白天來襲，一九四一年則花樣多變，日夜都來，使人們一小時又一小時地，經常蜷縮在汙臭潮濕的洞裡。水管炸斷了，電力系統破舊了，可是全部缺乏材料修理。店裡幾乎什麼東西都買不著，農民也不大願意冒風險把食物運進這座死亡之城。

重慶的傷疤是它的榮譽的徽章。炸毀的店鋪、燒平的大片土地，新房子的竹和泥的殘骸，都是戰爭中的傷痕。採訪重慶人時，常被他們帶去看這些東西，這些英勇的證據。苦力挑水，要挑到離河邊數里之遠的地方。市內最好的旅館會供應客人洗澡，洗澡水摻著一英寸泥，一英寸水，而這可是莫大奢侈。有的屋子裡裝設稍微現代化的廁所，廁所裡有個盛水的木桶，可以用泥水沖掉髒東西。一個人一天能用的水量通常只有一錫盆那麼少。早上才將身上的臭蟲擦去，到了中午和晚上，繼續用同一盆水，一天用到最後，能把漱口水吐在盆內，然後在門口倒掉，真是令人鬆下一口氣。人們因為不太有機會洗澡，滿身散著山羊臊味，但誰也不介意；他們穿著好幾個星期沒換的舊衣服，根據不同的季節，衣服上可能滿是泥漬或是汗漬。馬路上堆得亂七八糟的電線，是電話系統殘留的零件。有時接連好幾天沒電，因為電線炸斷了又修，修了又被炸斷。垃圾堆滿在陰溝裡發臭；炸彈坑裡的蚊蟲滯留著，瘧疾因此流行。痢疾越來越厲害，霍亂、麻疹還有一種討厭的腸胃寄生蟲也是，連小傷口都會腐爛成頑疾。支離破碎的房屋裡，居住著老鼠，牠們依賴廢墟之中的東西過活，吃得越來越肥，看起來越來越討人厭；有時，老鼠放肆到會群聚在你的腳邊。據報導，有老鼠咬死過小床上的嬰孩。

從沿海跟隨政府來的人，發現自己被夾在轟炸和通貨膨脹之間。他們渴求食物、衣物、和溫暖。一家人如果能在陋屋之中找到一間居所，就夠幸運了。未婚的低階公務員只能擠在政府宿舍裡，一小間起碼塞著四個人，他們拿一條薄被當作被褥，這薄被的功能不過是使床上的鐵絲彈簧不那麼扎人而已。大部分的家庭和辦公廳是不生火的，公務員們白天穿著大衣哆嗦，晚上蓋著大衣當棉被。物價每天每天地漲，薪資越來越跟不上物價。政府有鑑於此，每月發給公務員幾包米，並以平價發售最低限度需用的粗布、油、鹽和柴，這些基本的東西保障了生活。月復一月，鈔票價值越來越低，低至整個月的薪水可以在一晚的宴客場合花掉。政客們有時會公宴，對人們來說可是天下好事——終於可以多吃一些。

一九三八年或一九三九年來到重慶的人們，沒有一個預料自己竟會在重慶逗留一、兩年以上。時光流轉，這群人變成中國各省風光的超級大雜燴。把太太留在上海和廣州的男人們，也許另外娶妾，或將太太接過封鎖線來團圓。孩子出生後，父母們當掉所剩的家產，購買奶粉和維他命。從前把孩子送進沿海較好的學校的家庭，如今眼看著孩子在寒冷，兔園一般過度迫窄的地方受教育。孩子長大，說著圓滑如啼聲的四川方言，讓父母聽得耳朵脹痛。鐵路和電車裡創造出不少奇異的愛情故事，和政府一起西進的青年們，在普通情形下，應該是在沿海自己的圈子裡找對象，或者由父母安排門當戶對的婚姻，現在大環境奪去了一切。北平籍的男孩子與四川女孩子結婚，上海家庭裡的女兒嫁給廣東人。這是很奇怪的姻緣，戰爭結束時，有一個可愛的廣東女郎，丈夫是上海人，暫時被留在重慶，她則由政府機關先送去上海，她說：「我丈夫交給我一封要給他母親的介紹信。聽說她是個觀念守舊的人；我沒辦法和她溝通，因為我不會講他們的方言。」

跟隨政府來到內地的千千萬萬人，要是當初留在沿海吃日本人的飯，大可以改善自己的生活。日本傀儡政府給的薪水，要比重慶政府高上兩、三倍，家庭需要的舒適也不缺乏。但是在轟炸期間，在中國單打獨鬥的時候，小公務員之間卻從來沒有出現任何想臨陣脫逃的聲音。意志薄弱的人早就隨著傀儡頭子汪精衛，在轟炸開始之前逃之夭夭，其餘沒逃的人是打算留到底的。在內閣、高級將領和大官之中，有些人會和日本的治安官眉來眼去，但在低階公務員之中，他們所持的基本信念：虔誠、紀律和希望，卻堅如磐石。

政府常常派人坐夜班飛機到英國的屬島香港。中國航空公司的飛機在夜裡飛越日本占領地，清晨抵達香港。你在傍晚時分離開骯髒的重慶，只要六個鐘頭，就可以在空中俯瞰香港，閃閃發光像顆黑暗之中的聖誕樹，它的柏油馬路和路燈，彷彿金光閃閃的緞帶，一直延伸到山頂上。早上你置身一家旅館裡，有乾淨的毛巾和流不盡的水，只要電話一打就能享受各種服務。重慶缺少的，香港一應俱全。輪船從香港出發前往上海和天津，前往留在故土的家人。但當中國孤獨地撐著的時候，即使勝利的希望微乎其微，飛到香港去的人們，總是會回來和政府一起扛下抗戰的擔子。

回顧太平洋戰爭後的重慶，以上述這種澎湃激昂的情感描寫，似乎顯得怪異。因為在戰爭接近結束時，重慶變成一座悲觀厭世之城，骨子裡都是貪污腐化的。早期轟炸之中的重慶，其真實情況，比外國記者向外界大肆報導的傳奇英勇還要更為複雜。這些外國人與中國人相處一段時間後被當地人的精神感動、迷惑。由於這樣的報導，中國披上偉大動人的形象精神，散布到世界的另一頭。到了太平洋戰爭時期（當時針對新聞出版品制訂新的限制和審查標準），這形象已完全根深蒂固，要再改變觀感極為困難。直到戰爭快結束，出版品審查制度撤銷，美國人民才漸漸開始接觸較為貼切的中國政治報導，當他們讀到內容與初期產生出的形象大不相同，不免懷疑所謂的重慶精神——不論是早期還是戰後的重慶——全是宣傳家的謊言。

不過，一九三九至一九四一年之間，戰時的重慶，全民族確實激昂、震顫著一股力量，因此匆促的旅客很容易太快形成一個錯誤認知，以為重慶城本身是強大的，力量是從城裡產生進而帶動鄉下。實情恰恰相反，中國的力量來自農村，是千百萬農民的精力和雄心壯志感染了重慶，光是重慶本身是相對缺乏力量的。這場戰爭的真正關鍵，是零星散布在大地上的鄉村，而重慶的精神力量隨著轟炸結束消逝，當危機過去，精神也一併死了。

這份共患難的精神曾復甦過一次，在重慶雜亂的山谷間迴光返照了一下。那是抗日勝利日之後，該城捲舖蓋回家的時候，人們打包行李和家用物件，千千萬萬人準備著車船，沿著六年前流亡時前來的道路打道回府。

重慶最高的山的頂上有一塊草地，能眺望嘉陵江壯觀的山谷。站在山頂上可以看見河道的迂迴曲折，以及夜間盤繞重慶諸山的螺旋型燈光。勝利後的幾天，滿月照耀著大地。如果你在月光明亮的夜晚爬上山頂，你會看到一幅悲哀卻動人的場面。山頂上到處散布著三兩成群的人，靜靜地坐著。他們一聲不響，俯視著注月光下的山坳以及銀色的河流，他們是來向戰爭，向重慶，向這個風雲際會的時期告別的。

Chapter 2

農民

The Peasant

這些參戰的中國人，是過著中世紀日子，卻死於二十世紀的農民。

重慶政府的力量來自鄉村。在鄉村中，農民過著古老的生活——約四五百年以前，西方人經歷一場性質與這場抗爭相似的暴力時代後，便脫離這種生活方式了。經過記憶力的篩選，我們將那段日子稱作浪漫時代；但我們忘掉其黑暗面，那些構成封建時代的野蠻一面。

我們過去的文明，和中國目前的文明一樣，是由平民的奴性建構起來的。平民被土地奴役，陷入一套社會的習俗之中，成為迷信和瘟疫的犧牲品，俯伏求取主人的恩惠憐憫。他在冬天發抖、在荒年挨餓，在尚未成年時因過勞而死。極少數的有閒階層，從農民的勞力中獲利，把遠古相傳的階級觀念和習俗，傳下來給兒孫。這個階層的人，他們的想像力永遠侷限在僵化的固定範圍內，永遠沒有能耐將那些他們底下的愚民，視為和他們一樣有著人類尊嚴和感受的人。西方世界曾發起一系列血腥的戰爭來反抗封建制度，一路累積到最高峰——法國大革命。我們以敬畏的心回顧法國革命，卻又視當時的手段可怕殘暴，令人厭惡。不論如何，整個亞洲正在進行這樣的革命，它沸騰的暴怒即將融化大地，而這場大變動的中心，就在中國的農村裡。

中國當時四億多的人口中，農村居民占百分之八十。這百分之八十的人，幾乎全是以農耕自足。這也顯示了一件重要的事實——中國是農民之國，是一個風吹日曬的勞苦男女之國，人民每天從日出到日落在田裡工作，他們渴望、熱愛著大地，生命的一切意義，都與土地脫離不了關係。中國的大城市透過現代化的交通向彼此及向西方聯繫。因為二十世紀的強勢出現只是近期的事，大城市文化對中國而言，總體來說是陌生的，對鄉村來說則是多餘的，由於城市的居民也幾乎都是來自於鄉下，他們的思想，依然停留在鄉村，那些籠罩在摩天樓、工廠陰影下的鄉村。

鄉村的景象，是一堆磚屋和茅棚。村子規模較大的話，外圍有一道由泥和碎石建成的牆壁圍繞全村，小村落則是十幾間房子擠在一堆，以守望相助。在富足的村莊裡，大戶人家旁的綠樹成蔭，磚屋的牆壁塗成白色。至於貧窮的村莊——大多數村莊都是貧窮的——就是一團東倒西歪，遭風雨侵蝕的黃色、棕色屋子。沒有天花板，只有梁柱搭成的屋頂；沒有地板，只有被無數次踩踏的泥地；窗是用油紙做的，光線透不太進來，導致屋內永遠一派昏暗。農民把穀子藏在家裡，晚上把牲畜也放進家裡，祖宗的排位同樣供奉在家裡。白天街上沒有男人，院中豬打滾、雞咕咕叫，孩子裸著下半身在太陽下裸奔，母親們在門口袒露棕色的胸部餵哺嬰孩。暮色蒼茫時，男人們從田裡回來，全中國各鄉村在同一時間內繚繞著藍色的煙霧，那是煮晚飯的時間。在日落時分，煙霧同時從各人家的屋內裡吹向天際。大一點的村子裡，一些過得比較優渥，買得起燈油的家裡，門口會透出幾小時的黃光。若是較小的村莊，當夜色到來炊煙在黑暗中消隱時，村子便一下陷入酣睡，一點光都沒有。

生孩子、耕地和播種時，村中男女聚在一起。男人、村莊和田地的合作永恆、嚴謹。所有的工作，從春天播稻種、暮春在水田裡插秧，至秋天用鐮刀收割，都是用雙手完成。和美國比起來，中國的農人不像在務農，更像在從事園藝工作。他和妻子及孩子們，用手一顆一顆地摘除雜草。一年十二個月囤積著全家的尿糞，到了春天，他用勺子將坑裡把臭氣沖天的綠黑色糞汁一勺勺地舀出來，仔細地、一點也不浪費地將這種氮肥澆在他的蔬菜和田畝上。收割期到來，全家出動到田裡割稻。家裡的人幫他打穀，用打禾棒反覆地撲打，或讓牲畜拖一塊巨大的滾石在打穀場上一圈又一圈地繞著。所有生命都和土地繫在一起，農民在土地上工作，靠土地吃飯，把排泄物交回土地，最後也把自己交歸於土地。

中國農人和美國農人之間存在著幾項不同。中國農民的耕地，如手帕似的一小塊一小塊。中國農家，包括人口稀少的西北在內，平均每戶只有四英畝不到的耕地；在華南和華西等人口稠密的省份內，平均每戶只有一英畝至一英畝半。即使這樣的迷你小田，也配置得亂七八糟，耕地東一條西一塊，農人必須一會兒在這工作，一下又到他處。普遍農民擁有的牲口很少，因為糧食珍貴，沒有多餘的來養豬或食用牛，也挪不出寶貴的草地養乳牛。他可能有一兩頭豬，可是這些豬和雞一樣是用廚房裡剩下的廚餘餵養。假使他生活還過得去，可能會有一頭黃牛或水牛來拉犁，不過大部分的農民家產之少，連一頭牛都買不起。

他沒有受過教育。不識字、迷信又保存著古老的習慣，很難用白紙黑字說動。他的眼界有限，因為在主要公路以外的地方，交通像一千年以前一樣不方便。他接觸的人、與他談話的人，都住在離他的出生地步行距離一天以內的地方，那些人的思想也和他差不多。他使用的技術原始，也根本不懂怎麼選擇適當的種子，直至最近，政府在改良選種方面也沒有太大貢獻。他不會處理蟲害，他的鐮刀、粗陋的犁、打禾棒，以及碾穀石，都是他的祖先在用的。節儉支配著他的一切行動，他撿取每一小屑的草，聚起來當柴燒，在劃分成極小的田埂上種豆或蔬菜，不浪費任何一方尺可以種植東西的土地。他用稻草編織帽子、籃子和草鞋。他把豬的膀胱吹成氣球給小孩玩。他節省著每一小條繩線，每一小塊紙，每一小片破布。

到了最後，腰都快弄斷，他辛苦奉獻一生最終所得的卻少得可憐。每畝生產量雖然還不差，抵得上美國同樣大小土地生產量的百分之八十至九十，但如果算起人力，算起工作時間，算起要餵飽的人數，相對產量便顯得微乎其微。如果一個美國農人用機器、牲口、優良種子，和大面積農田所耕的地，能生產十五磅穀子，一個中國農人只能生產一磅。也就是說，中國的農人經常在和饑餓抗戰，他們一家人生活在飢餓的陰影裡。

每個人的家庭就是他的個人人格。也許除了少數例外，這是我們已經無法理解的觀念：家庭代表著個體。家庭的共同力量支撐個人度過不幸；家庭貪而無厭的要求，使一個人無法擁有儘管只是一絲的隱私或獨立性。

中國婦女頻繁地在生孩子，但嬰兒的死亡率和疾病，削減著活人的數目。中國人溺愛孩子，他們會在能力所及拼命縱容、姑息孩子，即使最窮的農民都會設法把嬰孩包裹在紅布之中，用父母的小心呵護和愛悶死。這一部分出之於所有普遍父母的溺愛；一部分也是社會壓力的結果，因為在中國，孩子是保障老年的唯一形式。父母靠勞動過活，直至筋肉耗竭，他們年老時，若沒有家屬照顧便註定要餓死，沒有孩子是最大的悲劇。不過和一般的認知相反，中國農民的家庭並不大，家長制的大家庭，也就是一家住著祖父、祖母以及結了婚的子女，與其說是習俗規定如此，但其實僅是少數現象，因為大多數的農家空間太小，供應不下這麼大一群人。一般家庭平均人數只有五個人，如果一個農人的田地，只夠養活他自己和家人，代表他只養得起一個兒子，要是有兩個兒子的話，他的田的就必須分而為二，兩個兒子都不夠吃。兒子有優先分得土地之權利，但只有兒子有繼承權，女兒從父親那裡分不到田地，她必須嫁出去分她丈夫的。因此農人認為花在女兒身上的錢以及她吃掉的食物是一種浪費，一種收穫極少的暫時投資。

各地的結婚儀式和歡慶氛圍大同小異，也是靠土地決定一切。嚴格的社會制度規定男方要出多少禮，女方要出多少嫁妝。這些禮可能得靠田供應，或得賣掉田地本身來支付，於是不寬裕的家庭想要聯姻很困難。結婚是由父母，而不是由愛人安排，婚姻把男女兩家結成並不親近但是有實質利益的親戚，所以聯姻之際，得考慮兩家每一位成員的情況。結婚為所有人帶來喜悅，除了新娘自己。新娘的父親雖然必須給嫁妝，但他至少擺脫掉身邊的「賠錢貨」了，而且也許將來能得到一點其他好處。新郎得到家具以及在家庭之中某種程度上的獨立性。婆婆呢，多了一位可以訓練、指揮和利用的女傭人，而且將來有一天會替她生出一個孫子。只有新娘沒有尊嚴和地位，她在生出一個兒子以前，還不能算作家庭的一員。丈夫向她展現情愛會被視為荒謬，會被家裡問罪，直至丈夫與她保持適當距離為止。

喪事引起的悲戚和外界給予的長期尊重，各地相去無幾。辦理父親的喪事，是兒子的最高責任，他必須供應親友喪服和酒席。喪事和土地也有著密切關係，若在收成不好的年景死人，喪事可能得緩辦，有時甚至要抵押或賣掉田地來辦喪事。如果兩個兒子在爭奪繼承權，那麼出得起錢辦喪事的人占上風。死人並沒有離開土地，土地是他的長眠之所，是他靈魂的歸屬。墳地除非緊急狀況，不能變賣，因為那是過去老祖宗和未來子孫所共享的。

中國農民的文化——就西方人所知——極少為人所知。中國農民都很迷信，他們在蓋房子前有找風水師來看風水的習慣，確保方位正確，能帶來好運勢。每個人都崇拜祖先，在廟前燒香，相信土地城隍之類的事。全國各地都找得到看相卜卦的人，各地的婦女都會和他們商量事情。各地有屬於自己的節日，但重大的節日如新年等等，各省過得同樣相仿。新年是陰曆新年，如同我們的復活節，並不是每年都在同一天。中國新年的過節氣氛快活愉悅，帳目都在新年以前算清，各家都休息不做工，妻子回到娘家去作客，大家都穿上新衣服，頭頂刮得精光雪亮。這是一個澈底的休息和充滿歡宴的節日。鄉下人不大知道中央政府曾下過命令，規定元旦為陰曆一月一日，而中國一向當作新年的日子，其實應該古雅地稱為春節。

除了這些全國性的特色以外，每個地方為自己的特殊風俗為傲，也許是某座傳說中的聖山、神聖的洞穴、河流湖泊等等。這些地方風俗編織在民族傳統之中，使各省各有特色，也使得不論中國人或西方人，只要踏上他鄉，就會成為外國人。

將這些人連結在一起的，與其說是他們共同的文化、共同的語言或共同的傳統，不如說是他們共同深陷的貧困和無知。這份貧困和無知，在西方找不出類似的例子。這裡的貧困是骯髒茅屋裡的生活，是泥地上人口擁擠的房子，是污穢和營養不良所生出來的疾病，是冬天的寒冷和單調的食物。由於嚴重的匱乏，佝僂插秧而彎曲的背脊，由於接連生養孩子而破碎了的腰骨，所有的中國人都在拚命掙扎著生活，抓住任何他們可以賴以維生的東西。這齣悲劇在中國各地鄉村上演著，你可以看到適婚年齡的女子雙頰如花朵，黑髮閃耀著健康，結實的身體充滿著生命力；你也可以看到比她們大十歲至十二歲的姊姊們，她們的眼睛疲倦、身體佝僂、胸脯和肚皮由於疲勞和生產而鬆弛，她們年紀尚輕卻已經老了，中國的生活榨乾了她們。

瀰漫在鄉村的悲哀中，還添上幾樣讓外國人著迷的動人特點。其一是中國民族性裡那近乎惡作劇的幽默感，在這裡，任何奇事，不管多麼微小，都是大開玩笑的機會。人們在街上或鄉村茶館裡的聚會，總是蕩漾著嘻笑，他們說笑的題材廣泛又實際，比如嘲笑自誇者的故作謙虛、洋人西裝的樣式，以及各種玩詞弄句。甚至一些實際無常的日常事務，也被人們鄭重其事地用幽默的方式來描述，比如他們說農民趕鴨子上市場的時候，有權讓鴨子在田岸上吃掉在地上的穀粒，因為鴨子灑下的糞能肥田，帶來更豐富的報酬。第二個特點是閒談，閒言閒語從這家茅屋走到那家茅屋，八卦從低聲耳語一路傳進所有人的耳朵，無孔不入。私下的爭吵都不是私事，因為全村一定得一起加入辯論和評判；父親的兇暴、兒子的不肖、富地主取新的小老婆，都是全村大事。而該死啊，假如比較開明的良善主婦或閨女聽了誰的勸告，做出一點不大慎重的事情，整個村子的閒言閒語簡直如滾水一樣地沸騰。閒談內容涉及全人類的所有事情，從收穫和捐稅談起，直到把戰爭、和平等世界大事全詼諧地調侃了一遍為止。

這種現象是出於對情感的渴求。大部分農民不識字，無法閱讀書籍和報紙。他們沒有電影，也沒有無線電，生活樂趣來自各方謠言，幾乎隨便什麼東西都能用來填充單調日子所產生的巨大空洞。農村市集是社交和經濟場合，在農閑時節，人們聚在貨攤旁閒話家常、看變戲法、聽說書人講故事。有時有江湖戲班過境表演古典戲，人們即使不能理解古代用詞的意思，對其象徵意義也一無所知，表演過後也總會品評個好幾天。只要發現稍有異樣的人或事，農民一定會聚集而來圍觀，修車工在鄉村裡修整機件，旁邊總是觀眾一大票。帶著相機的外國人，很快就會被愉快、好奇的人群淹沒，無法拍攝任何照片。

中國的鄉村生活不能完全以陰鬱的顏色來描繪，因為它自有美麗的一面。舉目四望，漂亮的峰頂、山脊和斜坡間滿是銀色月亮似的一彎彎的稻田。美麗的草場上，有金黃的油菜花，掛著紅柿子的樹林，以及亮黃高大的麥田。大一點的鄉村裡，富人的家裡匯集著中國古典優雅的文采之美。綜觀各地的建築樣式，沒有什麼能比中國的庭園迷人可愛，半月形的橋凌駕在小池之上，金魚在池中游著；方形的房屋由一套一套的月洞門隔開來，像是一座自成一格的內部世界，由多個寧靜島嶼構成。家裡收藏著令世界讚嘆的古書、繡花綢絹、漆器、瓷器、畫作、雕刻品等。他們的佃農從未見過這些漂亮東西，偶一見之，也難以用同樣的眼光欣賞這些用農民的血汗換來的高貴物品。

愚昧和勞動，只不過是中國農民肩上重擔的一部分；另一部分重擔，來自社會制度，那些和他們的迷信同樣淵源古老的制度。農民和土地的關係，由控制土地的人來決定，這是中國社會的怪象之一，也是中國最大的癥結點，卻缺乏足夠的統計數據。有些人估計——粗略的估計——中國農民之中有百分之三十是半佃半自耕農，百分之三十是佃農和無地的雇農，百分之四十是自耕農，這個分析結果非常驚人。施加在佃農和小自耕農身上的壓迫，與美國農村裡的壓迫大不相同。中國地主把佃租抬到不能再高的程度，好一點的田地他們收取收成的百分之五十至六十；在某些地區，如重慶，他們收取百分之八十以上，在地權十分集中的縣份裡，大地主們像歐洲封了爵位的貴族一樣，有自己的武裝家臣，有無情的收租管事，還有農奴，即佃農。

自耕農的日子不比佃農好過。任何人都可以向他抽稅（而且大部分都會這麼做）他必須負擔政府的勒索、各種本地官吏的零星竊盜，以及駐紮在他所屬縣裡的軍官們的無度需求。路過他的地方小兵們，覺得自己能任意向他索取豬隻、肉、食物。有時農民需要貸款，貸款在中國，可以把名義上擁有土地的農民降而為替債主耕種的雇農。一筆借款——買種子、耕具或家庭急用的借款——使農民陷入高利貸的天羅地網之中，不管政府如何設法打破鄉村中的這個制度，貸款權依然在鄉村小押當和高利放債者的手裡，而這種人，通常就是大地主兼做的。利率高至年利百分之三十至六十以上。一個人一旦深陷高利貸中，就不再有什麼脫身的機會。在市場上，小農同樣處處吃虧。他在收穫季節低價出售米穀，但在青黃不接的時候卻必須以高價買市場上的米。對外交通不便與道路稀少，導致每一個地區幾乎與世隔絕。沒有統一的全國市場按照供求規定公價，也沒有鐵路使各地互通有無。

在任何鄉下，地主、高利貸者和商人，往往都是同一個人身兼的。通常大鎮市裡總有一個由「小康」家族組成的嚴謹社會圈子，他們的田地產業為他們帶來威嚴的氣概和文明的外表。當傳統主義者談及中國鄉村民主時，他們講的大概就是這些「父老」，所有人的事情都是由父老決定。這些父老不外乎就是有錢有地的人，或他們在商業上的同盟者。中國少數的「文人」，就是出得起錢受教育的人，他們同樣出身於這樣的家族；中國各級政府的人員，是從這些能受教育的人之中挑出來的。所以官僚主義就根源於這些人對自身所處階級，對顯赫家庭背景的忠誠。在鄉下，富有田地的人家和地方政府的相似性人盡皆知。政府指派保長和甲長負責收稅、徵兵和維持公共秩序，這些保甲長幾乎全是有錢人。

但這些人家所謂的富有，絕對無法和美國對比。中國最大的地主所擁有的田，通常最多不過數百英畝。大市鎮上一名商人的總資本，很少超過美金五萬元。可是在潦倒的鄉村背景下，這樣算是極為富有了。所有的人都在和悲慘搏鬥，中國的各種問題，都是由這種衝突產生——人們在和大地搏鬥時，往往以自相殘殺收場。只有真正貼近農民的人，才會瞭解他可以用多小量的米就收買下一個人；才能體會他同胞的奴性有多堅韌。只有體驗過勞動之心力交瘁的人，才能欣賞無所事事的幸福。商場上肥頭大耳的商人和高利貸者，特別享受他擁有的熱騰騰餚饌，因為能夠享有的人太少了。

農民若去控訴這些統治著他們的寡頭政治，根本沒用。他如果想控訴不法的捐稅、高利息、警察的作威作福，他必須向地方政府請願，而地方政府組織庇護的正是壓迫他的那些人。在戰爭以前，少數研究地方政府問題的人，發表了幾篇詳細的調查，內容說明這個制度如何是發揮效力，內容足以讓中國的良心慚愧。他們寫了幾本生硬的小冊子，把這個地主制度痛罵了一番。在一些地方，無力付出重利息的農民會被當地的警察捉進監牢裡；被關進去的農民若家裡沒人為他送飯送水，他們就會餓死而沒人理會。在某些地主的田莊裡，農民被迫做著無酬勞的工，作為他們封建義務的一部分。農民收穫時，不管是政府人員還是地主都各自勒索一份。

地主、高利貸者和商人這三位一體，在整個中國歷史中一直被人們痛恨著。它阻礙中國的發展達五世紀之久。在上一世紀，這制度更是把中國農民束縛無比地緊，因為受到西方影響，他們以暴政和商業更加壓迫著農民百姓。古時候，水旱、飢荒、戰爭強化了地主與佃農的制度，因為農民被迫出售或抵押自己的土地，以應付迫切的需要。但是西方的商業壓迫，在中國造成了新形式的流動財產，而且這些財產集中在少數的西方工廠和商業買賣人的手裡。這種新生的商業資產，和歷史上其他任何地方的商業資產一樣，缺乏專業知識和技能，缺乏勇氣和適當的條件；它發現投資於土地最為安全有利，尤其是在上海和廣州這類城市附近的土地，新的財富便傾瀉到鄉下去；土地的價值飛漲，而農民在自己也搞不清楚的情況下被碎屍萬段。在這些城市的近郊地區，百分之八十的農民成了空手的佃農。土地作為商業投機的重要性愈來愈大，使地主和他過去所有的個人義務分離。地主們於是居住在城市的舒適便利中，遠離鄉村，以不斷增高漲的價格買賣土地，他們盡可能抽取最大的收入。在許多地區，按照規定，佃戶向來握有不屬於外人的耕種之權，地主具有所謂「田底」的權利，但佃戶有「田面」的權利，及耕種土地的權利，任何地主不能出售農民的田面權，不能剝奪其生活。可是，當現代化的投機買賣侵蝕古舊的土地所有制之後，這種古怪的規定便歸於烏有。

在沿海地區，西方商業帶來的影響直接而顯著；在內地，就顯得比較隱約不明。中國內地眾多農民們，在農閑時候從事農村工業，田裡的工作告一段落時，農民就織製土布、籐籃、草帽和粗絲，到本地市集上賣掉，賺取微利。這些農村手工業的獲利極低，但是他們的生存線是如此狹窄，這一點點收入對他們而言卻是性命攸關。當西方的工業品開始傾入內地，有的從海外直接運去，有的經過前哨站上海進來，新的棉織物、晶亮又小巧精緻的東西、煤油，以及其他物品，都賣得非常便宜，而且質料也好，使農民的手工品毫無競爭可能。農民家裡缺乏電力，也缺乏其他能源，他們只有人力，因此不管他們做出來的東西多麼便宜，在質料或價錢上，都無法和工廠造的產品競爭。中國某些區域的家庭工業這就樣全部被消滅了，農民也再也無法利用閒暇時多賺些補貼。而工業不僅沒有在內地建立起來，以吸收過剩的農村勞動力，反而只集中在沿海，吸乾了不景氣的農村人口，這些人只求一日三餐，而且每天在工廠裡工作十四小時左右。

過去一世代以來，國內的叛亂也是另一樁慘事。把內地撕成一塊一塊的軍閥們，多半是精明而跋扈的人，他們想要永遠占有他們獲得的東西和地位，而最好的達成方法就是獲得土地。於是農民被趕出田地，或被捐稅剝奪土地所有權。在華西成都附近的一個縣份裡，百分之七十的田地屬於一個人，此人過去是一名軍閥。這些軍閥現在即使失掉軍事地位，依然擁有強大的經濟力量。

中國農民被投機家、軍閥和西方的工商業弄得破產，桎梏在自己的古老封建關係之中，被壓迫到連氣都喘不過來。即使中國有新的鐵路和工廠，就算中央政府有一些合人性的紙上立法，有些學者仍舊認為，全世界只有中國的人民比五百年前吃得更少，生活得更苦，穿得更糟。

西方和中國的許多研究者，是透過古典文學來認識中國。因次，他們眼中的中國自然是「古雅」的，他們看到的是年深月久的蒼翠鏽痕，悠然籠罩在中國的鄉村和人民之上。那些古文以聖經般的古典韻律描寫著鄉村，使中國生活彷彿一首田野牧歌，從這一個季節蕩漾到另一季，從播種時蕩漾到收穫時，從出生蕩漾到死亡，全如詩歌韻律般抑揚頓挫、恰到好處。中國的知識份子對外描寫關於他們國家和人民的作品時，也總是強調這份瀟灑之美，以及古代哲學的清明純潔。而這些形象不僅虛假，還會帶來更多的錯誤理解。

在這些農事生活的表面下，醞釀著一股求新求變的騷動之情，現在這躁動現象日益高漲，擴散至中國的主流政治中。當農民在鄉下起義變亂的時候，他們的野蠻暴力程度，讓原本以為農民溫馴可愛的外人大感驚駭。人民若抓住機會，以原始的公道加之於壓迫他們的人，他們的兇惡殘忍和粗野，是什麼都比不上的。搶掠、屠殺、火燒廟堂，以及泥濘的草鞋蹂躪的絲綢錦緞，觸目驚心。但是所有發起的革命，不論規模大小都缺乏人性和辨別力。

中國面臨的問題，在於能否出現任何形式的民主制度政府，在農民自行執法而將鄉村燒成一片火海前，以明智的法律、和平的手段來緩和這種緊張狀態。

Chapter 3

國民黨的崛起

The Rise of Kuomintang

由於鄉下的貧困，以及農村中日益增長的緊張和壓力，中國內部的高壓刻不容緩，只有透過改變才能緩解——理想的情況當然是和平進行，沒有其他辦法的話，就剩暴力。在中國歷史上，這種革命壓力並非首見，舊制度一再施加農民過重的負擔，此時農民便以鮮血染寫土地的歷史，以拚上性命的怒氣掃蕩大地，擺脫當時的統治皇朝，重建一個新秩序。中國的許多朝代，都是由起義產生。每個朝代初始，頂上有大刀闊斧的政府，下面則有土地和封建義務的重新分配。而每個新朝代本身，隨時間再次經歷日益擴大的分化，變得同樣令人不能忍受，受苦和不滿的人所醞釀的革命，也再重新爆發一次。

但今天的危機是和過去的危機不同。原因之一，是以往的起義，頂多要求在制度中稍微增加一些農民的權利，而這次他們訴求的，卻是把整個中國社會結構提升到符合現代世界。另一個原因，是前述革命重組的無限循環，經歷不斷的受挫和失敗後，不再能發揮作用。一百年以前，一場反抗清朝末期的革命，從南方發起，一路掃蕩到北京本身，這場太平天國革命，是一場激進猛烈的運動，其理念受基督教的初步概念影響。最後因為外國的軍事干涉，才將革命鎮壓下來。當時也像現在一樣，人們覺得中國的秩序和穩定，對世界的和平至關重要，所以只有平息中國農民的變亂，才能保證和平。太平天國革命被鎮壓下來，使中國有近六十年的時間不再有根本變革，年復一年，這份拖延所產生的壓力日益壯大。最後，中國突然在眨眼之間爆炸得四分五裂，好像一串炮竹，爆出一次起義，再爆出另一次反動，暴力越演越烈。這場混亂之中，兩個團體勢不兩立，各持著見解同樣清晰分明但對立的意見。

清帝國於一九一一年倒台，中國表面上的不變和穩定消失了。不到五年的時間，人們學到了從政之道的全新第一課——國家要依靠武力。那是軍閥時代，中國被瓜分成一塊一塊流滿血，與安定幸福無緣的地方。每個軍閥都有自己的軍隊，每一支軍隊都有自己的地區，大軍閥統治一些省份，他部下的將軍們統治省的一角，連長等人則統治縣、城、鎮。三百名士兵就可以征服一個縣，抽取它的稅款，強姦它的女人，帶走它的兒子，吃掉它的穀稻，吃得又肥又胖。過去的統治者都離開了，由軍人接收，他們驚異地發現自己就是政府，自己就是法律，自己印的紙張就是錢。若一點擦槍走火，軍人就彼此開戰。於是一下子你聯合他打我，一下子我聯合你打他。野心、賣友，和各種卑鄙的手段，成了中國政治的金科玉律。而每一樁壞事的主犯，總會將壞事情賦予神聖的動機，全說是為了中國的統一。軍閥留下來的唯一財產是對於武力的信念。蔣介石和共產黨人二十年來持有同樣的信念，深信武力是安全的唯一保證。

軍閥是純粹破壞性的。在以前的時代，這樣的無政府時期也許要拖延個幾代才能恢復過來，不過現在是二十世紀，在中國沿海及內河各地都有列強從衰敗的清朝政府那兒勒索來的租界。中國主要的河流上，行駛著外國人的輪船，那些輪船由掛著外國旗的炮艦保護著，外國人利用他們擁有或經營的鐵路，從中國吸取利潤給外國投資者。中國的關稅是由外國人規定和收取的；國家稅收之中最豐富的一項——鹽稅，也由外國人來管理。住在中國的外國人對清朝以及其後的軍閥不屑一顧，可是他們在廣袤的中國之中生活，並不能完全將自己與社會孤立，為了自己，他們不得不創造、教導出一批中國人來派用場，這批人被派去當作他們與他們打算搶劫的國家之間的橋梁。於是西方商人用自己的模子造出新的中國商人。中國的新式銀行發展了起來，老的銀行也學會用複式簿記取代算盤。外國人所掌控的工廠、輪船、礦山和鐵路，需要一群熟練的中國人來工作，他們的成功，使中國商人也開始創造同樣的事業，出現了同樣的管理人和工程師的需求。於是新的中國人慢慢開始出現，這種人是歸化於現代世界的公民。於是，中產階級在個這封建國家內發展起來了。

西方思想帶來的影響，並不比西方軍隊和商業的影響弱。中國建立的新式大學內，教授著新的科學和技術，孕育出新式的學者和學生，他們腦中裝的不再是詩經和千百年以前的古典詩書，他們更關心的是亞當・斯密司（Adam Smith），卡爾・馬克思（Karl Marx）和亨利・喬治（Henry George）。在帝國主義列強加之於中國的鄙視、殘暴和凌辱之下，熟悉新的學問的人們，甚至比商人承受更多的痛苦，他們知識上的光芒，領導著國內不滿的聲音。當時的怒潮如同一場毫無紀律的大混亂，空言和泡沫大於實質，可是它的發生，是由於一項基本問題——中國尚未成為國家。而這個問題也只有一個基本的解決方法——中國內部的統一和力量。

新式商人和受教育階層的政治工具，是一個稱作國民黨的黨派。早期國民黨的建造者和它最初的精神象徵，是一位眼神憂鬱，名叫孫中山的夢想家。孫中山當時以天真的態度攻擊世界的各種問題，那份天真經常被現今的知識分子嘲弄。但是針對一切複雜問題，替中國人民制定行動方案的，孫中山是第一人。他這樣的企圖，就好比西方某位思想家想擬定一個清清楚楚的解決方案，解決封建主義、文藝復興、宗教改革，或工業革命，以及目前社會亂象等種種問題。孫中山是廣東人，曾在夏威夷受教育，在清朝最後的十年間，幾乎每一次失敗的反滿暴動都有參與，他還曾經以通緝的逃犯身份居留過日本、美國和歐洲。口頭上擁護統一的軍閥，幾乎每個人都曾經引用過孫中山的話來美化自己的野心，結果幾乎每個人都出賣了他。中國的顛連困苦、孫中山那燎原烈火的口才、流亡各國所見證的西方文明，最後都融合在他的著作《三民主義》中。

《三民主義》並不完美，但是在當今中國，對共產黨或國民黨兩者而言，它的神聖性，使它成為中國最主要的政治理論。這本書醞釀了很長的一段時間，一直到孫中山逝世前不久，才纂印成書。在他準備帶領國民黨開啟一場偉大冒險前，發表的一系列演講詞也被印出成書。但早在付印之前，孫中山的思想就已經流傳各地了。孫中山以檢討中國為開場白：為什麼中國在國際上這樣受屈辱？為什麼中國人民這樣窮困？他的答覆很簡單——因為中國弱、缺乏教育，而且分裂。為瞭解決這三個問題，他提出了三個主義。

第一是民族主義。中國必須把主權和統一奪取回來，必須要他們吐回當初從清朝那裡掠奪來的東西。中國必須具備外國所有的一切力量和尊嚴，必須有紀律，必須肅清軍閥；第二個主義是民權主義。中國政府必須是一個為人民服務，對人民負責的國家。人民必須學會讀書寫字，以及投票選舉。必須樹立一個自下而上的制度，人民的權威從鄉村一直上達至於全國的最高指揮機構；第三是民生主義。中國的基本工業必須社會化，政府應該單獨擔負起工業化和復興的重大責任。在樹立現代化的上層經濟機構的同時，下層的基礎必須加強。農民的負擔必須減輕，田地該屬於耕種者。

孫中山的理念立刻被全國各地接受。雖然能完全接受全部內容的人不多，但是這三民主義之間，包含著一些讓所有的中國人都大為感動的東西。新的中產階級把它珍藏心中，甚至驕傲的鄉紳，也可以在除掉軍閥及外國人必須滾蛋這兩點上認同他的理念。孫中山流亡和失敗的期間，就是他受教育的期間，他以夢想家和知識分子的身分開始他的事業；可是，在清朝倒台之後的十年間，他和全中國的人一樣，覺得光是通曉理論不足以改造國家。幾千幾萬人，也許幾百萬人，願意承認他的理論正確，甚至加入他的黨，但是黨需要力量，需要武裝設備來實現它的意志。一九二〇年初，歷史幫了孫中山的忙，給了他所需要的力量。首先，蘇聯人獲得成功，建立了自己的反封建的革命，並且對其他各地的革命產生興趣。他們不僅願意送政治顧問到中國來協助孫中山，還願意派遣久戰沙場的軍人來替他建立一支軍隊。再來，中國內部十年的戰亂中，產生了一些不能滿足於只是四處搶劫的青年士士兵和軍官，他們以國事為目標，對國家本身有興趣，在為自己的軍事技能尋找政治上的領導。

一九二三年，孫中山得到地方軍閥的允許，在廣州設立一個名義上的政府。這此之前，他曾和其他的軍閥有過同樣的協議，但那些軍閥，不過是在替實質的專制換上新瓶包裝，因此每回孫中山打算實行超出名義權力以外的事情時，就會被出賣或掃地出門。但這一次結果注定不同，在一年之內，孫中山在廣州建立了一個軍事和政治上的重地，他的新政府成了革命運動的核心，有兩個引人注意的俄國顧問——鮑羅廷（Michael Borodin）是政治上的導師，加倫將軍（Galen）則是軍事顧問。共產黨人加入了這場運動，成為國民黨員。政治中心是一間訓練學校，訓練著大批熱情的革命者，他們在其後數年內被派到全中國各地講述新的主義。不過真正的力量，卻來自負責訓練革命軍官的黃埔軍校，這間軍校訓練人們如何利用武器，不只是為了實行武力，而是以新中國的名義來掌握武器。孫中山挑選出一名瘦長、眼神冷靜的浙江年輕人來帶領這個學校，他名叫蔣介石。

在我們這時代，不太可能再出現蔣介石的完整傳記。能夠詳述他的性格的人們，許多已經死了；其他的人要不是他的家臣奴僕，要不就把他當作聖人，不然就是他的死敵，恨不得他滅亡。在中國，現在要把蔣氏的生涯實況記錄下來，似乎時間已經過太久，也太危險了，因此，除了官方的幾本偶像崇拜的傳記之外，只剩些零零碎碎的傳言。

蔣氏在廣州時就已經是革命青年英雄。孫中山的俄國顧問和他十分合得來，以至於他們在一九二三年將他送到莫斯科接受六個月的訓練。當他回國掌管黃埔軍校的時候，他很快的從次要的地位升到顯要之處。一九二五年孫中山的死，使他獲得無人能超越的權力。一九二六年春天，國民黨的革命軍準備開啟那場知名的國民革命軍北伐，從廣州動身出發，前往長江兩岸，要把中國從軍閥手中收回來時，蔣介石就是總司令。這是一批大雜燴部隊，拿著各國製造的殘破武器，成員有的是來自俄國的顧問，還有數支重要部隊是由悔改的軍閥作指揮。在部隊出動之前，共產黨和國民黨的政治人員在各地組織農民和工人，準備好隔天清晨的革命。在革命熱情的高潮之中，軍隊向北直掃取下漢口，那裡的工人已經先組織起來了，在夏末開始罷工。從漢口起，各軍向東沿長江而下，掃過南京，前往上海。

革命軍挺進的聲響，聽起來像是上海外國租界的喪鐘。內地出現許多風聲，講著暴動、流血、殺戮，還有讓所有外國船隻和工廠停運的罷工，還有中國軍人殺掉白人、強姦白人婦女傳聞等等。這道怒潮抵達上海的時間，是在一九二七年春天。當時共產黨在上海市內集結工人，發起暴動。在三月二十一日，浩大的總罷工使公共租界以外的全市關門歇業。工會有了武裝的配備，使他們的罷工成了近代最大的暴動之一，他們攻占警察局、政府房屋以及各工廠，速度是如此之快，在國民黨部隊到達市郊之時，工人就已經先行掌控了上海，再把權力移交給革命政府。

攀上勝利的頂峰後三星期，國民黨和共產黨的聯盟隨即瓦解。這三星期中究竟發生了什麼事，是一團迷霧。一夜之間，上海流氓和祕密會社突然以擁護蔣介石的姿態出現，而被嚇壞的外國商人，馬上對外承認蔣介石確實是個「明理」的領袖，因此外國的武器和援助，也就供應給他了。國民革命軍既軟弱又易受動搖；蔣介石底下的許多部隊察覺到一股迫近的危機，便對共產黨人示好。忽然，事發前沒有一點徵兆，蔣介石的代表，在得到祕密會社的打手幫助以及在外國人的慫恿之下，竟轉身進攻工人，解除了他們的武裝，槍斃了他們的領袖，並開始執行連續數年的清黨，把共產黨人逼到地下去。

國民黨本身也被這次的背盟行動嚇了一跳，於是分裂為二，一派人跟從蔣介石，一派人屬於漢口的左翼。不過到了一九二八年，國民黨又結合成為一個堅強的反共陣線，獲得了穩定。該黨也得到外國人完全的尊重，被承認為中國唯一合法的政府，於是把權力所在地從廣州搬到長江流域，該黨所統轄的城市中，工業的輪子開始轉動。可是在鄉下，孫中山的農業改革計劃卻胎死腹中；古舊的制度再加上持續的內戰以及商業上的投機，依然籠罩著農民。最初的革命流產了。

發生了什麼事呢？要瞭解大革命的悲劇，必須回敘廣州，說明一下蔣介石歷史上的敵人——中國共產黨。中共和國民黨一樣是由知識份子醞釀而成，它在中國歷史舞台上的出現，要比國民黨晚，它以俄國革命為模範，分析並提出解決中國問題的方案。在外國人必須被逐出，軍閥必須被殲滅這兩點上，共產黨人是和孫中山及國民黨一致的，但他們繼續質問：改造中國為了誰呢？他們的答覆是：為了農民。

為達到此目的，不僅必須實現國民黨的目標，而且還得更進一步，去把每一個村落裡，那些將農民束縛在中世紀的封建枷鎖粉碎。在城市裡，工廠和作坊裡的新型產業工人，必須成為新世界的組成者。若要讓工業成為中國之福而不是中國之災，首先必須消除沿海廠主們的野蠻剝削。共產黨早期和國民黨同盟的時候，也把他們在各地實行的嚴謹紀律和狂熱信仰兩項特色一起帶來。中國共產黨初期，其基本的組織與莫斯科緊密相連。派到孫中山的第三國際中國代表團，掌握著該黨的所有權利，且根據莫斯科的命令，要求共產黨從屬於國民黨。中共派出的間諜，在組織運動中作先鋒，替革命軍北伐的勝利奠下基礎。他們使軍閥的戰場變成浮沙；農會和工會幾乎在一夕之間發展開來，群眾取得了史無前例的領導權。

蔣介石在中共身上看見自己。他在共產黨的領導方式上，看見與自己相似的冷血無情。他熱切的民族主義，使他對俄國產生邪惡的印象。在他短暫拜訪俄國的過程中，他親眼目睹獨裁體制下的國家，並對俄國留下了永久的厭惡。他視共產黨人為俄國的間諜，用一些魔術般的手法，使農村陷入社會大動亂中，他憎恨他們。在他和共產黨同盟的頭三年中，他靜候時機到來，因為起初他既需要俄國的軍火，也需要農民的支持，無法與之決裂。但是當他行軍到了長江流域，首次與中國新工業家和商人等上層人物接觸後，發現他們對於罷工和工會的畏懼並不亞於外國人。而農村改革的口號，威脅著要推翻農村商業和地主的整個制度。蔣介石忽然在上海商場上發現能援助他的新基地，這基地之強大，足夠維持他的黨和他的軍隊。他有了那些人和他們的錢作靠山，不再想依賴蘇聯的幫助，也不想進行什麼農業改革了。當他一下定決心，行動極快，在共產黨領袖們尚未風聞發生什麼事情之前，便把該黨的頭給砍掉了，上海事變後的一年內，中共在全中國成了非法組織。

蔣介石是這個新中國的主要建構者。有時，他會帶著抑鬱退出政府幾個月，以證明只有他才能把政府中不同的分子湊在一起；當他回任時，威信和實力總比以前更強大。新的國民黨政府是一個獨裁政權，將孫中山的言論牽強附會，說自己是人民的「監護人」，而人民則在「訓政」時期中。它的祕密警察無處不到；它的檢查制度，像一個密不通風的袋子一樣，罩在中國的報章雜誌及大學之上；它在任何地方都不舉行選舉，因為它認為強化政府本身就是加強中國，自己就是負責下達命令和管理的人選。這樣的政府坐在一張四腳凳子上，那四隻腳分別是：軍隊、官僚、城市裡的大商人和鄉紳。

蔣介石最鍾愛的是軍隊。他引進一批德國顧問，將軍隊鍛鍊成強而有力的作戰工具，軍人學會了鵝步，也學會使用德國步槍及大炮。陸軍內部有一批近衛部隊，其中包括黃埔軍校的原有集團。軍校的青年學生多半在早期的革命戰爭中陣亡，活下來的人則效忠於國民黨和蔣介石，並把他當作新中國的象徵。後續幾年新生入校之際，原來的黃埔生已經由上尉、少校一路升到上校了。抗日戰爭爆發時，黃埔的學生中，當上指揮官的人約有四十位。此外，蔣介石的周圍聚集了一批高級軍官，過去也和他一樣受過軍閥教育，他們不屬於任何堅實團體，他們指揮過蔣介石計劃要打的許多戰役，但從未得到蔣介石給予他自己訓練出來的年輕人的愛戴和信任。蔣介石的軍隊，是中國前所未見的強大部隊，自一九二九年至一九三七年，他從沒有一年不進行內戰。長江下游是他的基地，他的四周都是些軍閥統制的省份，這些軍閥有時個別，有時聯合起來挑戰他的統治權，但他一個一個要不是收買過來，或是加以消滅。他掌握之下的領土，漸漸從華中擴張至三峽，直至日本進攻之時，黃河以南的全中國都承認他是主人。

統一的過程中，蔣介石在南京創立的新官僚機構，其人數之多，幾乎跟軍隊不相上下。在此之前，中國甚至沒有最原始形式的現代政府。而新政府裡有一個真正的財政部，一個真正的鐵道部，一個真正的工業部，還有農業研究所和衛生局，雖然這些機關絕不能和西方的標準相比，但已經是中國前所未有最好的機關。中央銀行建立起來了，這間銀行為中國帶來了一世代以來空前未有的穩定通貨。新的公路開通，激勵著工商業；新的教科書出版，使新的科學開始發展。在這些機關裡服務的學者、學生和工程師們，雖然不是那麼虔誠地信奉蔣氏，對於國民黨的獨裁也有些不滿，但無論如何，他們總算有機會能為國家服務。他們有能力，而且基本上都是性情單純的人，他們的才幹第一次得到了發揮。

政府的另外兩根支柱，是由兩個社會階級構成。其中相對比較先進的，是沿海和大城市裡的商人，他們因為革命獲利，發了財。他們鬆綁對外國的海關管制，現在他們能和西方商人平起平坐地打交道。新政府穩定的財政和合理的稅務機構，使他們開始享受西方商人已經享受了幾十年的機會。政府在長江流域維持著法律和秩序，建築新的鐵路。一陣繁榮的浪潮，把中國的商業和工業活動提升到新的高度，出入口貿易興盛了起來，生產品增加了好幾倍。

在鄉下，國民黨依靠著地主。為了減輕農民的困苦，在法律書上，國民黨的確寫下一些過去無法想像的開明法令，但這些法令只是裝飾品，從來沒有真正實行過。政府恢復了一項遠古的簡單制度：保甲制度。每一縣被分成許多單位，叫做保，每保包括數百家，保再分成許多甲，每甲十戶，每保每甲都有保甲長。這個制度被用來傳遞國民黨一心想建立的新改革。在紙面上這制度看起來很美好，實際上保甲長就是一向統治著農村的地主和鄉紳。若從農民的角度由下往上看政府，根本看不出有什麼改變。農民的捐稅與先前一樣；他的田租和借款利息也與往常一樣高；他若有所申訴，衙門裡還是同樣那些總是駁斥他的要求的人。革命沒有為農民帶來什麼好處。而國民黨如今在每個村莊裡有了穩固的地位，各地的黨組織的根，全長在出身良好的人或有錢人身上。

推動著政府的核心人物是蔣介石本人。他可以安心地把黨組織、行政和建設事務交給他的部屬去做，受過教育的中國人尚未獲得發揮的才能，只需稍加指點，就可以學會那些能將中國帶向現代化的技術。蔣介石本人就把精力和興趣留在兩個大問題上，也就是共產黨和日本的問題。

蔣介石和共產黨之間都共同反對軍閥及帝國主義的同盟，但雙方在農民和土地這項基本問題上產生破裂。中共曾設法——但太遲了——重分土地和改組鄉村裡的整個封建關係的制度，將起義推到預定的高峰。在那些與北伐同時到來的騷擾之中，農民曾不只一次地把法律掌握在自己手裡，自己作判斷。你總不能要求人們推翻外國的帝國主義和貪汙的軍閥，卻寬恕自己鄉村裡的不義和欺壓。國民黨把革命限制為幾個有限而實踐性高的目標，比如打倒帝國主義和軍閥主義。它答應在建立政府之後，照顧佃租、利息和農民的其他問題。但是農民可沒耐心再等下去了。

蔣介石把共產黨人打入地下，切斷了他們和城市工人之間的聯繫，可是他斷絕不了他們和那些殺氣騰騰的農民之間的關係。在長江以南，共產黨人革命的記憶被喚醒，革命在鄉下農民的心中依然歷歷在目，共產黨的軍隊於是建立了一個小小的中華蘇維埃共和國。蔣介石對華南的這個小小蘇維埃共和國，發動無數的戰爭。美國的借款支撐著蔣政府，他那些由德國裝備、訓練的軍隊，年復一年地在縮小共區的封鎖線。也就是這樣的反共戰爭，使軍閥們和蔣氏結成聯盟，以互相保護。反共的鬥爭窮兇惡極，在蔣介石統制的區域內，他的警察屠殺中共領袖，中共著名的領袖家族也被全數掃滅，學生遭受監視和偵查，身邊如有共產主義的書籍，其罪至於處死。在中共區域裡，地主反而最為吃虧，而窮人對富人的憎恨高漲至無可阻攔的地步。

到了一九三四年，施加在共產黨身上的壓迫太大了，逼得他們衝出蔣介石的封鎖線，完成了如今為人所知的長征。共產黨的男男女女，背著袋子、行李和檔案，從華南行軍到西北重新立足。其主力三萬多人所走的迂迴曲折的道路，長達六千多英里。在中國共產黨的歷史上，這次長征，作為他們精神象徵的巔峰，是一個殘酷的考驗。他們所忍受的痛苦以及他們所擁有的鋼鐵決心，是無法以言語形容的。長征所經過的鄉間，如今依然殘留著無數政府用來包圍中共的石碉堡。烈火般猛烈的戰鬥，使千百個村莊裡的農家破碎，在華南和華中的若干縣裡，人們因為這次長征在鄉下造成的破壞，依然對中共心懷憎恨。在其他某些縣裡，中共則成功在最貧困的農民之中，建立政治上的忠誠擁戴，歷經多年而不衰。最後，中共終於在一九三五年底，在陝西延安以北的區域安頓下來，延安後來成了他們的主要基地。

中共到達延安之時，碰上該黨在歷史上的轉捩點。屆時，他們已經是一個獨立的組織了，他們和莫斯科之間只剩下名義上的聯繫。蘇聯已經和蔣介石恢復友好關係，他們丟下中共，留他們自力更生。中共從新的根據地發出新的號召：中國人團結起來反抗日本！全中國在頃刻之間響應了這個號召，因為它碰觸了情感的最深處。日本已在一九三一年奪下東三省，他們繼續進迫，越過長城，把鴉片大量傾銷入華北，兇惡地破壞了友善外交裡的每一項標準。當時中國受到日軍空前的凌辱，日本彷彿除了澈底掌握這個泱泱大國之外，再也不會滿意似的。

至於蔣介石，他以一股頑強的怒氣恨著日本人，這是他最大的優勢也是他最大的致命傷。不過，他覺得他的軍隊無法制止日軍的前進，認為中國的工業無法和日本工業的現代化力量頑抗，覺得中國尚未統一。他打算先消滅共產黨，達成中國的統一後，再來應付日本。共產黨的新口號卻把他逼入絕境。中共的邏輯誰也駁不倒：敵國正在設法殺盡中國人，中國人為什麼要自相殘殺呢？國民黨悄聲地解釋道：它在等候抗日的時機，等時機一到，就會轉過頭來保衛中國。但與此同時，學生們卻因為反日遊行示威而被逮捕入獄。中國新聞記者和知識分子們看到這情形，大感驚駭。一天天過去，外患的威脅愈來愈嚴重，在國內，政府的資源卻不用在抗日，而用在剿共。

團結的呼聲漸漸侵入軍隊。在北方，剿共的內戰雖然仍在推動中，戰況卻弛緩了下來，甚至趨於停頓。蔣氏飛到西安想使內戰復活，結果飛入一個圈套中，被扣了起來。扣押他的不是共產黨人，而是希望對日本作戰而拒絕對共產黨作戰的軍閥。蔣氏被禁閉了兩星期，在這期間他親身會晤共產黨人，這是一九二七年以後的第一次。關於蔣介石被扣期間實際發生的事情以及他和共產黨人會面的情形，從沒有人留下充分的記載，可是其結果如一道閃電打下，一切突然澈底結束了。蔣介石承認中共有權在中央政府的鬆懈機構下管理他們自己在北方的地區，而他們的軍隊須併入國民軍，他們也應放棄其農村中的革命計劃，政府則應立即作民主改革。孫中山在《三民主義》中提出來的政綱，應成為全國的法典。

消息傳到日本人耳中，如同半夜裡的警報。自從中國的國民革命，日本一直擔憂著兩項發展：一是中國團結，二是共產主義席捲中國。日本知道團結而復活的中國，最後會成為亞洲的領袖。日本也懼怕共產主義，它自己的帝國以貧瘠多山的島嶼為基礎，除了人力以外，各種物資都很稀少。它的武裝力量依靠平民和軍人不用腦筋的服從，任何要使他們動腦筋的制度，都是日本的威脅。因此，不管蔣介石或共產主義誰在中國得勝，都會使日本失敗。為了使中國永遠軟弱、分裂和順從，日本的陸軍部隊曾屢次從北方進迫，參與軍閥政治，派出千千萬萬名特務人員來毒化中國。蔣介石和中共的新妥協，顯示如今中國不僅可能團結，而且團結的中國可能容忍並寬恕共產主義。這個大好時機不容錯過。

一九三七年七月七日晚間，在北平城外的蘆溝橋上，當時日本駐軍在實施戰鬥演習，有人開了一槍。日本自稱招受對方攻擊——戰爭開始了。

Chapter 4

日本晚了一步

War

歷經三十年的擾攘動盪，中國人民得到一場痛苦而經久的教訓。席捲全國的革命浪潮，終於將一些領袖拍打上岸，一些願意以長遠的歷史眼光對國家負責的領袖出現了。敵對兩黨耿耿於懷的所有仇恨都化解了，彼此對於中國的統一和未來，有了共同的信念。日本的一切計劃，都在這個信念的磐石上被粉碎。抗日戰爭的最初幾炮，壓平了中國內部的種種不滿，壓倒了各種口號、賣國陰謀和政黨私見。甚至革命本身在中國社會深處的運作，也在全國轉過身來對付日本的威脅的時候暫停了一會。如果向日本投降，中國什麼都沒有了，共產黨完蛋，國民黨也完蛋，不論富人還窮人，全都沒有任何尊嚴可言。

一九三七年日本得內陸行動打算軍事和政治雙管齊下。過去五年來，他們已經一塊一塊地吞下中國長城以外的地方。中國困在內戰中，只能向國聯抗議。這一回，日本打算奪取長城以南，黃河以北的五省。他們計劃取得北方之後，勸蔣介石在其餘的地方作更大的讓步，並且讓出特權。日本打算緊縮其經濟、軍事、政治的掌握，以便最後能一手扼住全中國，把中國政府的地位降為附屬的殖民地政府。不過，假如日本早五年動手，他們也許會成功，現在是一九三七年，已經太遲了。

日本在北方的戰鬥，幾乎分秒不差地按照預定的計劃進行。他們的部隊從北平和天津展開，攻向西北，穿過南口山峽，從南方衝出長城，然後再轉過身來從北方進入長城，打通盛產煤鐵的山西省北部的諸關隘。他們沿著天津至南京的鐵路而下，數月後抵達黃河沿岸。在華北抵抗日軍的是新穎和老舊混合的部隊。出乎一般人的意料，軍閥們竟沒有屈服日本的威嚇或諾言，反而寧願與中央政府並肩作戰。可是，他們的軍隊是叫化子隊。他們沒有軍事戰術的共同機關，彼此之間缺乏信任，也缺乏現代化的組織。在日本以鋼鐵作先鋒的大軍面前，他們像泥牆一樣倒塌。那時候是夏天，坦克車率領而來的日軍，幾乎是隨心所欲地飛馳過華北的黃色平原。日本的空軍統御了天空，由上往下輕易地掃射中國公路上那些渺小、移動中的物體。日本派去華北的軍事間諜也十分高明。戰爭的最初階段，好像在操場上演習，日軍完全按照原定計劃，切斷鐵路和公路，一個個的占領目標。若按照計算，占領了主要的鐵路站和公路站之後，戰爭應該也要結束了，因為這些城鎮是讓日本頭痛的政治煽動中心，也是中國軍事上的鎖鑰。可是奇怪的是，日本人誰也說不出究竟是什麼緣故，戰爭竟繼續下去。在鄉村裡和群山中，人們還是抵抗著，日軍四處擄掠，強姦北方的婦女，發洩他們所有的慾望：他們在這些用恐怖行徑占領的地方，加上火的烙印。縱容如此，有一支詭計多端的抗戰力量正在他們左方成長著，突擊他們，要他們流血，這支力量似乎只靠泥土來維持生命——這是中國游擊區的抗戰力量。

中共稱霸的領域是游擊戰。蔣介石和中共的協議裡，由蔣介石負責陣地戰，中共負責在敵人後方發動游擊戰。以前的紅軍，如今改名為中央政府的第八路軍，於一九三七年天秋從他們陝北那荒涼多沙的根據地啟程，開始軍事史上最令人驚異的冒險之一。中共的軍事力量一九三七年時是八萬五千人，到戰爭結束時達一百多萬。中共在政治上統轄的人數則從一百五十萬人增至約九千萬人。在抗戰的最初幾個月，中共從萬山叢中發展開來，他們的師和正面部隊分解為旅，旅再分化為一個個的營和連，一點一滴地穿過日軍的陣線，到達敵軍身後的鄉間。在戰爭爆發後的四個月內，中共部隊已站立在大海之濱，離出發地七百英里遠。他們在敵人的後方，組織起新的戰爭。

日軍的烈火建造出許多仇恨和恐怖之井，等著他人去汲取，而共產黨人汲取了它們。軍閥部隊的兵士在日軍之前逃遁，逃到山裡，他們是一幫幫沒有組織的不法之徒，可是他們有槍，其中有許多人加入了中共抗戰的後備隊。別人丟掉或賣掉的武器，馬上被用來當作武裝農民抗戰的根苗。北方大學生一直在嚷著要對日作戰，現在戰爭近在眼前，其兇殘遠超出他們在課堂中的想像，但他們仍參加了戰爭。學生們拋棄學校，通過封鎖線，加入抗戰。中共的領導是黃河以北整個抗戰運動的集合點，不論共產黨、國民黨還是無黨派的人，每個人的一點點精力和知識，很快地貫串在一個社會改造的政綱之中，穩下了根據地，使之能繼續作戰。中共和政府之間關係良好，早期有幾個戰役可說是合作抗戰的榜樣。在輝煌的忻口之役中，日軍遭受第一次頓挫。在忻口，政府守住一條長長的陣線，中共軍則抄截日軍的交通線，在日軍的後方把一整個師團打得七零八落。

戰爭仍在北方持續進行時，另一頭的日軍鎖斷了交通線和供應線，使陣地戰成了必敗而且不可能進行的事為止。到了一九三八年初，紅軍屏棄正規軍隊該有的標準組織架構，把各師編成變化多端的突擊隊網脈，並依靠人民的支持。蔣介石的政府認知到中共力量的來源，感激游擊抗戰消耗敵人實力的成果，並承認了這個新的制度，授權在黃河以北敵人後方的深處創立一個自治的游擊根據地。第一個游擊政府建立在距北平數天路程的冀西阜平線，當時是一九三八年一月，該政府的官員包括共產黨員、國民黨員和無黨派人士，他們獲得了中央政府的批准和祝福。

日本人打的算盤在華北被游擊戰隊推翻，在長江下游被推翻得更澈底。早在中共於北方落定之前，日本參謀部和全世界的注意力，便集中在那場使整個上海三角洲瀰漫火焰、鮮血四溢的戰役上——蔣介石的戰役。

蔣氏猶疑地觀察著日本進入華北的初步行動。他在決定打仗和通盤思慮中國弱點二者之間瞻前顧後了一個月。當他下定決心攻占的時候，他發動的攻勢破壞了日本野心勃勃的圓滑政治軍事結構。日本希望在北方打，在南方談判。蔣氏卻寧願在長江下游他的直轄地區內投下戰爭的骰子，如此一來就能以全民之力量猛擊敵人。那些直轄地區最接近總部的基地裡，他最好的部隊已在其中磨刀霍霍。一九三七年八月十三日，他將德國人訓練出來的那批陸軍之中最精銳的部隊投入戰場，抗擊上海的日本陸戰隊駐軍，就在幾天之內，中國的人海戰術把日軍壓入黃浦江邊上一小塊狹長的地區內。日本突然意識到他們現在面對的，不光只是一個單一的華北事件，而是整個中華民族的戰爭。若要打贏這次戰爭，必須完全動員日本的資源。日本將海軍開出港口，將空軍開出台灣待命，接著利用絕對具優勢的鋼鐵，轟打密集的中國軍隊。上海這場大屠殺死人多少，至今還沒有確切的估計，中國軍人用鮮血和勇氣，攔手對抗日本的排炮，死傷達數十萬。

不論當時還是現在，整場戰爭中最令人議論紛紛的一段插曲，就是蔣介石死守上海的決定。這場戰役具有象徵意義，誇飾地象徵著人性的壯烈。用中國人的肉體迎擊日本的鋼鐵，根本沒有成功機會。若當初決定撤退說不定還可以讓中國陸軍中一些精良部隊免於一死，後來能繼續在內地作戰。在內地，它們可以在較對等的條件下迎擊日軍。這是理性的考量，但蔣介石拒絕遵循此種考量，他認為站在潮濕的壕溝之中的兵士不斷地走入屠場，是不折不撓的抗戰意志的具體化。

上海之戰在軍事上毫無實質利益可言，但在政治意義上，它是這場戰爭中最大的示威之一。這場戰役，使西方最負面、悲觀的中國通也為之訝異，而且在歷史的紀錄中，毫無疑問地證明了中國人民面對無望的劣勢時，能夠表現強烈地的堅苦和英勇精神。上海的示威對國內而言更具價值，因為戰爭的故事口傳到了內地，點燃了愛國的火炬，此戰的壯烈犧牲爭取了全國動員的時間。日軍猛攻上海將近兩個月之後，在南邊利用包抄行動，拔掉了華軍陣線的塞子，掃蕩陣線，在一陣混亂之中直達南京。

蔣政府的首都南京，在一九三七年十二月十二日陷落。淪陷後有數週的時間，日軍展開奸淫、縱慾、放肆的大屠殺等等暴行。災難如此，卻從未打消中國人抵抗的念頭。中國的殘破部隊四散奔走、七零八落，有些部隊甚至把部隊的駐地刊登在報紙上，讓潰兵能找回原部。當時如果日軍立即向內地進發，他們也許不會遇到除山嶺以外更堅強的阻礙。可是他們卻停止攻擊了一段時間，因為他們覺得攻陷中國首都就是割掉了中國抗戰的心臟，以為蔣介石會願意講和。

一九三七年至三八年間的冬天，中國發生了奇蹟。政府的所在地搬到上游的漢口市，離海八百英里，而中國空前未有的團結精神，在漢口存在了好幾個月。當時曾在武漢待過的人，沒人能夠精確地說明這份武漢精神是怎麼回事。全中國都動起來了——人們從沿海游離至內陸，在這座臨時首都匯聚成混亂的渦流。南方和西南的軍閥部隊前來參加戰爭，中共加速他們的游擊隊，加入支撐日軍陣線的錯綜複雜的交通線之內。在漢口，政府和中共人員在同一個會議開會，制定進行戰爭的共同計劃。政府授權在長江下游敵後創立第二支中共軍——新四軍。共產黨人參加了軍事委員會的會議。

中國作家、工程師和新聞記者等菁英們聚集在漢口，重新編織那早已磨損不堪的抗戰之繩。一九三八年春天，日軍重新進攻，當他們以漢口為最後目標時，漢口已經凝聚起新的軍隊和新的精神。一九三八年四月，日軍在台兒莊之戰遭受正面作戰的失敗，這是日本的首度挫敗。但這個撤退只是暫時的，日軍分兩路從北方和東方逼近漢口，並在同年的秋天奪下了漢口。差不多與此同時，登陸的日軍取下了南方大港廣州。於是日軍再次倚在他們的槍炮上，休息了一會。

日本紙上擬定的戰略很完美。中國，在日軍的紙上成了地理上的簡單劃分：華西是崎嶇多山的地方，華東是沖積平原，稻田一望數英里，少有山嶺的阻隔，華西和華東皆由三條大河灌溉，這三條河從山裡流向平原，匯入太平洋。日軍控制了整個海岸以及全部工業中心，也控制了三條大河的出口。在北方，日本占有北平天津一帶以及黃河的出口處；在華中，從上海經南京至漢口，日軍駐紮在長江兩岸；在華南則占有廣州，獨霸西江。日本控制了這些城市的鐵路和河流，覺得接下來只剩下等候，等到一切經濟運輸機構的癱瘓使中國的抗戰停止。他們還真的等了又等，一等等上了七年，一直等到日軍在殘破的本島投降盟軍為止。

日本人在中國行事輕率。至於他們為什麼如此莽撞，吳鐵城——重慶政府中一位相對有眼光的政治家——在日後作了極好的解釋。他說：「日本人過分地自以為摸透了中國。」日本在中國的政治和軍事上做的情報工作確實是數一數二的好，可是他們注意力集中在分裂和嫌隙上，集中在人物和私仇上，集中在槍炮和工廠上。他們對每個省份、每個將軍、每支部隊做的情報裡頭，大量記載著中國的惡行和劣蹟，導致累積下來得到錯誤的判斷。他們難以明白中國是一個國家這件事實，他們雖然目睹中國進行了十三年的革命，卻只看到革命的渣滓，革命的流產，革命的內部緊張；他們並沒有估計到革命的成果。和他們作戰的遠不止於一支聯軍，而是一整個民族。他們曾注意到中國沿海工業的襁褓成長，且在地圖上標註新的鐵路，可是中國的實力並不在城市裡，而是在人民的心裡。中國是原始的，其原始的程度使中國的工業、鐵路和機器就算遭到破壞，造成的災難也遠不及在歐洲那樣嚴重。中國的根長在泥土裡，只要下雨出太陽，稻穀就會生長，日本海軍的任何封鎖，都無法將農民與他們的土地隔離。中國剛從混亂之中獲得一線生機，但是它依然混亂，所以在已成為日常生活的混亂中加上一點戰爭的破壞，是無所謂的。舉例來說，假如中國必須把政府、工業、人民和軍隊搬到內地，是可行的。日本打算粉碎的中國機構具有堅韌的彈性，你若打它，它會彎曲，可是並不會斷裂。

一九三八年漫長的歲月中，當中國軍隊被迫緩緩退向內地時，發現沿路上擁塞著移動中的老百姓。一個冬天的喘息，使千百萬人有時間來為自己作決定，中國正在進行一場人類歷史上最大的集體移民之一。令人詫異的是，中國沒有任何一位作家將這個場面充分地記錄下來。大批大批的衣衫襤褸的人民，通過公路和山脈向西移動，這景象是游牧時代以後絕無僅有的，但是有多少人遷徙，他們從哪兒出發，重新定居在哪裡，都無記載。中國政府和報章雜誌主要只記載對戰爭重要的事件，例如軍隊、官員、大學或工廠的遷移。

戰爭爆發後，政府幾乎是立刻就開始疏散工廠。這件工作是由經濟部長翁文灝博士著手執行。翁文灝是位出色、性格可愛的人物。他體格瘦小，是一個書呆子，額頭上有一個很深的裂痕，使他異常的吸引人，臉上也永遠掛著微笑。在其後的整個戰爭時期，他是少數內閣高級官員中從未被指控涉及貪污的人物之一，他那出名的清廉使他被升到政治領域。中國戰時的工業發展分布不平均，工業集中在沿海，集中在少數幾個大城市裡。中國的私人資本絕大部分投資在紡織工業和消費品上。而政府投資居多的重工業，只是拖在整個經濟後面的小尾巴，鋼的產量從沒有超過每年十萬噸，北方戰爭的迅速以及上海戰爭的激烈，讓重工業有可能在傾刻之間就完全耗盡。政府的資料指出，撤退時遷移的工廠共約四百家，其設備約有二十多萬噸重，和蘇聯後來的成就比較起來，這數字似乎算不得什麼。其重要性需要經進一步分析才能顯露，翁文灝幾乎是將中國全部的紡織工廠和消費品工廠都拱手讓給敵人，集中力量將重工業和兵工廠移入內地。中國只救出不到百分之十的紡織機，和大約百分之四十的機器廠和重工業。但在十一所破舊兵工廠裡，救出的東西則達百分之八十。這代表，他們寧使中國在此後數年間衣不蔽體，也要盡全力滿足軍隊最低限度的需要。

工業遷移的初期階段毫無光榮可言。上海的疏散開始得很晚，工廠的人有些不大願意遷移自己的工廠，政府的決策也很遲緩。第一家遷走的是上海機器廠，它是國內最好的機器廠之一，該廠也是直至戰事開始二星期，才從蘇州河出發遷移。機器裝在小船上，蓋上樹葉和樹枝作掩護，船慢慢地划到長江溯江而上，有空襲危險時就躲在江邊的蘆葦裡。其他工廠的陸續遷移，是日軍於十二月初把上海和長江的交通切斷以後的事了。由於拖得太久，上海只撤出機器一萬四千噸，此後就被敵軍的推進阻絕了。

雖然如此，上海卻證明這件事情是可行的。一九三八年春天，華北和華中數十家搬得動的工廠開始拆卸機器，包裝好之後再轉運入內地。這是一樁浩大、複雜的工程，但國家沒有因此而停擺。中國最大紡織廠之一的裕豐紡廠，從黃河跋涉長途到四川，走了一千英里，而四川省連半條鐵路都沒有。該廠在二月間打包好自己的八千噸機器，整批由鐵路運至漢口，五月時告別了鐵路，用輪船溯江而上抵達河口。八月間，它再次重新打包，載上三百八十艘當地的駁船，上溯峰迴路轉的三峽進入四川，一百二十艘駁船沉掉了，除了二十一艘被船夫撈起來再繼續前行。這一隊人馬於一九三九年四月到達重慶，山地之間特別闢出一塊空地迎接機器的到來。到了春天，該公司已經在忙著訓練羞澀的四川農婦如何照料發鏽的紡錘了。

漢口至華西的沿路上出現各式各樣的機器。運到內地去的東西都得用手來搬，上百上千位苦力拖著鋼塊，甚至重達二十噸。武漢抗戰的最後一星期內，疏散工作進展到壯觀的程度。漢口電力廠直到最後幾天仍在供電，因為電是生活的必需品，可是要把那的十八噸重的大輪機留在漢口，是不可能的，因為退到四川，這個輪機就沒有辦法裝配。該廠於十一月初開始拆卸，但這個輪機直至十一月二十三日才搬上輪船，離日軍進城只有兩天。搬運這種大型機件，出現了小輪船沒有辦法應付的許多問題，在所有開得進三峽的輪船中，沒有一架起重機能夠舉起十六噸以上的東西。不過，中國人解決了這問題，他們把重機件放在浮橋上，使浮橋浮起，再將浮橋用汽船拖著，穿過急流。

在四川重新安頓下來的新工業十分簡陋。鋼鐵廠的梁柱是用竹桿搭成，煉鐵大爐用的煤是一筐一筐挑運過去的。煉銅廠用著從農民那裡收來的銅元，以最新式的電解法把銅元變成純銅，然後運入位在山洞之間的兵工廠。

中國大學的遷移，和中國工廠的遷移同時進行。與工業一樣，中國的高等教育機關也是在三十年的混亂之中萌芽，而且多集中在沿海和大城市裡，也是日本最憂懼的新中國的因素之一。中國現代歷史上每一個重大轉捩點，都是由學生起事和知識分子的不滿開始。學生發起反對清朝的起義，學生的暴動示威在一九一九年，引起全國的怒吼，逼迫貪污的軍閥們謝絕《凡爾賽條約》。一九二〇年後日益高漲的革命浪潮，最重要的關鍵也往往是學生運動。最後，除了共產黨以外，學生及教授們更是最熱忱且喊聲最響的抗日示威分子。

日本人尤其視華北的北京、清華、燕京、和南開四所大學為眼中釘。他們特別把那間用美國錢建造起來的清華挑出來加以特殊待遇，日本人粉碎該校的實驗室，把儀器書籍搬到日本，把學生的健身房當作馬廄。南開大學也是幾乎被破壞殆盡。日本特務警察在北京大學校舍裡——中國知識分子的復興搖籃——設立偵訊總部，負責審問政治和軍事案件。

日本在一九三七年夏季進攻時，學生還在放暑假，不在學校裡。於是教育部發出號召，要求他們去兩個集中地去報到，一個是北方的西安，另一個是長江以南的長沙。兩所大學的學生在西安得知要移到陝南，於是乘火車坐到鐵路的盡頭，開始一場一百八十英里的長途跋涉，徒步越過崎嶇的秦嶺山脈。學校的系主任們是這次行軍的參謀長，他們把男女一千五百人分成三組，五百人為一組，每組前站有警衛隊、糧食隊和交通隊，後面有騾馬馱運米和麵餅，再跟著幾輛哮喘的卡車，在崚嶒的公路上爬行。糧食隊到鄉村裡去購買能找到的所有新鮮蔬菜，以便其他學生到達時有足夠的菜能吃。他們所走的路，經過中國一些最原始的地區，地方當局把學生安置在農家或馬廄中，工科學生自己裝了收音機收聽晚上的廣播，隔天早上再將新聞貼在壁上，使後到的學生可以看。對鄉村居民而言，讀到當天新聞可是生平頭一遭。

日本向內地推進時，各大學也相繼遷移。有些學校在日軍進駐前幾天才撤退，日軍自南方進入廣州時，中山大學的學生還在北郊划著船，載著圖書館的書打算要運走。國立中央大學的農科覺得校內幾頭育種牛的價值之大，棄之可惜，於是這些牛在一九三八年的整個夏季，在距離日軍前鋒數星期路程之處，一路吃草吃到內地，直到次年夏天，才在平靜的內地安居下來，把快樂帶給瘦削的四川本土母牛。中國一〇八所高等教育機關中，有九十四所被迫西遷，或被迫完全關門。即使如此，整個教育制度還是在一九三九年秋天重新建立起來了，流亡的大學裡入學的學生有四萬人，而戰前最後一學期大學生註冊者不超過三萬二千人。

教育機關轉入內地，主要聚集在三個地方，第一個在重慶附近，另一個在成都，第三個在雲南的首府昆明。這三個中心的機構和性質各有不同，重慶近郊的各大學在政府的嚴格統治下，沁染著戰時首都內的情緒。成都各大學則庇護於教會辦的華西協和大學的美麗校舍之下。它們被安頓在比較寬敞的地方，受著加拿大和美國教會的保護，維持著學府的尊嚴，幾乎沒有被外界侵犯，他們的學術地位在戰時始終是最頂尖的。華北幾所重點大學跋涉至西南，在昆明合併西南聯合大學。北方各大學戰前一直以學識生活上的出色卓越和政治警覺著名，到了昆明，他們便在塵灰裡站起腳步。學生們住在四人、六人或八人一間的房子，有些人住在老鼠肆虐、蜘蛛網密布的廢棄戲院裡，他們的飯菜永遠不夠吃。政府一向對北方諸大學進步的政治見解抱持著懷疑，警覺的態度。這些大學像老鷹一樣檢視著流亡機關。起初這些學生們壓根不在意，能逃避日本人就夠讓人高興了，學生們的生活就算苦，也是和全中國所有人一起受苦。但歲月不斷拖下去，教師們挨餓了，通貨膨脹讓預算編列看起來像一場笑話，於是西南聯合大學在政治上重新振奮，而到戰爭快結束時，該校在中南地方成了不滿中國政治的主要集散地。

工廠和大學的遷移是一項奇觀，此外還有多少農民和城市居民被日本的侵略弄得漂流無依，沒有人能確切估計，各方的估算結果都不一樣，從三百萬人至二千五百萬人都有。農民躲避著日軍，躲著黃河的氾濫，因為黃河曾為了阻止日軍決堤，他們在莫名的恐懼下逃出來。跟隨工廠遷移的工人大概不超過一萬人，他們會來，是因為要是沒有他們的話，機器就毫無用處。飯店老闆、歌女、探險家，帶著幾箱香菸或幾匹布的小商人，總共大約數十萬人，這些小平民跟著較有組織的遷移運動走，有的步行，有的坐舢板、駁船、火車和人力車。數萬人擠在上溯三峽的駁船裡，數十萬人在山道上列隊而行，好像成群的螞蟻，不斷地向西翻山越嶺。至於其他死於疾病、日曬夜露以及餓斃道旁的人究竟有多少，無法估計。他們的白骨，至今依然曝露在這條路上。

一九三九年夏天，中國的戰爭翻向新的一頁，大遷徙過去了。救出來的少數工廠的輪子，在新的廠房裡開始轉動，各大學學生規劃著秋季的課程表。破碎的軍隊駐定在山裡，前線現在是一條沿著華西山腳和各大河河谷山腰的線。在北方，共產黨人越來越深沉的喚醒農民沉睡的自覺，而且愈掘愈深。他們和重慶之間的聯繫若被隔斷，就再創造新的方法重新獲得聯繫，而且方法一年比一年要更機警、更有力。在華中和華南，和中央政府關係漸鬆的勢力和軍閥，開始重回過去的腐敗貪婪。只有在重慶，由於炸彈從春天落到秋天，過去的精神還多少保存了幾年。

中國沒有意識到自己走上了絕路。在此同時，日軍每發動一次新的戰役都會大喊一次這一回要直搗重慶。中國的軍隊則拼命招架，這些戰役規模很小但威力強大。這些是日本統帥部特別安排的新式戰爭，這種新式戰爭的目的，是要讓前線永遠處在不平衡狀態中。日本新的師團和幹部到火線上走一下子，馬上再被調到後備地區準備日後的戰鬥。日軍在自己的後方濱海地區建立新的工業，把中國經濟殘留下來，沒遷移走的的部分與日本整個經濟制度連結起來。

外國的戰地記者在中國所寫的東西，全部都大有問題，因為這些內容是以記者招待會和公報為基礎。我們用外界能理解的話語，描寫一場西方人不會瞭解的戰爭。中國自己寫戰爭公報的人，也都是些從沒有聞過火藥味，從沒有聽見過一聲憤怒的槍聲的傻子，他們盡是說些數千人的戰鬥、血戰、拼命的進攻和反攻等事。這樣的公報在中國發表了好幾年，導致最初他們自己也相信日軍依然打算衝進中國，直撲內地。後來，連這些撰寫者也不能相信自己的話了，但他們依然牽強附會，用早期華麗的修辭來形容前線拖泥帶水的角逐。在中國戰場任何地方，根本就沒有真正的前線、火線和突破點等東西，但一被寫下來，供應線、戰鬥計劃和大包圍就全冒出來了。中國報紙本身，並不真的相信日軍數千數萬人進退兩難或陷入重圍的說法，但還是照樣發行印製。於是外國的報導顯得諷刺。有時這些誇張言詞要相信也難，例如美國陸軍情報處有一次發現日軍有三萬人參加一次戰役，中國軍事發言人說有八萬人參加戰鬥，但公報正式發表敵軍此役死傷又變成高達十二萬人。

日軍在一九三八年至一九四四年發動的各次戰爭，與其說是打戰，不如說是搶糧。他們沒有更大的戰略目標，就是要讓鄉村陷入恐慌，要搜刮田野和市鎮，讓前線的中國部隊永遠不堪一擊，讓他們不斷送新兵上火線送死。這些戰役很多就是所謂的「飯碗」戰役，因為多半都發生在華中，也就是中國的「飯碗」之地——產米量高。作戰時日軍集結了幾個師團，深入中國軍隊的前線，把鄉村蹂躪了一番，然後再回去。而中國部隊的應對辦法是包圍，在日軍突入之際向後撤退，然後在日軍側翼和後方摘掉日軍的供應站。中國人頂多只能摘掉日軍的突出地帶，逼迫他們回到根據地去，若要做得更多，就需要翁文灝搬了家的工廠裡所無法供給的五金和配備。結果所謂中國戰爭，就是一場長期消耗的僵持之戰。

這場中國戰爭在一條有彈性的無人之地上作戰，該地縱深約五十至一百英里，在中國中部一帶向上向下拓展開來。這個荒涼的地帶，中國人破壞了那些對敵人攻擊有利的所有公路、橋梁、鐵路和渡口，中國軍隊唯一的防禦辦法，就是讓這一帶鄉下的交通動彈不得。日軍和華軍在這一地帶來往追打了六年，農民餓死了，軍隊流滿了血，鄉村被燒成一片荒地，小城市換主人換了六、七次，然而這六年之中，前線一直穩定著，沒有太顯著的變化。

這一時期裡有一場戰役，是在一九三九年夏天的晉東南進行。山西是一個重要的省份，該省產煤極多，而且是長城以南鐵礦最富之處，它倚在黃河的胳膊上，峻峭的山脈掌握著華北平原。一九三九年初，華軍在該省的陣地被迫進入中條山的山坡間，中條山位於該省南部邊境的黃河北岸。中共八陸軍的游擊區是在日本據點的後方，包圍著那些據點。而日軍據點的正面，則是中央軍。

我[4]在一九三九年秋天去看了這戰役。這是我第一次訪問中國的前線軍隊。在其後的六年間，我一次又一次地回去觀察，那裡的景象一年比一年暗淡，一年比一年乏味。

我和一支中國生力軍一起出發，從隴海鐵路盡頭處向北行軍。部隊串成長長一列，走過一座又一座的山，艱苦地走著，沒有紀律或一定的步伐。他們的草鞋將灰塵踏到膝蓋那麼高，幾英里外的人，可以從空中盤旋的塵灰，斷定是一支行軍中的軍隊。各部隊的指揮官騎在瘦骨嶙峋的馬上領頭走著，後面是步行的兵士，兵後面是輜重隊——苦力軍人用扁擔扛著彈藥箱，有的人肩上扛著一袋袋的米，連一、兩個廚房工作的人都挑著長滿黑鍋灰的大鍋子跟在最後面。這支部隊有幾尊尚能一用的小炮，馱在騾背上。當時，整個中國軍隊在二千英里長的前線上，據說共有炮一千四百門左右。騾背上的迫擊炮顯得太重了些，但這一門炮要比一整支隊步槍還重要。戰爭後期用牲口來運輸軍事物資成了稀罕的事，但那是一九三九年，同我一起的部隊是用牲口運輸貨物，這個牲口輜重隊走得比踉蹌步行的士兵還慢。騾車上米袋和軍用品堆得很高，米袋之上，有一兩個兵伸直四肢躺在太陽裡打瞌睡；趕車的人漂亮地揮舞著長鞭子，揮過牲口的頭劈拍作響，車輪因為沒有油，大聲吱吱地叫，不管這騾車怎樣在顛簸的路上蹦跳，躺在米袋上的兵卻

4 此後的「我」，都是指白修德——譯者。

總是身陷睡鄉。他們不慌不忙，因為歷經長久的戰爭，而且也知道還會繼續經年累月地拖下去。天一下雨，這些行軍隊就慘了，兵士們一次又一次地全身濕透，腳陷在爛泥裡。

路上有許多來來往往的人。與我們同道的是行軍的人的艱難腳步；迎面來的人，則是戰場丟棄下來、無人照顧的士兵。病兵和傷兵通常都是自己步行到後方。在前線，頭上、肚子上若有重傷受就等於死命一條，因為醫療隊們辦法及時將這些人搬到後方醫治，可以走路但顯然已在軍事上沒有用處的人們，則被發了一張通行證自己走回去。這些人很可憐，在山路上一瘸一拐地走著，他們靠在木杖上，扶著山石或樹木旁掙扎而行。在每個山坡腳下，你總可以遇見這種人，他們爬完一座山之後坐著休息，滯鈍的眼睛注視著前頭無止盡的綿延山坡。在這裡，只有少數機會能看到生病的或負傷的人被放上擔架抬到後方，傷病兵的傷口發出惡臭，蒼蠅雲集在他們周圍，甚至在他們的膿疱上或傷口上築巢，不願離去。

我們坐著骯髒的平底船穿過黃河，經由越來越狹窄的山道抵達前線。他們緊緊追蹤著向沁水山谷間撤退的日軍。當時是秋天，正逢收割玉蜀黍的季節，高粱也熟了。在你明白每一個村落裡的憂愁和迷信有多嚴重之前，中國的山景看起來是美麗的，從山脊上往下望去，可以看到打穀場上的稃皮升騰如雲。農民正在打穀子，柿子又熟又紅，在稀薄的枝葉間閃閃有光，柿葉也呈焦黃色。人們正在犁地準備冬天下麥種，土地的氣息很好聞，有的田裡新穀子的薄薄的葉片使地土發綠。另一些田裡，棕紅色的高粱沉重地掛在長長的高粱稈上，我們騎馬經過時，會輕擦過我們的頭。

日本人才剛離開不久，他們在鄉間四處留下焦黑的破壞痕跡。有時騎馬走過被燒毀的鄉村，走上一整天也只見一堆堆的廢墟。許多路面壞得這樣厲害，以致中國的山馬也沒有辦法走過橫貫在路上的溝，你得下馬來自己找路，牽著馬走，或是騎馬登上荒蕪的山脊，望著遠處的山丘覓路而行。忽然荒山野地之間，一所孤立的茅屋映入眼簾，屋頂已經倒下，木頭也燒焦了，它在無人地帶站立著，象徵著荒涼。

鄉民講的故事，和我後來在日軍每次出擊之後聽到的故事都大同小異。農民在日軍進來之前逃走，他們要是不主動逃，政府也會下令強迫他們離開。他們帶走一切家當，家具或種籽等等。他們把豬和牛牽到山裡，把衣物等隨身物埋在地裡，退到山上築草棚柱，等候兩軍決勝。日軍開進去後，只見一片無用的荒地，行進也受大水阻礙，等他們到達重要目標時，鬍子已長了兩寸、泥土滿身、疲倦又憤怒。

一些我經過的區域裡，被日軍捉到的每一個女人都會被強姦，毫無例外。這些強姦暴行，其病態慘痛之處各地相似，除非描述特別惡毒的行徑之外，這些故事顯得一致。在某些地區，有人看見日本人和牝豬交媾。在農民來不及好好隱蔽的地方，日軍騎在馬上踐踏高粱地，逼迫女人們露出頭來。日本軍官在大城市裡有小老婆，有中國人、俄國人、韓國人或日本自己人，但在鄉下他們也打算縱慾。日軍的車子若壞在泥地裡，便把農民喚來，將衣服脫得精光，鞭撻他們，要他們像野獸一樣拖車。日軍常在塵埃裡把馬和騾子打死，在公路和山上，你能看到牲口的屍體在腐爛，騾馬的屍骨曝露在太陽裡發白。被迫代替騾馬的中國農民，也受著同樣無情的鞭笞，直至倒下或發瘋為止。

騎馬及步行上前線，需要耗時兩星期。跟隨著一個團部，我從山腳邊被領到一個蓋著高大麥稈的山頭上，我和一個兵一起靜靜地快步而行，蜷伏在麥稈後面，然後爬到較舒服的地方。那個兵小心地撥開麥稈，向山下指著。遠處有些白牆房屋以及城牆的模糊輪廓。他小聲說：「這些是日軍。」我竭力注視，注意到離我們不遠的田野裡有什麼東西在動。我問：「那是什麼？」他甚至並沒有轉過眼睛順著我指的方向看。「那些是農民，」他說：「他們必須收割，你知道的，現在是收穫季節。」日本人也知道，他們自己也是農民，除了突擊時的野蠻獸行，他們同樣也能對那些在田野間工作的人保持中立。

那一星期，我在山西前線跋涉了三四十英里，後來幾年我在其他許多省份裡走上了更多英里。各地的景象總是令人倒胃口，在各個地方，舉目所見除了一幫失魂的男人看守著發鏽的機關槍或洗擦舊步槍以外，其他什麼都沒有。華軍前哨二十或三十人一組，用傳令兵徒步和營部聯絡，營和團及師之間則用電話傳達命令。日軍通常是兩三百人駐在鄉村裡，有野戰輕炮保護。在數千里的山上，不論在何處，你若朝下望去，華軍人數總要比日軍多上五倍。可是日軍有重機關槍和野炮，華軍如果接近日軍，在露天走一兩英里，就會被敵方的火力擊倒，因缺乏相當的武器而束手無策。

一九三九年的中國前線一片寂靜。基於同樣的原因，中國前線在往後漫長的五年也仍然一片寂靜。

Chapter 5

外憂中的內患

Stalemate

要把戰爭從平靜的晉南前線帶到開闊的太平洋，需要兩年時間——混亂的兩年。在這兩年中，全世界看見中國深山裡接連發生的各種力量權衡行動，卻不能領略這些行動的內在意義或在歷史上的重要性。中國的前線到了一九三九年是保衛下來了，政府也重新安頓，戰爭成了日常生活的一部分。西遷後的最初幾個月，政府打掉一些承辦例行事務的機關，在其上建立更為複雜的行政機構。至於中國指揮戰爭的方法，則無特出之處。

戰爭仰賴農民。農民貢獻糧食和人力這兩樣必需品，農民種出來的食糧養活軍隊、國民黨、兵工廠的工人以及官僚。政府仰賴農民，才有足夠徵發來的人力送上前線。開闢公路、搬運必需品等等，各種重要的事情，不論軍事或政治的事務，都推給農民去做。他們穿著藍色或灰色的粗糙寬袖上衣，盡心竭力地為抗戰提供原始力量。軍隊的移動、美國機場的搭建、組織的供給，各問題都依據可以找到多少農民來執行，或可以找到多少袋農民所生產的米來解救危局這兩點上作評量標準。一切都是以農民的生產力來平衡，甚至軍火的生產也是如此。特別是中國用來調配炸藥的氮化物資源，其關鍵也在農民身上，因為氮化物是從農民的排泄物中取得。

戰爭開始時，政府向農民徵收的是錢，然後用這筆錢購買他的穀子。在通貨膨脹的重壓之下，貨幣制度於一九四一年起開始每況愈下，於是政府聽從一個美國經濟學家的勸告，改成徵收實物。為徵收此種新稅，政府先將需求換算成應收的穀物總量，然後指派每省應負擔的數量，各省再指派縣，各縣指派到村。每個村裡的村長總讓最窮的農民擔負最大的一份。新的徵稅法的唯一用處，就是顯露出戰爭和政治的本質。農民把穀物繳給當地的官員，當地官員收到之後，拿走屬於他們的一部分，所剩的再繳給政府。政府會把一袋袋的穀子支付給所屬的各機關。穀子比鈔票值錢多了。

新的稅制，是戰爭迫使國民黨改變政策的象徵。國民黨自成立以來，都是靠著沿海大資本家和鄉紳地主的聯合支持，而日本的侵略掃蕩了沿海大資本家、商人和工業家，時至今日，政府在政治上的支持幾乎是完全來自鄉紳。此一轉變在表面上並不明顯。確實，一九四〇年時對高級簡任官所作的一個調查，顯示其中百分之五十還是從下江兩個商業省份來的，這兩省一直是國民黨的主要支柱——百分之三十五是江蘇人，百分之十五是蔣委員長家鄉的浙江人。只有當深入瞭解政府所視而不見且無力解決的事，去釐清獲利的人是誰，這一轉變才顯得明顯。

舉例來說，徵收實物的時候，小農要付出雙倍的穀子，富人卻逃避掉租稅。政府對這現象睜一隻眼閉一隻眼，把徵收的事交給各地方官員去處理，只要能得到穀子，其他事就不管了。在公報和演講裡，政府官員對那些讓通貨膨脹高到顛峰的囤積行為暴跳如雷，大家也都知道囤積最多的就是這些大地主，然而政府卻從未採取行動。政府倚靠著地主，地主則倚靠著農民。要把農民的力量從年深月久的苦痛中解放出來，要將這些力量聚集起來抗日，需要對那些夾在重慶和糧田之間的地主，採取嚴厲的措施。有一些地主以前是軍閥，現在依然擁有軍事力量，其他大部分人則是各地國民黨地方組織的基層。但政府覺得這三者間的平衡過於脆弱，可能無法承受任何形式的基本改革。

這三者的權力抗衡，只是眾多例子之一，另一例子則是軍事。來占領中國的日本軍隊大約分成十五至二十個師團，總數將近一百萬人。他們的軍隊駐紮在沿海一帶、鐵路線一帶以及大江兩岸，他們的各防區互相以現代化的交通和其他防區聯繫來往。他們占據了戰略的中心地帶（中國沿海的半圓形地帶），也就是日軍陣地的邊緣上，這裡也駐紮著中國軍隊，大約四百萬人，後者由於原始的道路和運輸工具的缺乏，被釘死在那裡，動彈不得。要把中國一個師從華北運到華中，要花上一個月，而日本一個師團從北平運到漢口只要十天。這就是說，在這場機動戰爭中，中國人未戰先敗，他們唯一能做的就是在危險區域安置足夠的兵力，以應付可能的威脅。

有三、四個地方一定得守住：中國的中心地帶長江三峽，北方潼關附近的黃河彎曲處，西南雲南省的兩翼，以及東方的長沙及產米區。這四個危險區域，各由可靠的將領率領的大批華軍守護。其中三個由蔣介石個人的「中央」軍的可靠部隊掌管，除了長沙一帶的守將薛岳，他是一個性情暴躁的廣東人，戰前曾和蔣介石有點小嫌隙，是因為具備特別高明的軍事能力才獲得指揮權。各省和各地的雜牌軍，則被分散在這四個重要地區之間。重要的長江下游前線守將是顧祝同，他是一個狂熱的反共將軍，把大部分注意力放在中共而非日本人身上。次要的戰區司令，多半由蔣氏親信以外的地方軍閥擔任。有一度，八九個戰區司令內有將近半數的人，曾在過去十五年內公開反對蔣介石，曾經贊助或親自下陣那些反對蔣介石的鬥爭。

各部隊在一九三九年進入新陣地。一九四〇、四一的兩年間，他們忙於築壕，因為重慶離得太遠，只有名義上的管制權，因此各軍就盤據下來統治自己的區域，自行委任或黜退縣長及法官，自己收稅及制定法律。有些部隊是如此的深根入地，甚至要軍人參與私人的耕作，以補充口糧。重慶來的訓令，他們可能不理，也可能服從，視情形而定。中國軍隊並無真正中央補給制度，只是把錢交給各師師長，由他自己想辦法。中央政府的兵工廠，每月最多只能生產槍彈一千五百萬發，炮彈及迫擊炮彈數千發，也就是說，平均每人每月只有槍彈四發。精明的指揮官不敢靠這麼少的儲備物計劃攻勢，於是主動攻擊的精神漸漸被腐蝕，彈藥被囤積起來，放到老朽而不堪使用。一九四三年有人看到一隊牛車把槍彈運到前方去，彈盒上印著「一九三一年製」的字樣。重慶太遠了，彈藥從兵工廠經由繁忙的公路運到北方戰線上，要耗上好幾個月。指揮官若遇危急，不能寄望重慶急送軍需品，他只能依靠存積在自己軍火庫裡的東西作戰。

另一件權衡之事，是這段過渡期間的貿易活動。當西南的滇越鐵路被割斷的時候，全世界憂心地看著這個被隔離的中國，由於滇緬公路成了唯一的出口，變得極具重要性。不過，中國所有的官員也都知道，不論鐵路還公路，比起另一件事，中國當時的供應問題只小事：一九四一年年底，日本的封鎖像過濾網，而歷史上最大的走私組織就在這個濾網上鑽空隙。據估計，光是買賣汽油的走私者就有五十萬人，沿海的船上偷運著汽油進入西南邊境的山道中，轉賣給中國政府。唯利是圖的日軍和中國的投機家合作，私人投資者將那些與汽油一樣多的布匹、輪胎、藥品以及其他急需物品運售給政府，這並不是單方面的買賣：中國的鎢、錫和銻也從同樣的道路，運出去為敵人充實兵工廠。走私的事情中日兩方都知情，甚至中國政府人員也積極在參與走私，中國液體燃料委員會給予走私進來的汽油寬裕的運費和回佣，就算運送途中因受敵方攻擊而有所損毀，不論損失多少都會償還全價。政府的中國航空公司通過廣州日軍的路線，賄賂收買具高度揮發性的汽油，讓唯一一條聯繫中國的重要航空線。中國共產黨人，則在敵軍占領的城中，購買槍枝、手槍和汽油。

中國戰場有許多奇妙的事。重慶寄出去的中國郵件，往往都能順利寄到被日軍占領的各大城市，從那頭也能再寄信回來。在越南邊境，中國軍官從河對面日本管制區裡的經紀人那兒買米養兵。重慶政府官員經常匯錢給上海和北平的家屬，並收到關於他們的產業如何被敵人占用的報告。

重慶的僵直局面既諷刺又悲慘。戰爭既不像戰爭，也不是和平，而是介於戰爭演習與和平間的朦朧地帶。實際上這境界中既沒有戰爭，也沒有和平。過去所有的緊張又浮上檯面了，狀況最嚴重的就是政府和中共之間的緊張情緒。雙方都並沒有就國共之間的聯盟，得出一個最終的結論。聯盟國共的原因很脆弱，僅建立在共同御日上，只要日軍攻擊的一停，這聯盟就開始瓦解了。若要創造一個穩定有力的聯盟，首先必須改造中國的社會，而改造社會必定附帶著革命，兩黨就在這一點上無法達成共識。

分歧的核心原因，來自於共產黨的擴大。中共的影響和武裝，逐月在敵人的後方發展。中共總部仍在陝北延安，可是至一九三九年初，陝北本區依舊馳名，但已變成中共眾多控制區中的一小塊了。他們力量最強大的地方，早已伸展到黃河以東、濱海區域以及長江下游。早期的紅軍在抗戰最初幾年間已經死光，新的八路軍是華北本地人，其指揮官多是戰前從沒有聽過的年輕共產中尉和上尉。延安和重慶一樣，高級會議中永遠是那幾個老名字，但在中共的戰場上，新的領導者不斷從草野裡崛起。中共在本質上依靠著周圍人民的援助，但他們所擁有的土地並不安全，土地上的農民也並非過著和平的日子。事實上他們所控制的地方和日軍的交通線交錯，還密布著日本駐軍和碉堡。如果中共必須對這些日軍施行壓力的話，他們便永遠不得休息。為了保衛自己，他們被迫要持續鼓動民眾，他們得拼了命讓民眾繼續擁護他們，否則將面臨滅亡。

他們在日軍後方的鼓動和擴張，造成他們與政府部隊不斷在發生磨擦。日軍挺進時，政府曾在華北和華中留下一些部隊，中共在新的社會基礎上組織鄉村農民抗日時，一再地和政府軍隊及官員發生衝突。就中共而言，這是一場全民戰爭，不容許有中立的人。政府戰前所委任的老村長以及中年縣長，無法適應猛烈的游擊戰爭。結果，能夠適應轉變的人留著和人民一起，太老或太脆弱而無法改變的人，就被游擊隊員以抗戰的理由撤換掉。同樣地，中共區域中，孤立的政府軍發現自己被捲入中共游擊戰中，他們要是不願意合作，雙方就發生摩擦，互罵對方不守信用，互相攻擊。經過一年又一年，日軍後方的政府機關逐漸瓦解，也許被中共吸收，或被中共控制下衍生出的新抗戰機構取代。

雙方第一次的武裝衝突發生在一九三八年夏季。自此之後，偏遠地區的政府軍和中共軍，背離了當初的最高指令，越來越常彼此開戰。在政府統治區，政府人員把中共的擴大視為一種疾病，由於政府不願或不能像中共那樣一方面動員人民，一方面又擁護住自身的社會基礎，他們便認為中共也應該停止組織人民。中共在政府統治區的幾個辦事處，遭受越來越嚴謹的監視。政府的狂熱分子在湖南平江襲擊中共戰區在該地的聯絡處，殘殺了該處的辦事員，其他城市裡同樣的辦事處也被封閉了。中國內部的中共活動慢慢地轉入地下，最後只剩下重慶和西安兩個公開辦事處，但這兩個辦事處也受著嚴密監視。一九三九年秋天，山西爆發一整師人的大規模戰鬥，這次衝突在一九四〇年春天經談判講和後停止，但更大規模的激烈衝突，隨即在長江下游新四軍活動的地區爆發。

時為一九四〇年仲夏，若再不達成一些協議，中國的團結將面臨瓦解。許多問題牽涉其中，首先得嚴格劃定中共的陝北區域，該地區兩黨的邊境兵士總是斷斷續續地在打仗；其次是軍需問題，政府曾答應供給中共八路軍的四萬五千人餉銀和軍火，又在一九三八年春天答應供應新四軍一萬五千人的軍需，可是餉銀和軍火都來得很遲緩，到來時還附帶著許多條件。政府的諾言在紙上很好看，但事實上，中共是靠自己在作戰，真正從政府身上得到的幫助極少；第三，也是最重要的問題，是抗日的政府和中共部隊必須清楚地劃定界限，使衝突減至最低。

一九四〇年夏天，一項協議解決了中共陝北區的劃界問題以及供給的問題。可是，協議的關鍵是政府要求中共把八路軍部隊完全調到黃河以北，以及把新四軍部隊調到長江以北地區。

一九四〇年年底，發生了那件從此聞名的新四軍事件。這是中國戰時政治的一大轉捩點，是直至如今依然不時喚起激烈憎恨情緒的標誌，更是中國內戰的導火線。無人能確切知悉政府軍在一九四一年正月初時，是怎麼包圍並屠殺了新四軍總部的部隊。我們根據一切現有材料所能得出最不偏私的結論是：新四軍大部分部隊已於十二月底調到長江以北，他們在江南留著軍部，包括該軍大部分的參謀人員，指揮部以及若干戰鬥部隊，總共約五千餘人，他們奉命北調，政府規定了他們的行軍路線。中共說這條路線會把他們直接引入長江邊上日本駐軍的掌握中，請求改變路線，而他們在重慶的代表周恩來將軍，也為此事見了蔣委員長。委員長批准了改變路線，並請周恩來吃聖誕夜晚餐，兩人為和平和友誼乾了杯，眼前一切問題看似都解決了。之後，延安中共總部突然急電到重慶辦事處。新四軍被騙入政府軍的包圍圈中，該軍部隊被宰殺了。周恩來於是趕去見蔣委員長，雖然沒能見到，卻得到對方的一個保證：一切都順利進行，政府正在下令政府軍隊切勿阻擋新四軍的行軍。

到底是誰在說謊？有人說蔣介石的親信瞞著他發動攻擊，待他得知後，他便以謊掩蓋事實，而且事後饒恕了這項行動。國民黨說新四軍曾攻擊政府軍，而政府軍將暴動者處以紀律。這種說法巧妙地掩蓋了一件事實：新四軍當時部隊比國民黨的少得多，而且其中大部分成員是非戰鬥員和司令部人員。

於是重慶瀰漫著公開分裂及全面內戰的謠言。眾人的疑惑四起，他們得知整個新四軍軍部被消滅，參謀長被殺，軍長被拘入集中營，死者數千人，被俘者數千人。事變本身已經夠慘了，得勝的政府軍卻又用與日本人一樣的野蠻對付被俘的中共同胞。幾年之後，有一位大學教授講起俘虜營中的可怕經過——他並不是共產黨員，只是恰巧在旅行中和新四軍一起行動才被俘——他說中共部隊裡男女都有，女人負責政治工作、看護，或擔任黨內職員，政府軍強姦這些中共女俘虜，她們有人染了梅毒，甚至自殺。俘虜們被關在戰場附近的一處地方將近一年半，再被送到四百英里外的一個新集中營去。男女都被迫扛運政府軍的行李，生病或體弱挑不動的，就挨打。有的人被槍斃，有的人被活埋。當告訴我這故事的教授被釋放的時候，他說當時俘虜數千人中，活著的只剩三百人。

新四軍事變為此後的國共關係劃下一條分割感情的界線，所有可能的和談都終止了。

各地的中共軍隊的供給都被切斷，政府最精銳的部隊組成的封鎖線，將中共的陝北基地鎖的密不通風。起初，這是一個中國對抗日本戰爭，如今是兩個中國——一個是國民黨的中國，一個是共產黨的中國——對抗日本的戰爭。抗日戰爭之外，他們同時無聲無息地進行另一場附帶戰爭——國民黨中國和共產黨中國之間的戰爭。

一九四一年秋天來亞洲採訪的外國人，都覺得要斷定中日兩國間鬥爭的結局很難。持續不斷的通貨膨脹與物價在賽跑看誰衝得快、中國軍隊喪失機動性、日機隨興所至地轟炸著首都重慶。中國人之中的確存在著英雄主義、勇氣和信心，但也有同樣多的憎恨、懷疑和通敵行為。中國人無法打勝日本，但他們也不會投降。日本曾設法粉碎中國的軍隊，破壞它的經濟，鼓動內部的不協調，他們獲得部分的成功，但整體而言是失敗的，中國依然在一個蹺蹺板似的平衡狀態中，日本帝國部隊無法打破這個平衡。如果把這個鬥爭看成只是和亞洲之間的鬥爭，這局面就無法令人瞭解。但漸漸地，事情變得很明顯，決勝之點的到來並不在中國本身。中國之戰只是較大的世界戰爭的一部分，而中國內部的問題及其痛苦也牽涉其中。民主國若是得勝，中國不會失敗，民主國如戰敗，中國就不會得勝。

日本差不多也在同時得到同樣的結論——亞洲的戰爭是西方戰爭中的一部分。

日軍的領袖瞭解凡爾賽條約和國際聯盟（League of Nations）的假象並沒有改變國際上的任何關係，也明白這是一個製造及破壞文明的時代，是一個國家要不偉大要不滅亡的時代。自一九三一年起，日本人看透世界當時存在的混亂狀態，決定只要一逮到機會，即殘酷地進攻。日本的領袖們是些小人物，但他們有大計劃。在這些計劃中，中國被當作日本未來走向偉大的跳板。在日本繼續向前在世界中獲得偉大以前，必須先解決中國問題，而且解決的辦法必須合乎日本的口味，也就是使中國成為鞭撻之下的俘虜，使中國人拖拉著日本征服者的戰車。

一九三九年春天，日本稍作暫停以便忖前思後。日本占領了中國所有重要的軍事目標，從蒙古沙漠到亞熱帶的珠江三角洲，但中國依然抗戰著。想要再深入中國內地，就需要使出日本人吃奶的力氣，才能逼中國投降。必須把每一個日本兵、每一滴汽油、每一噸鋼鐵，都投資在駐守中國內地數年之久，直至中國屈服為止——如果中國會屈服的話。這樣的作法，在一九三九年時，在許多日本人眼裡看來是荒謬的，因為不管中國的結局如何，正在歐洲進行的戰爭，其中的任何決策，無論如何都會在今後數十年內牽連日本，因此日本等候著。一九四〇年春天，英法軍在德軍之前崩潰，打響了每座東京決策中心的鐘。法國和荷蘭被踐踏摧毀，英國已經一腳踏進棺材，這些國家在南洋的屬地成了孤兒。這樣的情勢引誘著日本人，於是一九四〇年的帝國政策就從中國轉為南洋的外交攻勢。

日本這個準征服者，開始向這三個殖民強國提出要求，有數個月的時間，他們進行得很順利。法國的官僚在本國或殖民地裡都沒有落腳處，同意封閉中國唯一的鐵路供應線滇越鐵路，並且讓日軍駐紮到越南北部。英國被歐洲的敗仗弄得頭昏腦脹，同意封閉滇緬公路三個月，就這樣一舉關掉了中國後門的最後通路。荷蘭則被牽入日本對經濟合作的渴望。日本想要荷屬東印度的煤油，因此荷蘭人準備招待日本代表團，討論煤油問題的細節項目。一九四〇年仲夏時，日本似乎無往而不勝，可是到了秋天，他們竟然不得不承認，他們的外交攻勢已經像打溼的爆竹那樣洩了氣。只有在越南他們得到了所要的東西。英國人重新開放滇緬公路，並拒絕再討論封鎖問題。秋天時，荷蘭人接待日本來的煤油談判人，答應每年把不到二百萬噸的煤油賣給日本——這數目僅是是荷印產油量的四分之一。在一九四〇年冬至一九四一年春天，日本人學到了教訓，他們想出瞭解決辦法。日本對問題的判斷準確，但解決方式卻是災難。

日本有兩個主要問題，一是在中國那場尚未結束的戰爭，二是即將開始的南洋之役。中國問題實在更為迫切，但南洋之役關乎時間因素，若稍有遲疑機會便稍縱即逝。這兩椿投機之間，要是有一個為期數年的間歇就完美了，不過歷史是不等人的。一九四一年初，兩邊的進行都不像他初料的那樣順利，這兩個問題日本考慮了幾個月，不費太多苦功便得到一個顯而易見的結論——它會失敗，原因並不出在戰場或談判席上，而是在於美國。

月復一月，美國漸漸成為日本在太平洋上最大的對手。中國憤恨地看著英國封閉滇緬公路，覺得英國出賣了共同事業，對於法國在越南的行動，中國也是滿滿的鄙視，最後似乎只剩美國能給予中國希望。美國確實是把煤油和鋼鐵賣給了日本沒錯，但美國也漸漸開始運送援助品給中國。中國把未來寄託在美國身上，荷印也是如此。荷蘭人只有幾架舊飛機和少數巡洋艦，不敢和日本的海軍或其身經百戰的陸軍對敵，可是荷印得擁有美國外交上的支持鼓勵，面對日本外交壓力時，態度非常堅定。就日本人看來，美國的政策根本是惱人的陰謀，只要美國政府向中國或荷印的一句話，一切就解決了。沒有這句話，日本也動不了，因此日本一九四一年計劃的基石，是要逼迫美國作出決定。該年春天，雙方在華盛頓進行談判。

日本人堅持其要求合理。他們說，他們向荷印要求的不過就是礦源而已，他們很願意和美國分享。還說他們在中國所要的無非是和平，而和平只有在日本的控制下才能到來。日本現在遭遇的幻滅是不公平的，日本的目的不在攻擊其他民族，因為日本自己正在受外來打擊、破壞。「你們以為我們這七千萬人能幹嘛？」日本駐巴達維亞總領事在煤油談判之中問道：「難道要鎖在自己那多山崎嶇的小島上嗎？……我們需要煤油……假如你們不給，我們就自己去拿……我們需要中國的和平——如果取得和平需要一百年的戰爭，我們就打一百年。我們冒著整個民族生命的危險……我們必須擴展……你們畏怯我們，因為你們錯待了我們。」祕密地，日本發了封電報給他們的駐歐使節，洩漏了他們對美談判的大綱：「要用外交談判來終結中國的鬥爭、建立東亞共榮地帶、保存我們的國家資源，以備將來。」

初步談判之際，日本的和平說詞被自己軍隊的貪婪破壞殆盡。日本的將軍派部隊開進越南南部，作為進擊南洋的墊腳石。美國則以民主國家罕有的迅速，加以反擊回應，禁止煤油和鋼鐵運往日本本土，荷蘭和英國也跟著美國的步伐走。美國禁運煤油的決策，使華盛頓的談判進入新階段，現在他們不再琢磨抽象的條件，談判直接開門見山成了戰爭原料問題。日本的一切決策都被賦予時間上的限制——它必須在煤油用盡之前取得美國的協議。它要不投降示弱，要不就得趕在自己弱到無力行動之前先發制人。

日本人現在無法一面進軍，一面同時談判了。他們掉進陷阱，正在設法回擊。他們說，如果美國能再把油和鋼賣給他們，他們就可以把越南南部的部隊撤到越南北部。但美國不願再出爾反爾。再把煤油和鋼鐵賣給日本，等於是在支持日本對中國的野心。美國的談判員說得很清楚，中國若不自由，則日、美兩國之間無法恢復正常關係。日本儘管不放棄，但仍找不到任何一項能同時占有中國又能安撫美國的方案。

美國自己也有一張時間表。他們整隊計畫在一九四二年春季行動，屆時美國將派出一支志願空軍，包括一隊驅逐機、一隊轟炸機，可能還有一隊魚雷機，並掛上中國旗從中國基地動身前往作戰。到時荷印和英屬馬來亞能重新裝備好；到時美國穿過太平洋的島嶼時，就可以得到完善配備並設防停當；到時菲律賓將增加美國飛機和美國戰鬥部隊。等到這一切完工，日本就倒楣了，如中國人所說，像「甕中之鱉」了。日本人充分意識到自己死路一條，秋天時，他們國內的辯論有了結論。一九四一年十月十七日，新任內閣首相東條英機將軍，是第一位擔任首相的現役軍人。他是軍中的主要內幕人物，在日本作決策的最後兩星期，他讓軍隊掌握了日本的舵。東條的計劃，是以熱烈的談判來守住中國北方·同時重新獲得世界貿易的自由權，使日本繼續強大。如美方抵拒，則槍炮已經備齊。

十一月中，日本駐各國的大使館接到一份緊急時使用的密碼：短波無線電廣播如果連兩次播出「東風雨」三字，就代表日美關係斷絕。十一月底，日本海軍已在海上出動，在北海道附近集合，並開向北太平洋。普通的密電太慢了，日本要外交人員用電話。到了十二月初，軍隊已集中在越南南部，準備進軍南洋。

一九四一年十二月七日，美國數千家報紙和電台的自動電話機響了十二次，報告著同一個新聞，疲倦的週刊編輯們看著玻璃隔板下的電紐打出一個特急電，那時是下午二時二十二分：

特急……白宮說……

日軍進攻珍珠港……

亞洲之戰，現在是美國的戰爭了。

Chapter 6

珍珠港事件以後

Campaign in the South Seas

美國加入遠在地球另一端的戰爭，對此場戰爭毫無準備。同盟國的主要武裝，是白種人優於有色人種，或至少白種文化高於其他任何文化的單純信念。我們的國防配備連想裝個樣子威嚇人都不足。在菲律賓，我們只有一個空軍的骨架——三十五架B17式機，那是早期殘破的飛行堡壘，火力不夠，裝甲也不夠，其中十七架在戰事發生第一天就在地面上被炸毀；二十架P35式機，可用但飛得慢，是瑞典政府訂的貨，後被轉移到菲律賓；初期形式的六十架P40機；中型轟炸機一架也沒有；加上一些雜七雜八的A27式及P26式機，以及幾架每小時飛九十英里的觀察機。戰爭爆發後一星期內，這支空軍只剩下三十架戰鬥機，轟炸機一台也不剩。我們的路上部隊包括菲律賓斥候隊，他們是很好的森林戰士；從美國剛調來的民警衛隊數千人；以及匆促訓練出來的菲律賓混雜後備隊，他們剛從菲島的農家徵來。

其他同盟國也很弱。荷印有三百架飛機，但大部分老舊而不堪一用，正規軍三萬人，其中六、七千人是荷蘭人，其餘是當地人。他們有步槍、機關槍以及幾尊舊炮，此外就沒有什麼了。補充兵四萬人很快便徵召起來，但都尚未經過訓練。馬來亞的英國人只保衛自己，也就是森林、自身的驕傲，以及大英帝國的傳統。他們的空軍幾乎都已老朽過時，他們在新加坡以大約三億美金的巨款，蓋了一個巨大的海軍根據地，可是它只是準備要應付海上來的攻擊；而日本人，當然，是從陸上來的。理論上，英國應該是南洋的主力，他們有澳軍一師團，英軍數千人以及大艦隊一支。但英國的指揮部既不夠格又沒有決心。

西方各盟國——英、美、荷——在心理上缺乏對日作戰的準備。除麥克阿瑟外，一九四一年十二月對日作戰的指揮官們，都是些自高自大的盲目之人。美國防守珍珠港的空軍將領之一，曾在日軍進攻之前五個月在一個集會上發表了一場絕妙的演說：「希特勒才是我們真正的麻煩所在，」他說：「我們對付了德國人之後，就可以轉向日本小鬼說『好，好，小兄弟，安分一點』，他們就會安分了。」

在白人戰士的迷思裡，膚色比他們深的人根本不被視為打仗的料。每個人都覺得日本人全都有近視，沒辦法打中任何東西，認為他們的轟炸不準確，認為他們只會模仿，不會建造或維持真正的武器。你還記得一個故事，說到他們如何仿造一艘英國船，東拼一塊西湊一塊嗎？不是有一個故事，說起他們用幼稚的計劃造船，船一離開船塢就翻掉嗎？不是聽說日本飛機品質極差，第一架DC4式機一出廠就炸裂嗎？日本零式機（Japanese Zeros）的詳情，軍事情報員早在一九四一年三月就已經從重慶通知華盛頓，該機的機動性能、航距和引擎馬力，這些全都有紀錄，卻被晾在檔案裡不問不聞。西方諸國最精明的人看著日本打中國長達四年之久，卻仍藐視他們。這些白人雖然不能理解中國之戰，但也不願費力氣去收集簡略的軍事形勢以外的事實，還大言不慚地有許多結論。他們說，中國之戰證明了日本在軍事上只是一個四等國，既沒有資源，也沒有現代化戰爭必備的技術。

如果說在戰場上，同盟國在軍事上和心理上缺乏對日作戰的準備，那麼，在爭取被攻之地的人民的信服的競賽中，它們更是輸在起跑線上。歷史上的一個時代正在結束，但沒有人能意識到，即使在勝利以後，許多人依舊反應不過來。日本侵入南洋，是歷史上一向處於劣勢的亞洲的一個轉捩點，這是一個至關重要的階段，有數億的人介入這場革命，其重要性之大，反而使戰爭本身顯得微不足道。四百年以來，自從阿爾方索的大帆船於一五一一年穿過馬六甲海峽，以及其後數十年，聖哈維爾穿過該海峽以來，白種人的鐵釘鞋・蹂躪了亞洲皮膚黯黑的各民族的尊嚴和文化。軍事上趾高氣揚的白種人，搶掠東方的財富，把信仰挑在槍尖上，硬刺進亞洲人的體內。四百年以來，亞洲民族的仇恨漸漸累積起來反抗這制度，其內部壓力像一座活火山。現在，一個皮膚黯黑的日本民族在白種的奴隸的眼前凌辱起白人來了。

菲律賓人有一個古老的傳說，描述上帝製造人類的過程，他們說上帝是如何溫柔細心地將他塑造到完美，再放進爐子烤，可是他揭開烤箱的時間晚了，這個人被烤焦了。不過呢，這是上帝所造的第一個人，他把生命吹入此人之後決定再做一個，他用同樣的材料做第二個人，同樣地小心塑造其形體，熱切地等待著，但他等得不耐煩，爐子打開得太早，因此這人沒有烤熟，成了一個生麵團似的白人。上帝不滿意，為自己二次出錯自責，於是他造了第三個人。這一回他在爐邊張張望望，人形取出來的時候，烤得剛剛好；此人是溫和的金棕色人。上帝滿意了。

這個故事可以是馬來、緬甸或印度尼西亞的故事，可以是中國或日本的故事，也可以是任何棕皮膚或黃皮膚民族的故事。白種人的到來，使這些民族防衛地警覺到自身的膚色。日本兵工廠創造出的武器，更傷天害理地刻意提高人們對膚色的自覺，強調白種人的優勢和霸權，強調有色人種的卑下和奴隸地位。一九四二年初，日本對南洋各帝國的狂暴進攻，其排山倒海的氣勢看似像過剩的軍事力量。實際不然，這是一場殲滅白種人與他們腐敗軍事機構的行動。白人被困頓在其奴役的人民的憎恨與冷漠之中，被一些覺得自己在打聖戰的奴役民族，如狂風暴雨般的起義殲滅了。

南洋之戰，除了菲律賓和美國人在巴丹半島及哥來吉多島上輝煌的抵抗以外，是一段羞恥、不堪回首的愚蠢故事。

日本人在歷史上對外國的戰爭中，從未有始有終地打出什麼結果來。不管他們如何誇張的宣傳，他們的對美戰爭稱不上是勝利，當時不過是把白種人逐出亞洲罷了。他們的第一拳打在珍珠港上，企圖爭取時間來擊破美國海軍，進行南洋之戰。南洋有四個進攻點：北方的香港和馬尼拉，南方的馬來亞和荷印。

香港沒有按照預定時程完成計畫，但菲律賓有。菲律賓的保衛戰，和南洋各地的戰役一樣，可以用政治角度來解釋。在這些奴隸民族之中，只有菲律賓人和同盟國並肩作戰。菲律賓人確實身受著所有施加於亞洲人的凌辱，美國人的俱樂部不准他們加入，他們的薪水，比作著同樣工作的白種人還低。即便是他們之中教育程度最高的人，也不被白人尊重。這種痛苦的記憶他們的領袖們依然記著，奎松總統（Manuel Quezon）過去曾和美國作戰四十年，最後是到了麥克阿瑟的父親手裡才投降。然而，美國曾為菲律賓帶來教育和醫療，而且答應在幾十年之內給他們獨立，他們也真心如此相信，他們好似一群朝自由之路邁進的公司新進成員。日本許諾給他們的，怎樣也比不上他們已經擁有的，也比不上美國給的諾言。

只有少數的菲律賓人被日本的宣傳誘惑。有些第五縱隊（Fifth column）在日機夜襲馬尼拉時，閃動光火指引日機目標；有的第五縱隊狙擊空襲警報哨，企圖熄滅整個城市。有人向日軍提供情報，或擔任日軍的嚮導。可是絕大多數的菲律賓人忠於美國，像忠於自身利益一樣，他們像小孩一樣單純地信任著美國的力量。當呂宋的抵抗軍被迫撤退至哥來吉多島和巴丹半島的時候，菲律賓人依然相信大批船隻正在開來，相信援助正在路上。雖然戰敗的事實一天比一天明顯，他們的信心依然毫不動搖，甚至到了五月初，最後一組抵抗軍也潰敗，都不能說服他們投靠日本那一方。兩年半之後，他們以始終不渝的信任，迎接回來的美軍。

同盟軍的戰略在正月初把菲律賓拋向腦後，認為那裡已經沒救了。戰略改成集中在守住馬來亞至荷印一線。但這一份努力毫無希望，因為投入在這最後一線上的所有努力，最終無非是倒入失望和沉滯的大海中。日軍於一九日一年十二月十二日自泰國邊境進攻馬來亞，他們很快地就穿過了英國人深信無法通過的森林，向半島的西海岸掃蕩，穿過樹木和森林，向新加坡撲進。

日本人使用的技巧，原先被視為荒謬可笑，到了新加坡卻突然顯得所向無敵。日軍的確破壞了一切軍事成規，他們寒酸的橡皮鞋和短褲，比沉重的英國軍靴、頭盔、防毒面具以及其他種種配備更適合進行森林戰鬥。日軍穿著各式各樣的破舊衣裳，讓他們能輕易的混在平民中間。他們沒有軍需隊，也幾乎沒有運輸隊。英軍坐在卡車上，陷在泥裡，日軍則徵用腳踏車，敏捷快速地在不引人注意的小路上騎腳踏車進入戰鬥。日本的兵士裝戴著一瓶水、一個飯糰、一點乾海菜、幾根鹹菜；在當地要是找不到吃的東西，他可以靠這點東西撐上四天。英國人卻要靠二、三十種食物過活，其中大部分是罐頭食品。就英國人看來，這些日本敵人簡直是「聞一聞油味」就可以活命。英軍有口徑很大的武器，瞄得準，也打得遠，但在熱帶茂盛的叢林之中，他們多半只能盲目射擊，因此瞄準和遠距離發射發揮不了太多作用；日軍用的是小口徑武器，每人攜帶著自己的子彈。

在馬來亞，第五縱隊幫上日軍很多忙。他們以巧妙的方法，將只指揮部或炮兵的位置指示給敵機，像是剝掉外面紙條的牛奶罐頭，在太陽中閃爍有光，從高空往下看，是個顯眼的靶。香蕉樹葉面上是綠的，底下是黃的，他們便把黃的一面翻上來作成標記，放在地面上也不會引人注意。當地人為日軍送食物，擔任他們的嚮導。日軍有了這樣的幫助，在七個星期之內從馬來亞北部到南部前進了四百五十英里，然後停了幾天整頓，接著直撲新加坡。

英國人在戰前既未能使屬地人民有所準備，戰事一起，他們更是澈底把屬地人民惹毛。日軍進攻開始時，檳城裡奉命撤退的只有「純英國種」的英籍人士，亞洲人全都不准走，就算是英國人歐亞混血的妻子也得留下。這個命令以及隨之而來的其他各種種族歧視，動搖了當地人的士氣。英國也把中國人列入次等民族之中。中國各界——共產黨、國民黨、銀行界、商界——的領袖五十人曾訪晤新加坡總督，要求作戰需要的武器，被對方拒絕了。中國人成群結隊地去當救火員、擔架隊員、救護車司機，成了防空隊的基石。當馬來和印度工人逃跑，中國義勇隊每天早晨七點鐘集合，扛下需要他們做的一切工作，他們管理船塢、清理被炸的建築物、掘戰壕、運軍需，但是直至戰事將近結束時，他們才被允許作戰。中國義勇軍第一連在該島陷落的前五天才得開赴前方，當他們乘卡車出發時，唱著：「起來，不願做奴隸的人們。」有幾連人終於在匆促訓練之後，加入了戰鬥。其中有一連，派駐在該島西北角的沼澤地帶，其武裝配備是雜色槍枝，多半是獵槍，每人僅有七顆子彈。他們沒有防空壕，在大雨傾盆之中，他們設法掘戰壕，但戰壕裡的水和地一樣高。六小時之後，日軍先用機關槍一樣密的排炮無情地轟擊，然後在該地區登陸，這些中國人全被殺光了。

到了二月底，馬來亞和新加坡淪陷之後，日軍的注意力轉向南北兩方——緬甸和荷印。荷印在幾個星期之內便陷落，那裡沒有熱血高亢的當地人，他們對主人的失敗無動於衷，使得這場保衛戰成為不可能。在緬甸，當地民族憤怒地反抗白人，用他們所想得到的一切辦法放火、搶劫，以幫助日軍。[5]數月以後，有一位棕膚色的高級官員，日後成為英國政府統治下的一位重要人物，在澳洲寫下一篇文章，企圖解釋為什麼日軍的勝利能如此驚人地澈底。他的英文詞不達意，可是急於求人瞭解，為此他洋洋灑灑寫下七頁文章。該篇名為《戰爭及日本勝利之原因》，在前三段，他陳述日本的經濟需要以及世界的權力之爭，也稍微議論軍備和戰術，之後的六頁半，他一項一項地列舉白人對有色人種的種種侮辱，例如馬來蘇丹不准進入新加坡，還有馬來官員被迫在棚前下車步行，但白人可以直衝而過。英國人堅持對方要稱自己為「先生」，但自己拒絕這樣尊稱黃種人。因為掛著「只招待白人」字樣的牌子，許多英國人不能和同事一起喝杯咖啡。他結語道：「爭取恆久和平的道路上，必須先實現你們大西洋憲章裡給予人類自由平等的諾言。我所說的故事瑣碎細小，但大洋之形成，乃由於小滴水珠。」

五月底，日軍已達成所有的野心目標。他們強暴了白人的帝國，北起從香港，至南方達爾文港附近，向西掃蕩到達加爾各答的大門。而西方帝國主義皇冠上的寶石——印

5 倍爾頓氏所作《跟隨史迪威撤退》（Jack Belden Retreat With Stilwell）一書的第一章，是緬甸之戰的最好的記述，也實在是整個南洋之戰的最好的政治分析——譯者

度，只隔一重山了。

一九四二年的夏天，炎熱、多塵灰的印度，在灼人的熱帶太陽下，等待著被領導。該國三億五千萬居民，昏悶在炎熱之中，內在的熱情和衝突煎灼著，人們劇烈的痛苦，以及對英國的共同憎恨聯合起來，歷史的一擊已經成熟。在整場戰爭中，聯合國在一九四二年夏季時的情勢最接近失敗，在各種在劫難逃的災難區中，印度的慘況僅次於史達林格勒（Stalingrad）。德軍已駐守在窩瓦河邊，離埃及西部沙漠的亞歷山大城只有三十英里遠。德國、日本這兩個軸心（Axis Alliance）夥伴之間的阻礙，只剩一些動蕩不安的國家。過去一百年以來，這些地方一直是帝國主義國家彼此之間對敵的棋子，而印度是最重要的一個棋子。如果印度將白人趕出家園，則什麼都無法阻止日德兩軍會師，會使戰爭延得極長，也讓戰爭付出的代價多上好幾倍。

同盟國在理論上是為爭取自由而戰。印度的農民大眾對自由已急不可待，他們能感受到帝國主義制度在東方的崩潰。可是這問題非常微妙複雜，若印度要獲得自由，英國人就得走；但英國人一走，日本人更無往不勝，能輕而易舉地攻進來。所以，要大獲全勝的解決辦法只有一個：必須盡可能迅速、誠實、完整地給予印度獨立，獲得印度的友誼，讓印度民眾能像中國人一樣，為了自己的利益而作戰。誰都不知道自緬甸的淪陷起至一九四二年八月的危機止，這短短的幾個月內，是否能有效地實行這項解決辦法。但就像後來所知的，這齣劇中每個角色都胡亂地扮演著自己的角色，導致各方的野心要不是當場碰釘子，就是最後功敗垂成。日本人失策了，英國人有所疏忽，印度國民大會黨也同樣犯下大錯。

日本人失策，是因為他們沒有即時在六月進攻，當時的危機有目共睹。因為日軍在亞洲其他地方擊敗大英帝國，使全印度遍佈著一股躁動浪潮。可是日本的作戰計畫中，首先考慮的是軍事戰鬥，政治問題被放在第二位，他們希望被奴役民族的仇恨能成為他們新帝國的支柱，而不是自由的支柱。日本仿效歐洲，把歐洲的優點和弱點一起學了下來，它完全採用白人帝國建造者的盲目種族主義——認為有些人生來就應該統治別人，日本認為自己就是天定該統治他人的民族。日本人那份不可理喻的自大及對白人的可怕鄙夷，與其說是條理分明的政治理論，不如說是一種情感宣洩。在這種情感之中，也包括對於其他黃種人或棕色民族的鄙視，其鄙視的程度，和過去的統治者一樣大，甚或更大。日本的力量，來自整個亞洲日常累積下來的不滿，但是日本人沒有充分意識到這點，他們不瞭解印度內部躁動的怒氣，當然也不會利用時機為自己帶來優勢。假如他們集中手頭所剩的一切軍事政治力量，衝過印度邊境的山嶺，他們進入印度時，印度可能以革命成功而歡迎著他們呢。他們太驕傲，太低估印度人了，沒有好好利用印度人起義的時機。

英國人的失策，乍看不明顯。一九四二年春天，克里普斯爵士（Stafford Cripps）自倫敦赴印度，帶上一個條件極多的獨立承諾。他被印度的炎熱弄得又累又煩，糊裡糊塗之中提出了他的建議。他雖然本意是想作一點必要的改革，可是被英國政府的訓令綁手綁腳。克里普斯之行失敗以後，英印雙方走入一場不可避免的衝突。處理危機的權力落入印度的英國文官手中，而英國官員的作為完全不出所料：那些油煎火燎的痛苦和渴求自由的熱烈情感，被當作一件警察局的案子在處理。他們以不吵鬧、得體和極為無情的苛刻，摧毀那些正在覺醒的大眾。有一個新德里的英國高級官員，讀完那篇引發起義的國民大會黨的決議案之後，第一個反應是說：「你知道嗎，我覺得這是不合法的。」

不管手段如何乏味，反叛的浪潮仍是來了。要歸功讚美這些英國官員實在不容易，但要是英國官員失敗了，印度可能會被拖入軸心國的軌道。英國的錯誤在許久以後才浮出檯面。他們不拿獨立為酬勞來換取印度的友誼，反而鎮壓這次反叛，種下長期憎恨的種子。在我們這時代，英國在印度的統治的結束是遲早的事。他們大可以在印度培養一種類似美國和菲律賓之間的友誼，可是計不出此，反而替自己招來永遠無法解決的衝突。

最後，印度國民大會黨的失策，與日本或英國不相上下。這個團體是印度最老、最有力量的政治組織；它兩次領導印度人民向英政府進攻。它和初期的中國國民黨相似，由國家受辱引起的不滿與對自由的企求組成，它反映著農村的困苦與不講理的社會改革計劃。該黨也受到兩種人的支持——不快樂的人民，以及能受教育的中產階級。國民大會黨的內部孕育著日後內戰的種子，這一點也和國民黨一樣。

國大黨和國民黨之間最顯著的差異在於國大黨避忌暴力。國民黨在內戰及軍閥的騷擴之中成長，它的領袖們是在學會如何用暴力左右政治決定時，才取得政權。施展暴力或暴力帶來的威脅，浸染在中國人的政治思想裡。印度國民大會黨癱瘓了二十五年，因為該黨信奉甘地（Mahatma Gandhi）的精神領導，他們相信轉變不需以暴力取得。

一九四二年夏天，印度國民大會黨的和平抵抗政策，使他們錯過數百年來取得印度自由的絕佳機會。其實英國是軟弱的——軍隊散布在帝國的遙遠角落，文官們悶悶不樂又士氣消沉。敵人近在眼前，千千萬萬的印度人等著國大黨上級機關的指示，該黨的確號召他們走出店鋪、田野和工廠。但不是走向戰場，而是去抗議。該黨領導者要他們用空手反抗機關槍和大炮，籲求他們不要還擊。對於國大黨在面臨軸心國家的威脅時，還跑去反對英國人的決策，許多贊同印度獨立的朋友，抱持著質疑的態度。但既然做了這個性命攸關的決議，國大黨卻無視一個事實，也就是要實施此決議，勢必得依靠武力。他們選擇非暴力，而這場消極抵抗的結果，就是無謂犧牲許多人命之後，仍是失敗。

六月到八月，國大黨整裝待發。他向全世界和全印度指出，只有印度人才能應付日本進攻的威脅，但是印度被綁在奴役制度的鐐銬之中，不能有效地為自己而戰。起義的戰鬥口號是「離開印度」——要求英國給予印度人民完全的獨立，讓他們自己組織國防。被奉為神聖的國大黨副領袖尼赫魯（Jawaharlal Nehru），為印度的要求作了一場出色的言論，尼赫魯在參加運動被捕入獄前五天，在一次談話中總結他對白人世界和亞洲的態度：

讓我最訝異的是，英國人竟完全無法用新世界的形式，或是說用現實主義來思考。這現實主義不只是軍事上的現實主義，而是政治的、心理的，以及經濟的現實主義。

英國人不論是誰，若提及印度，只把它當作英國的附屬品。他們的印度史是從他們占領印度後開始的。一般歐洲人對亞洲的態度，無非就是把亞洲當作歐洲和美洲的附屬品——當作需要靠西方人教化、開化的一大群次等人類。

但若放眼全球，歐洲的稱霸只是近期的事。英國人到這裡來的時候，印度的工業是和英國一樣先進。印度在英國人到來以前，從沒有作過附屬國。我們吸收了我們的征服者，把他們變成了我們的一部分。印度從沒有依賴過其他國家。現在權力的中樞在倫敦，不在印度。

歐洲不論有何輝煌的成就，目前正在走向自毀之路。我稍微思考了一下，覺得歐洲文明中少了某樣重要的東西，某種無名毒物在侵蝕著它，使它每隔二十年就要爆發一次戰爭。我覺得亞洲即便落後，可是確實擁有文化上的穩定性——主要是中國和印度。

問題所在，正如在戰爭剛開始時顯現出來的一樣，在於如何把這個新亞洲、歐洲，和美洲的進步力量連結起來。我希望亞洲能與抵抗希特勒的勢力並肩作戰。把亞洲看成附屬品的話，這就做不到；必須在平等基礎上對待亞洲才行。

法國的陷落驚天動地，淋漓盡致地表現了西方帝國主義機構的腐敗，讓我們以為歐洲人終於能打開盲目的眼睛，能看清帝國主義的危險了。然而他們並沒有真的就此啟蒙。之後很久，馬來亞和緬甸也淪陷了——這無論如何都是對英國人的直接訓示，因為分崩離析的是他們的帝國。令人吃驚的是，甚至這樣還沒有什麼效果……我們在心裡批評政府，但並不真的困擾政府，也不真正的介入軸心國的抗戰。現在我們得以新的觀點來看問題了——如何保衛印度，讓它不受侵犯……顯然，除非我們告訴人民他們是在保衛自己的自由，否則他們不會朝這方向走。

那個時候克里普斯來了……但克里普斯放在我們面前的未來藍圖，和現有的乏味藍圖非常相像，不能讓人民覺得他們正在保衛自己的自由，不能激起他們的熱忱。我們無法讓這戰爭成為人民的戰爭。

克里普斯的造訪、緬甸的情況，以及成千上萬名從緬甸撤退的印度人被對待的方式，這些都深遠地影響著人民。當印度的命運等著被他人決定時，在我們深信英國當局沒有資格保衛印度時，我們絕不能袖手旁觀。如果我們不同意克里普斯的建議，難道我們就要靜靜地著看自己的民族崩裂嗎？

我們得到了結論，為了平衡這一切，我們必須現在就採取行動，以避免局面越弄越糟，避免親日的情緒逐漸抬頭。

在這樣的領導之下，國大黨開始動作。八月八日，國大黨在孟買舉行的全體大會批准並通過一些決議，號召全國完全不合作，直至英國人退出印度為止。政府在數小時之內就進行反擊，行使其合法的緊急權力，用新聞檢查控制了新聞界。黎明一到，甘地、尼赫魯和國大黨的其他高級人員在孟買被捕，警察也將有可能帶來危險的各地領袖一一抓出來逮捕。

隔天，全印度如燒開水般蓄勢待發著。領袖人物被捕與反對暴力的理念，為這個運動加蓋，反抗的情緒沸騰地在街頭上滾動著。英國這一回所受的威脅，要比一八五七年大暴動以後的任何一次都更大，他們嚴格管控所有對外發送的電報，避免敵人或英美民眾知情。政府是在為生存而戰，在首都德里，示威者集結，喊著「印克拉勃・秦大巴德」（革命長存）的口號，聚起金色和紅色的大旗遊行。英軍在大街上開槍制止他們，郊外槍聲響徹雲霄，房屋著火了，暴民拆倒牆壁，把磚塊擲向軍警。迫擊炮隊出動，機關槍也架起來監視各街道。政府正式承認曾殺死暴動者四十人；但印度人則說被殺的人數是這個數字的好幾倍。三天之內，孟買紡織工廠百分之六十關門，城內被殺的人有三十人。一星期之內，幾乎生產著印度全部的鋼的達達工廠也因罷工關門。亂事如燎原之火，從德里和孟買出發，燃遍勒克腦、堪浦爾以及恆河上下游。英國人很快地把軍隊集中在大城市裡鎮壓火源。但到了那時，起義已像癌細胞一樣地遍佈農村，幾百個孤立的行動在鄉村中間燃燒著，加爾各答和德里之間的鐵路交通被截斷了一星期；暴民拆掉鐵軌、割斷電話和電報線。英國人的緊張程度快爆表，甚至把皇家空軍調了出來，在地面部隊不能深入之處，掃射拆鐵軌的游擊隊員。

除了大城市之外，這些起義皆缺乏聯絡協調和指揮。農民的反應不理智，類似動物本能。雖然他們的領袖拒絕暴力和死亡，但他們視此起義為一場戰爭。他們的憤怒的炮火集中在鐵路、橋梁和警察局身上。民眾突然發現自己能懲罰迫害者，其暴怒是毫無慈悲的。有些警長被暴民們撕成碎片，還有些人被活埋。軍隊長官如果在沒有保護的狀況下被暴民發現，會被殺掉。有些暴動者占據整個縣份，堅守大片地方，郵件和警察都鑽不進去。但是，國民大會黨對於人民如何利用武器或如何使用精力，都毫無準備，只要求以不流血的革命來取得政權，完全不用政治角度考慮問題。於是沒有計劃的叛亂中心便被英國人逐一擊破。至九月中旬，印度人數千被殺，英國人的危機過去了，帝國的掌控權再次穩固，如果日本人要入侵印度，就得打仗，沒辦法利用印度起義了。這場賭局英國贏了，因為出事情的時候日軍並沒有侵略印度，他們寧可把自己的力量，徒勞地撒在中太平洋上。

由於印度反叛的失敗，亞洲的戰爭縮小成中國和日本之間的戰爭。日美戰爭是實力的無情比賽，卻在遠處進行。日美戰爭盡管規模大，政治意義卻小，因為在這個戰爭中，日本打從一開始便注定失敗。中日之間的戰爭，唯一的重要性是在於這是亞洲兩個獨立民族之間的戰爭。英美在對日作戰最初幾個月內沒為自己的力量設下一點道德界線；印度國大黨試圖獲得道德上的領導權，卻被制伏了。

現在只剩蔣介石的政府仍撐著，要對亞洲揭示新世界的希望。

Chapter 7

「代理」政府

Government by Trustee

中國自稱有一個政府，這個「政府」獲取政權的方式從來不靠選舉投票，但官員們和宣傳家們喜歡這個合法的字眼。他們用國民黨的國家理論來彌補事實和言辭之間的遙遠距離，這個理論無法奏效，但無論如何值得關注。根據這理論，他們在整個戰爭期間堅持人民不需要政府，只需要代為行使政府之權的國民黨即可。孫中山把該黨的權責分為三期，第一期為軍政時期，是該黨保衛人民、反對外來帝國主義和國內軍閥割據的時期；第二期為訓政時期，這這時期，黨教導人民怎樣管理國家，以黨治國；第三是憲政時期，此時其他黨派被准許活動，國民黨要透過選舉和各黨競爭。

戰時只有國民黨掌理政府，國民黨就是政府。該黨任命並訓令所有政府官員，也控制著國民軍。軍隊裡所有高級軍官全須入黨，士兵百分之九十都是黨員，或至少是名義上的黨員，而且每個部隊中都一定配有一名政訓人員。由於政府和黨是同一個，軍隊就是黨軍。他們掌控著新聞審查。黨內的工作開銷由政府開支。黨的各部門靠人民的稅款過活。由於其他各黨都不合法，批評國民黨就是違犯國法。

蔣介石的難題在於他似乎想同時進行訓政和憲政兩個時期。為了作戰，他必須徵兵、向農民抽取錢款和米糧，但這些事得透過保甲制度執行，這制度嚴重的操控、壓榨著農民。為了和共產黨作戰，他得加強新聞審查和秘密警察。但與此同時，他又很喜歡民主的概念和說法。他談著選舉和憲法的迫切需要，也答應給農民更多的自由，但他所做的，往往只是更加限制他們已經夠少的自由。他的諾言和行為總是相互矛盾，他的政府是雙面的；一面朝著農民，保留著中國封建主義的所有不民主，另一面朝著西方和中國的盟邦，這個面具上面有著訓政、人身保護法，以及民主等等西方人中意的東西。

若只是紙上談兵，這政府看似名正言順：有一個行政院，負責管理民政事宜、推行法令、擬定預算、任命官員、宣戰、締結條約。行政院下面的十一個部長，就像西方的內閣；宣傳部不屬於戰時內閣，而是直接向國民黨負責。此外有個立法院，看起來像國會，但既不能制定政策，也不能否決議案，其存在的效用，就是用橡皮印章在法案上蓋章。此外有司法院，負責管理法庭。中國在這三個一般人熟悉的政府機關外，還再加上一個考試院，銓敘各種人員的資格，從律師到看護都有。此外還有一個監察院，具備審查、彈劾和稽核之權。五院之上有個國府會議，除了各院院長都得由該會委員擔任之外，該會的權責含糊不清。更高一層則為國防最高委員會，行使著「最高權力」。而最頂端則是擁有戰時「緊急處置權」的蔣介石。

要是想照著這樣的邏輯去認識中國，絕對會發瘋。美國人習慣在法律基礎上認識政府，所以他們設法從中國宣稱的制度瞭解中國。新到中國的美國人力求明瞭實情，努力了幾星期依舊像隻無頭蒼蠅，往往雙手一攤，宣稱中國沒有所謂的政府，只有一團混亂及軍閥的聯盟，或乾脆宣稱全體中國人都是清朝的遺民，不然就是宣稱這一切根本就是法西斯主義。所有這些單純的解釋都錯了。要瞭解中國最快的辦法，首先要體認到這裡所謂的政府只是國民黨的掩護體，國民黨的政治和派別才是決策的主要決定因素，而黨的背後是人類最古老的統治形式——個人專制主義。

該黨指定一個黨代表全體大會，這個代表大會選出一個中央執行委員會，執委會再選出一個中央常務委員會。一切黨內的爭論、決定和權力抗衡都在這個中常會內進行。中常會每兩星期在重慶開會一次，頒布命令給政府的最高機關——國防最高委員會，然後國防最高委員會再把命令遞交政府各相關機構。五院院長由黨的中央執行委員會任命；中執會任命國府委員；中執會控制國防最高委員會；如果中國要選一個新的總統，也是由國民黨中執會選任。

國民黨的組織仿效著俄國共產黨。在每個縣和每個部隊裡都有黨部。鄉村中的黨部通常由當地官員和鄉紳控制，他們有足夠的閒功夫、教育和金錢從事政治。各地黨部由縣到省構成一個金字塔形，省黨部則為黨的全國代表大會的基礎，代表大會兩年定期舉行一次。國民黨員在中國人民中只占少數，屬於極少數的菁英階級。

所有黨員均須嚴格遵守下列各項紀律：（一）服從黨章及主義；（二）准許自由討論黨的任何問題，但一經決議，必須絕對服從；（三）保守黨的秘密；（四）不准在黨外人士面前攻擊黨員或黨組織；（五）不得參加任何其他政黨；（六）不得組織派系。[6]

上述規則，忠實的黨員前五項多少都遵守著。至於第六項，其實國民黨有很多派系，有的是保守主義，有的是自由主義，還有一些只有名義上與黨相關。就像美國民主黨一樣，該黨是一個龐雜的政治混合物。

黨內最堅固的一派、政府內最有權勢的力量，是名為CC派（Central Clique）的右翼集團。CC派是反動、排外的。它離蔣委員長最近，也是國民黨內唯一的草根組織。它的領袖有兩人，一位是陳立夫，另一位是陳立夫的哥哥陳果夫。陳果夫染有肺結核。在整個戰爭期間，他是委員長侍從室的人事處長，各種文件及有求於委員長的人們，都得先通過他。CC派真正老大是弟弟陳立夫，他戰前曾任組織部長五年，頗具成績。在黨內需要投票解決的任何競爭場合，CC派總是能夠操縱議程、左右問題，並且讓自己的候選人出頭，獲得絕大多數的票數。其他各派的力量要不是從軍隊裡產生，就是因為他們的領袖在首都特別得寵的個人關係使然。CC派卻不是如此，十年以來它一直能夠讓代表和選票擁護它的要求。選票和黨內多數，不過是CC派一部分的優勢，此外它深受蔣介石的寵愛，擁有蔣氏絕大部分的眷顧。它統制著全國的思想，控制著報紙和學校，管理一個任命於黨組織的獨立秘密警察系統。

CC操縱著國民黨大多數的政策和選票，因此也掌有委任下級政府官員的權力。它擔

6　見重慶中央宣傳部的《中國手冊》第三十二頁——譯者

任反對自由主義及共產黨運動的急先鋒。它以委員長的親信代表資格行事，但委員長也有自己的一套。即使在黨內他也是採取合縱連橫的做法，使CC不至於掌握絕對的控制權。在某些省內，省縣黨部完全由當地的軍閥主持，有幾個省份內的國民黨極具地方色彩。但黨部人員大多數是當地的官僚和鄉紳，這些人都是堅定的CC分子。

現在從極右的CC派談到左派。這個第二派是軍人集團。在黨的代表大會上，軍人間的意見總是分歧。如果軍人的意見能統一起來，國民黨內部吃黨飯的人也許會倒台。可是軍人卻分為兩派，一派是曾任軍政部長十四年的何應欽的軍人官僚集團，另一派則是熱情的青年黃埔派。

黃埔派的成員包括蔣介石二十年前在廣州創立的黃埔軍官學校的畢業生。這是一批新形戰士，若說蔣介石老朋友們是新國家的建築者，他們則是棟樑。黃埔畢業生在早期的反軍閥內戰及反共內戰中死了不少人，那些活下來的人，成了一個緊密團結的集團。時光流轉，這些人升了官。在抗戰初期，整個中國軍隊中的一小部分約四十個師是由黃埔派的人指揮，到了抗戰末年，黃埔派指揮的軍隊占全國軍隊的三分之二。一般人承認黃埔派有兩個代言人：一位是胡宗南，他是黃埔第一屆畢業生；一位是陳誠，他是黃埔的青年教官，於一九四四年繼何應欽成為軍政部長。

何應欽手下的人一向資歷高、地位高，是國民黨軍方最有影響的人。但是黃埔派有滿腔熱血，他們能掌握未來的前途、投票擁護自己的主張。這兩派間的政治立場沒有太大差別，兩派都是權力主義者，都相信暴力的聲音可以決定政治走向。不過黃埔派主張政府要有效率，主張清除那些阻礙作戰的爛木頭，而何氏的黨羽只希望維持現狀，維持一切的糊塗和貪污。

在陳立夫不是國民黨組織部長時，其中一位暫代他職務的，是一名留學德國的朱家驊博士。朱氏痛恨 CC 派，他把黨中較能幹、進步的分子聚集在他周圍。朱家驊派不像其他各派那樣有清晰的標誌，它並無明顯的主張，它是右派，但不是極右派。朱氏善用自己的一小派人，將力量投注在任何能發揮效率的地方上。

接近中間派，也較接近美國標準的，是政學系。這一派人多半曾在日本或美國受教育，懂得現代商業怎麼運作。他們希望中國更有效率，希望中國工業發達，並希望中國能建立有益於國家的工業。他們主張法治和有秩序的政體，主張建立一個保守但有流線型配備的現代化國家。他們成員之中包括中國某些頂尖的專家，他們能意識到那些政府應做而未做之事。政學系的主力是從上海和華北的大資本家之間集合起來的。戰爭掃蕩了這些資本家，也剝奪掉了政學系的力量泉源。由於該系人物的思想明確，不神秘、現代化，加上該系許多領袖會講英語，美國人覺得他們比其他中國人好理解、好溝通。蔣介石因為不得不和美國親近，自然而然地漸漸把許多重要職位交給政學系，而他們表現得既能幹又有自制力。邊替政府做事的同時，他們想像著假如能擁有眼前的權力和效力，他們能達到的效率應如何巨大。

國民黨內甚至也有自由主義派的存在。這個左派的領袖是孫中山的兒子孫科。孫科因為自己的父親是革命之父，即使迫害也不能讓他卻步。坐享這個獨一無二的立場，使他能夠自由地說出他的理想和意見，集中營和苦刑也從來嚇阻不了他。他的思想和行事是西化的，他要求的是西式的改革。但他是名學者，大概是重慶內讀最多書、最博學的人——他是一位讀書人，不是軍人。他的智力驚人地照耀著，照亮了中國的政治舞台，但是他既無力量也無氣魄與控制著國民黨的頑固人物對抗。雖然他不會和國民黨決裂，他卻具備在內部反對它的勇氣，他公開聲言反對壓迫和貪污，說出人民想說而不敢說的話。孫科是立法院長，那是一個名義上顯赫卻相對不那麼重要，一個正適合他的位置。黨內發生的事情他都明白，他會利用自己的地位來促成民主和人權宣言。擁護他的人很多，可是在黨內的所得票數極少。蔣介石經常一連好幾個月拒絕見他。

蔣介石以總裁的資格統治著整個國民黨。黨員之中思想獨立，不受他左右的人，不到百分之十。少數幾個真正憤憤不平的人聚在孫科周圍追求革命的理想；此外有一些人喧嘩爭鬥著，無非在設法引起蔣介石的注意。蔣委員長非常專注在中央執行委員會內，他會傾聽一些批評的聲音，然後在內部會議中與各派領袖一起決定改動內閣或發表政策聲明。有時他會丟開以黨領政的偽裝，直接踏進會場，在黨的常務委員會面前宣布他的意願，然後再接受該會恭順的贊同。當CC派面臨失勢的時候，蔣委員長竭力擁護它。當美國的批評施加太多的壓力時，他會給政學系一些聲望不錯的人物一點甜頭，藉此表示他沒有虧待政學系。

要公正地檢視黨的機構，只需看看委員長的私宅。在他的私宅裡，成堆秘書在數千名訪客中挑精揀肥，在數千封公文中選擇須由委員長自己處理的報告。越接近蔣介石的耳朵就是接近最高的政治權威。只有在他的私室裡才會出現迅速的決定，只有他的指令，才能使政策脫離腐朽的常軌。即使在紙上，蔣委員長也具有無限的權力。理論上，黨中央執行委員會可以訓令他，但實際上，是他在訓令中執會。另外，他具有合法權力可以否決中執會的任何決議。他對政府的掌握一樣合法：戰時國家最高機關是國防最高委員會，該委員會的工作集中在十一個委員的手裡，這十一個委員是他所指定的，他自己則是主席，該委員會也只有在主席召集之時，才能開會。

政府竭力否認這是獨裁政治，按照他們的說法，它的最高機關是這樣的：

國防最高委員會主席，按照組織法，有緊急處置權。主席在處理黨政軍事務之際，不必依照普通程序。主席得視情勢需要，頒布相關事務之法令。但在一般情形下，主席在行使此等權力時需與常務委員會先行商酌。[7]

中國政府最大的麻煩，在於決策和行政之間隔著一條遙遠的鴻溝，這條溝的距離，和橫在委員長及嚇壞的部下官員之間的代溝一樣深遠。高級政策受委員長的支配，行政的執行則由少數幾個人擔任。這幾個人受委員長的信託，但權力有限，而且行事絕不能逾越。

蔣氏將行政管理分成三方面——軍隊、黨、民政，各自託付一個絕對忠於他的人管理。但這三個人之間存在許多微妙的相互傾軋、牽制，使得一切重要的決定，最終仍是交回來給蔣介石管。不過，即便這個三人執政團的權力有一定的限制，他們在最近五年來還是位居委員長以下，中國最具權勢的人。何應欽掌管軍隊；陳立夫掌管黨；孔祥熙掌管民政。這三個人都是圓滑可親的人物，懂得怎樣逢迎蔣委員長那嚴厲又乖僻的性格，以取得個人的利益。孔氏已早已過了中年，陳立夫則正值中年，這三個人和蔣氏都有著二十年左右的袍澤之誼。

在一個戰爭中的國家內，軍隊是最重要的事務，故何應欽是蔣氏三親信中權力最大的人。他年近六十，矮胖結實，有張圓滾滾的臉，永遠很有禮貌，眼鏡後的那雙眼睛竟

7 見一九四四年《中國手冊》第五十頁——譯者。

彷彿小學教員似的。他的實力首先來自於他擔任著蔣介石的軍事代表之職，再來是因為他親自在軍隊中布置下的政治機構。何應欽生長在落後的貴州省，有謠言說他是全貴州最有錢的軍閥之一。他曾和蔣委員長於同時期在日本士官學校求學。也和蔣介石一樣，他離開日本參加一九一一年的反清起義。被任為國民黨的黃埔軍校教務長之後，前程開啟。此後他一直追隨著蔣介石，兩人如影隨形。一九二七年開始，他成為國民軍的參謀總長，一直擔任這個職位至一九四六年五月。

他在軍事委員會雜亂無章的灰色辦公廳裡指揮作戰。他是一名負責紙上作業的軍官，種種川流不息的文件使他的屬下頭暈目眩。從抗日戰爭爆發起至史迪威事件止，這段時間他兼任軍政部長和參謀總長。不適當的指揮以及中國軍隊的日漸腐敗，除了蔣介石，他大概要比其他任何人負更多責任。重慶甚至有過公開談論著買下團長職缺的價碼。中國士兵的挨餓受苦，徵兵的暴戾殘殺，以及軍餉呈報表裡面滿是死人名字，一般人都認為是貪污的自然結果，於是直接將過錯歸咎於軍政部的各機關。

即便在軍隊內部，何應欽也不是什麼大家都認同的領袖。反對他的人是在戰時日趨茁壯成熟的黃埔派。由於何應欽控制著軍需品和軍餉，他可以寵愛這一個部隊，苛待另一個部隊，使得所有依賴他臉色的人都漸漸盡忠於他。可是，三分之二的部隊是由黃埔等人指揮，他們多半看不起何應欽。黃埔派領袖之一是胡宗南將軍，年紀四十五左右，指揮著封鎖中共的軍隊以及駐防黃河渡口的軍隊。胡宗南也許是軍隊中年齡較輕的人，卻是最得委員長喜愛的人，有人認為他是蔣介石的繼承人。他也極端地反共，但他嫌惡何應欽，在戰時他不准何應欽插手他個人管轄的戰區。甚至錢款、軍需和人事問題，胡宗南也都直接聽令於委員長。他的部隊軍餉比中國任何其他部隊都更飽滿。

黃埔派的另一個領袖陳誠，亦是何應欽在陸軍中的對敵。陳誠大概是最討美國人喜歡的中國軍官了。他是個瘦子，身高僅五尺多一些，頭髮一年比一年更灰白。他在戰爭初期高高在上，很得蔣委員長的寵信，和中共也能合的來。但他日後漸漸地退為低階的前線指揮官。他在戰爭中期的任務為保衛長江三峽，一九四三年美國人將他升官，成為中美共同訓練計劃的指揮官以及怒江前線部隊的指揮官。陳誠升任此職，讓何應欽火冒三丈。眼見他的對手由於美國的供應品和裝備之助，一下成了軍隊中最重要的人物。一怒之下，何應欽決定破壞陳誠的訓練計劃，讓怒江前線補充兵到得非常緩慢，要參謀總部批准最緊縮的預算給陳誠的部隊，直到陳誠被逼下台，換上一個比較溫馴的軍官來主持美國訓練計劃，這計劃才能順利步上軌道。

何應欽也好，胡宗南也好，陳誠也罷，他們都對委員長必恭必敬。三人在戰略上的意見難得達成一致，但這三人委員長都欣賞，委員長一個一個地輪流撫慰排解他們心中的疙瘩。不過，委員長總是讓他的參謀總長何應欽保有最高的威信，每天出入委員長辦公室的，是何氏；最高計劃和各地視察，也是何應欽的責任。即使何氏周圍掀起了反對聲浪，部隊的腐化和無效率變得顯而易見，而美國人將陳誠推上台代替何氏擔任軍政部長之時，何應欽依然是參謀總長和軍隊裡的最高人物。

這三大巨頭中，國民黨的管家、CC派的領袖——陳立夫，輕而易舉地成了最出風頭的人物。他有一張精緻漂亮的臉，眼光如火，光滑得頭髮呈銀白色，整個人細緻柔嫩得像一塊古老的象牙。他是一個無情、狂風暴雨般的狂人——有紀律、無憐憫心、不貪污；他排外，而且是一個神祕的民族主義者。他沒有個人財產，也沒有被指控過貪污。蔣委員長和陳立夫的關係淵源久遠，蔣介石在上海的那段貧窮日子的第一個恩人，是強大有力的愛國者陳其美，而陳立夫就是陳其美的侄子，由於上述淵源，陳立夫幾乎是委員長的貼身衛士。一九二七年大舉北伐時，陳立夫是蔣介石的私人秘書，後來蔣介石指派他為國民黨組織部長，以清除黨內一切具自由主義或共產主義色彩的分子。

陳立夫能用情感豐富的詞藻解釋自己的立場。對他而言，中國最大的危險是共產主義，他覺得共產主義是外國對中國思想的一種侵略。他是國民黨內偉大的理論家，他的作品是半生不熟，一半理智，一半神秘的宣言，美國人是不可能懂得這些作品的。他以剷除與中國古傳統不相容的一切事物，作為自己的大業。他認為西方的工業可以移植到中國的古社會中，而不必擾亂中國年深月久的禮儀和習俗。他對西方的觀感和日本人相同，覺得西方是一種劣等文明，具備一些在現代社會中很有用處的詭計。他的態度，和西方旅行家觀察澳洲土人揮擲飛鏢或非洲人投放毒箭時的態度相同——認為這些是值得研究的方式，但是他們的文化則不值得學習。另一方面，陳立夫抒情地欣賞著中國過去的偉大，並用詩的形式解釋中國革命和美國革命的不同。他說，美國人還得生出新的真理來建國，但中國人只要回頭重新發現舊的真理就行。他對罵他是反動派的人深痛惡絕。他覺得自己打的是場聖戰，因為他設法將中國從共產主義中救出來。國民黨集中營內受苦受難的人們的狂叫之聲，以及他的秘密警察加在自由主義者身上的恐怖行動，都不能將他從昏睡中喚醒。

由此可見，所有只透過傳統的古典主義來看自己國家的中國人中，陳立夫是代表。中國的古典著作把所有基礎核心，放在社會的秩序和安定上。統治者必須聰明，而人民必須服從。古代哲學家們為每一個人制定好生活的位置，誰都不准離開這位置。各階級之間的關係也有規定，政府的作用，就在於使每個人按照他在社會上的地位行事處世。古典著作依然拖累著中國的思想，縱然現代教育到處風行，中國成千成萬個半開化的公民，依然把古老的繁文縟節當作社會的準繩，很像美國信奉正統派基督教的人（fundamentalist）以聖經作為個人生活的準繩一樣。陳立夫這個人，完美體現著過往中國的基本信念。在這些中國古典主典主義的保存者中，除了陳立夫之外——也許也除了蔣介石本人之外——再沒有出產過什麼樣的人物，擁有這樣強烈的信念，足以抵制現代世界的侵入。陳立夫和其他大部分神祕主義者不同，他有兩項實際的優勢條件，首先，他在美國匹茲堡大學受過扎實的技術教育，擁有採礦學學位。另外，他手邊掌握著一個野蠻的工具——秘密警察。他是個性格不一致的人，能以文人和仙人的語氣說話，又是中國的古文高手，也是個精緻的書法家。另一方面，他也能夠捲起袖管，和中國政治場上最厲害的角色面對面討價還價。

身為中國戰時的教育部長，陳立夫可以隨心塑造中國人的思想。許多大學在長途跋涉遷入內地時，寫下學術上精彩的史詩和冒險史，但從此之後——就學識領域而言——每況愈下。學生和教授都餓著肚子，通貨膨脹使教授成了乞丐，中國青年的精華歲月在抗戰初年奉獻給戰爭。在北方，他們參加共產黨；在華中，他們成為國民黨的官吏。繼他們之後的學生是一批雜亂無章的人。按照法律，中學生和大學生都得免除兵役，學者比軍人更有面子，也更被社會需要，於是入學人數驟增。學生之中有些人，也許是大部分人都是愛國的，可是政府提供給他們的教育不多，也不怎麼替他們找事情做。陳立夫自誇地說他曾讓學生的興趣從文科轉到工科。戰前中國大學生讀文科者將近占百分之七十，在陳立夫的領導下，減到了百分之五十左右。這個教育重點的轉變，沒有引起什麼爭議，畢竟一個作戰中的國家需要更多的工程師，而不是更多的教授。但陳立夫並不因此滿足，與政治有關的科目如歷史學、經濟學和社會學上，他實行了一種恐怖統治。大學裡禁止討論政治：學生監視著自己的老師，學校教職員彼此互相間互相監視、猜疑。

自由主義者、共產主義者以及批評政府的學生，這些人的人數之多，使國民黨有了警覺性，於是組織三民主義青年團，作為該黨的初級組織。這些青年團進入校園，經費是政府供給的。一年之內團員就有五萬人。教授們哭泣著喊說學校被毀了，因為青年團團員功課不及格，又不可留級。青年團有著法西斯主義式的思想和形象。他們崇拜領袖，舉行夏令營，在營內，精壯的青年男女操演著，口中高喊著德國式的「萬歲」，高舉握緊的拳頭行禮。在學校裡，青年團威脅著自由主義者和激進分子，不准他們出聲，要他們明白青年團背後有政府在全力支撐著。

陳立夫說他主張學術自由，但教授們可不這麼覺得。教授們一天比一天瘦，他們挨餓，講話得小心翼翼，連教室內都不安全。中國出名的經濟學家馬寅初教授——一位有趣的人，耶魯大學畢業，曾經教過蔣委員長經濟學——他在學校裡講授通貨膨脹的原理，這個題目慢慢引起超乎尋常的興趣，也不可避免地觸怒政府。有一天晚上，馬教授被邀至蔣委員長處吃飯，他踏進派去接他的汽車之後，前座兩個衛兵道了一聲抱歉，說他被逮捕了。他在集中營裡和警察的看管下過了兩年，但陳立夫堅持這不算破壞學術自由，因為馬教授名義上是個國民黨員，他公開批評黨的政策，破壞黨的紀律，這是他應當受的責罰。

陳立夫領導教育部的手段，像在帶領一支軍隊。國立大學裡，與自己教授唱反調的人可要倒大楣了，和教授意見相同的人則風雲得意。陳立夫建立的思想軌道，和現代中國教育的整個精神完全不符。政府審核所有課程的教科書，這些教科書成為初中至大學時的思想標準。戰前的教科書老舊了，被新的教科書取代，於是中國各地的學生，開始背誦死記著相同的字句。陳立夫覺得遲早全中國都會研讀同一套的思想規程，學習同一套的禮儀，而這一套一套，都是根據他自己的思想。陳立夫在學術上先入為主的偏執，與他在組織能力上的天才攜手並存。他設法讓自己的人擔任重要職位之後，逼他們對自己百般順從，經常派出自己指揮的秘密警察檢驗他們的忠誠。

陳立夫在戰爭中期的幾年間攀上高峰。在他的檢查制度鞭下，新聞界、戲劇界和文學界輾轉呻吟著。由於戰爭的真相和謊言之間的距離越來越大，檢察官們為免除政府的煩惱，索性直接把真相壓下來，創造出一個神奇萬能的中國。一個CC黨所指派的宣傳部長曾頒發一個正式指令，下令所有作家都要避免現實主義和悲觀主義，應該寫愉快歡欣的事情。有一張長長的表，列舉出禁止以文字或公開討論出現的內容，其中包括共產主義和共產黨問題、中蘇關係、動亂中的新疆、對美國或英國的批評、政府的貪污、前線部隊的痛苦、對農民的迫害等。分析稅項、批評政府財政政策、發表預算或通貨發行數字是禁止的。批評政府任何人員的為人、家庭及行為是禁止的。甚至談談物價之高漲，也是禁止的！

蔣介石身邊的第三人，是孔祥熙博士。孔氏是蔣委員長的大姨子的丈夫，擔任著中國的內閣總理，直至蔣介石的小舅子宋子文於一九四四年繼任。他是個圓滾滾的人，面部柔軟，拖著一個多肉的下巴，他這副模樣讓漫畫家們樂不可支。據傳他是孔夫子第七十五代直系子孫，這在中國可是一樁極為光榮的事。大約六十五年以前，他在山西一個開銀號的家庭中出生，他曾在山西教書，留學美國，在耶魯大學得到學位，回國成了革命家。他在參加政治之前，投了一大筆資本，擔任美孚油公司的山西代理人。他的高升，始於他與宋家結親之際。宋家的小女兒就是蔣介石夫人，二女兒是已故的孫中山的夫人，大女兒就是孔祥熙夫人，大兒子是宋子文。孔夫人大概是宋家最精明的人，在她那肯定不是太和婉的慫恿之下，她的丈夫成了中國最有權勢的人物之一。孔祥熙在一九三〇年被任命為實業部長，一九三三年則任中央銀行總裁，戰爭初期他擔任內閣總理兼財政部長。他成為委員長的代表，處理這個他們稱作「政府」機構的事。

戰爭時的幾年歲月對孔氏不太仁慈。他們家人在香港或美國玩樂的時候，他獨自住在轟炸之下的重慶邸宅裡，染了瘧疾，得了脾臟病，讓他私下的生活充滿苦惱。他是一個和氣的人，不喜歡吵架或衝突，他能以一個微笑或一則悲慘的故事，帶過任何事情。他是美國賣貨員鬥爭時最喜歡的目標。他的最大的願望之一就是被人喜愛，和他熟識的人覺得他這樣可愛，稱他為爹爹。他是基督教青年會的偉大的贊助人。如果能做青年會工作，他也許早已獲得他飢渴靈魂所渴望的被喜愛。但很不幸地，權力政治和青年會的規範大不相同，孔夫子也幫不上忙，在為國家辛勤服務七年之後，爹爹終於取得了中國第二壞的名譽。中國人具有數一數二的尖刻幽默感，他們喜歡公眾人物出洋相等八卦事件。這位內閣總理的懦夫性格，他放任地主持著瀰漫貪污和精神游移的內閣，他周圍那些卑躬屈節的諂媚分子所組成的親信集團，各個象徵著老百姓眼中的荒謬和腐敗。

批評孔祥熙，在重慶成為風靡一時的室內運動長達五年之久。這些批評針對個人，但也有政治作用。孔祥熙關乎他個人的事都非常敏感，有一次他問一個美國人怎麼看他，那美國人回答道：「這個嘛，人們多半說你是個馬屁精，也說你一家人嚴重貪汙。」孔想了一下回道：「不過拍馬屁拍得誠實與否，我心裡是清楚明白的。」這些針對孔氏家人的批評，常常遠離真相至荒唐的地步。孔祥熙的一名朋友說，這些謠言之中有百分之九十不是真的，「但另外的百分之十，其實比謠言還要更糟糕。」

孔氏的兒子孔令侃，在二十二歲的時候就被任為中央信託局局長，那是政府的主要購買機關。這個年輕人不論在天資方面或訓練方面，都不配作這樣的事情，他的行為根本是無法無天。

孔家的女子也好不到哪裡去。小女兒孔令俊出奇地傲慢，當美國政府用一架C45式機把蔣介石夫人和孔家二小姐送回中國的時候，飛機飛越喜馬拉雅山到達中國後，只剩下回程的汽油。孔二小姐下令美國地面人員將機翼裡的油箱倒乾，因為她自己要用這點汽油，美國陸軍人員當然是拒絕，她便勃然大怒。大女兒孔令儀飛到美國去結婚的時候，她父親徵用一架國家航空公司的飛機飛越喜馬拉雅山替她運嫁妝。孔夫人直到珍珠港事件前，一直住在香港。之後，她在重慶稍稍逗留了一會，一九四三年飛到美國去和蔣介石夫人一起住，此後便一直待在外國。她是個有金錢頭腦的人，和她在上海紗布市場中的秘密活動一樣，她有一、兩個類似的普通財政活動。而她的大型交易如操縱外匯等，可是商業史上的大事件，不過背後操縱的真相，只有這位財政部長太太自己清楚了。這一家人的行為，彷彿在嘲笑著中國民族的悲慘。孔祥熙自己是一個「自由主義者」，他不喜歡毒刑、集中營和暴力，在外交事務上，他主張親近西方民主國家。所有陳立夫有的危險險惡性格，他都沒有；可是中國人民眼中的他，是一張滑稽的諷刺畫，和他們在戰爭裡所爭取的東西形成強烈的對比。為此，人民憎恨他。

在政治方面，人們對他的批評同樣尖銳。蔣委員長是行政院長、政府的最高領袖，理論上，他的副手是擔任行政院副院長的孔祥熙。但事實上，軍隊和黨隨自己的高興做事，而孔祥熙的實際權力不高，不過是被推到前台作秀罷了。行政院及內閣，每星期在重慶開會一次。該院甚至在例行公事方面都少有實權。委員長以外的權力，屬於國防最高委員會、軍事委員會和國民黨中常會。各部部長遵從其上級個會議的領導，他們照自己的步調走，孔祥熙管不著。舉例來說，他就控制不了當時的外交部長宋子文；外交方面的一切事情，由宋子文和委員長商酌決定，或由委員長和他的私人內閣商酌決定。孔祥熙無法對行政院中的軍政部長行使權力，也不能和教育部長陳立夫爭辯。他甚至無法指揮省政府，各省的主席都由委員長親自依照各地的權力政治平衡的原則指定。

有時，民眾會冒出的一陣勇敢的批評浪潮，或是美國會帶來的反對壓力，這些偶爾會逼得內閣稍加改組。孔祥熙這時更是一點權力也沒有了。改組內閣的是蔣委員長，而委員長改組內閣的方法，和美國孩子玩音樂椅的遊戲一樣：琴聲一響，大夥起來換坐別人的椅子。但他們的遊戲的獨特之處，在於椅子的數目總是一樣，參加遊戲的人數也總是一樣，大家也都不會沒有位置太久。委員長信任的人不多，這幾個人總是單調地輪流擔任各種職務。如果一個部長因為某個大錯或醜聞而被迫離開內閣，他通常會成為其他機關的秘書長，過一會兒又重新出現，擔任另一部的部長。外人是很難插足的。

孔祥熙的心腸是善良的。他頒發命令減輕災荒省份的賦稅，並撥出大筆款項因應臨時緊急的需要，但是他以為簽發命令，一切就萬事大吉了。就這樣，他的許多好主意便在重慶流產。他的主要職務是供給政府和軍隊金錢，他是財政部長、中央銀行總裁、中央信託局董事長，後來又兼任中國銀行董事長。要讓中國擁有堅實的基礎，就需要蔣介石改變基本政治措施；要壓倒囤積穀子的地主、建立累進稅制，就需要有力的社會領導，但這些東西恰恰就是國民黨所壓制的東西。中國人對於稅款的典型態度，反映在政府通訊社下列一則新聞裡：「海外部長張道藩氏封翁最近病故，遺產約十五萬元，張氏為民表率，已自動繳納遺產稅。」

孔祥熙無法觸及人民與政府的直接交流——徵收穀物稅。在中國，收稅員有一大票，總共大約三十萬人，大多是地方上委任的。政府的威信建立在這些收稅員剝削詐取的能力上。孔祥熙另闢了一條容易的路：印鈔票。中國的通貨發行額自一九三七年的十五億元增加至一九四六年的一兆元。物價隨著通貨膨脹上升，對日抗戰勝利後，物價比戰前高了二千五百倍。人民因為通貨膨脹罵他，經濟學家們私底下嚴厲譴責他，但他不過是聳聳肩，不憂不急，繼續信任著他的印刷師傅。只要他能夠生產足夠的錢款，蔣介石、何應欽和陳立夫就會滿意。他用嚴格統制外匯的辦法，維持美金一元等於中國國幣二十元的空架子匯率。這個匯率和現實的真正狀況無關，在他當政之時，黑市匯率高至六百對一，後來又上升至三千對一。孔祥熙堅持，只要官定匯率維持穩固，就沒有所謂的通貨膨脹。「如果有人願意用兩萬元買一支自來水筆，那是他家的事情，那不是通貨膨脹。」他有一次說：「那是他們自己發瘋，如此而已。」

孔祥熙固執地維持著官價二十對一的匯率，而其中多少有狡猾的成分在內。美國陸軍建築房屋和基地時，須用中國國幣支付，他們不能在黑市中以四百、六百或八百對一的匯率來購買中國幣，而須以官價二十對一支付。中國物價飛騰，故美國政府若要有所建樹，價格也跟著飛騰，直至最後建築一個空軍基地需花費美金四千萬元，造一個竹製廁所要美金一萬元以上。中國政府以自己的名義放在紐約的美金於是越積越多，而美軍購物時收到的錢越來越少。在美國陸軍拒絕繼續按照這協定行事的時候，中國財政部已積聚了美金數億元。從嚴格的商業意義上講，孔氏為他的政府大賺了一筆，可是長遠看來，這是一樁圖貪小失大的事情。駐紮在中國的每一個美國士兵都知道這個敲他們竹槓的匯率是怎麼回事。他們覺得美國受了無恥、粗暴的欺詐，在戰爭結束時他們帶回美國的憤恨之感，在政治上的影響力之高，絕不是中國在紐約存的錢幣可以償付的。

孔祥熙需要人手來執行這一切，但是財政上的混亂，使政府中有效率的人都覺得自己是在泥沼中跋涉。孔祥熙挑中蔣廷黻博士作他的預算局長。蔣廷黻是中國最出色的人物之一，他做事勤勉，審查著彼此吵翻天的各部會送去的預算。他被CC派罵為傾左，被外人罵與孔祥熙同夥。當壓力加諸於孔氏，各種開銷往往不得不乖乖地拿出來。蔣廷黻起草國家預算，是大家都知道的秘密，但誰都不准公開發表。在這預算之外，蔣委員長有一筆「特別開支」的個人預算，據說那筆開支的數目和國家預算差不多大。蔣委員長會簽發高達數億元的鉅額支票給他的親信，政府銀行就要像正式預算一樣地支付這些開支。而且，當得寵的手下去向蔣介石委員取得其當局原先預算的兩倍，蔣廷黻也無能為力。政府低階官員的官俸遠落在通貨膨脹之後，這使他們別無他法，如果不想挨餓，就只能貪汙。薪俸通常是用額外津貼來支撐的，這筆錢屬於國家預算之外。額外津貼能讓人員足夠應付生活，也讓他們的工作不必貪汙，但也讓他們更需靠上司的臉色吃飯，而那些上司也得諂媚自己的上司，一直諂媚到蔣委員長為止。

除了蔣廷黻以外，還有兩個清廉能幹的人，擔任著重要的職位，一位是翁文灝博士，經濟部長兼資源委員會主任；另一位是軍需局長俞大維將軍。翁文灝管理一批從沿海救出來的工廠，煉銅廠、煉鋼廠、電廠等等。俞大維指導兵工廠，供應中國部隊作戰需要的槍炮子彈。俞大維得到的錢極少，不夠買翁文灝的材料以生產軍火。而翁文灝若要降低出售材料的價格，就會破產，因為他的錢款也太少。因此，煉鋼廠的機器只有百分之二十在運作，製造軍火的器械躺在防空洞裡擺著不動，而前線士兵因為缺乏軍需品，咒罵著孔祥熙底下的所有人。

當經濟危機使生產不得不停止的時候，在一個嚴肅的會議席上，孔祥熙認真地建議軍需局長在兵工廠裡生產香菸製造機，把香菸製造機賣掉可得大利，然後用來製造軍火。

中國的政府大概就是這副模樣。

Chapter 8

人民擁護蔣介石嗎？

Chiang K'ai-shek—The People's Choice?

所有人都看得出來，這幾年的戰爭對蔣介石真是夠仁慈的了。他臉上的紋路不增不減。他永遠清白無瑕，永遠穿著自律嚴謹的盔甲，彷彿擔心大家明察的好奇心會侵犯他的人格，所以更要武裝起來提防外界，以穩當的保存自身似的。在無數次群眾集會的場合，他都只是用截短、高亢的浙江口音向他們發話，他從來不會因為可愛人群裡的情緒而激動，在起伏的歡呼聲中，他除了徐徐微笑，或頻頻點頭以外，不會有其他的動作。

只有情緒攀上巔峰的時刻，他才會在公眾面前稍稍揭開自製的鐵盔甲，揭露一點底下的真面目。一九四五年八月，蔣介石安靜地坐在重慶一家擁擠的無線電台裡，等著向中國的人民宣布戰爭已經結束。他如同以往一樣，仔細地裝扮過，頭髮修得乾乾淨淨，沒一根細毛可以洩漏秘密，洩漏他的頭髮已經在轉灰色。他的卡其上衣毫無乾淨無暇，不加多餘的修飾，緊緊地一路扣到喉頭，腰束著一條軍皮帶，鋼筆則夾在口袋上。室內很熱，二十多個人都流汗了，只有他顯得涼快愜意又冷靜。他略微動動他的玳瑁邊眼鏡，斜睨一下放在他面前桌上的紅花，然後慢慢地轉向麥可風，用他清晰而高亢的聲音對人民說，抗戰在今天獲得了勝利。他講話的當下，屋外的播音機同時將消息傳出來，群眾認出那輛引人注目的汽車，開始在石屋外邊聚集，他隱約可以聽到歡呼的聲音。

蔣介石在十分鐘內便講完了。然後突然地，他的頭垂低，濃黑眼下的眼皮因睡眠不足而顯得臃腫；瘦削身體的各部肌肉，也因極度疲乏而鬆弛下來。在一剎那間，他那穩靜的外貌像給什麼刺了一下，疲勞與乏力在勝利的時刻突圍而出，將真人畢露。但這個狀態來得快去得也快，他步出廣播室，經過人群時面帶微笑，不時點頭，然後迅速趕回家中。看著他通過群眾下樓梯步上汽車的人群，沒有人看得出來他會是一位才剛戰勝民族敵人，卻在同一晚發動全部機構的齒輪，使國家重新陷入內戰泥沼的人。

若想要瞭解蔣介石那複雜而含蓄的性格，他的自制是最重要的一條線索。他的性格受到某種暴烈、風急雨驟的生命歷程滋養，而且正如他對權力的貪欲，他無情的老謀深算，和他無比的頑固一樣，這樣的性格已經不只是一種個人的特質，而是一種國家政治力量。蔣介石的性格反映、扭曲出中國歷史上最騷亂的五十年。

大約六十年前，蔣介石誕生於一個浙江小農的家庭，那家人是村裡的統治階層。那時，中國正在進入一個史無先例，混亂、多災多難的時期。他的童年很不愉快，他五十歲生辰時寫道：

「我九歲時喪父……當時家中得淒慘情況，非筆墨所能形容。我家孤立無勢，成為他人侮辱及虐待的對象……若非慈母的堅苦支撐，家裡才不至於完全破產。從我九歲起至二十五歲，這十七年之久，我母親無一日不料理家中煩瑣之事。」

在蔣介石的童年時代，當時中國政府面對外國勢力的加緊壓迫，每次都作出讓步。蔣介石看到民族的危難，大為感慨，乃立志做一個軍人。他在日本接受短期的教育，回國後，參加中國第一間在保定設立的軍校的入學考試。他優異突出，馬上被錄取了，並且在一年之內，成為校內的一名卓越的學生。他是保定軍校一九〇七年挑選送去日本受訓的幾個人中的一位。在日本，他不用多久便以士官學校學生資格被選拔到一個日本野戰砲兵團服務。他不喜歡日本，日後他對當時在那裡的工作大加譴責。但是他是喜歡軍隊生活的。有一次，他對一群不大願意參加他的軍隊的中國學生說：

「當我是個年輕人時，便下定決心要成為軍人。我一直相信，加入軍隊是人生的最高經驗，也是革命行動的最高形式。現在我所有的經驗、學問、精神和人格，都是從軍事訓練和經驗中得來。」

他在日本的時候，像其他有想法的學生一樣，身受孫中山的理想影響——孫氏口中的新中國、強大中國煽動著他們。一九一一年他回國參加推翻清朝建立中華民國的革命。這個第一共和國後來證明只是笑話一場，他於是跑去上海。他在上海到底做了什麼，是一件眾議紛紜的事，因為官方的傳記都倉促地略過他這段時期的生活。人們知道有一個叫陳其美的革命家幫助過他，這個人是陳氏兄弟的叔父。一九一五年，他參加了一場要攻占上海附近的江南製造局的政變。事後，這些同志們——這些人現在仍然是他的親信——都逃亡出國，只有蔣介石隱居上海某處的陰暗下層社會裡。當時他的生活忙碌、艱苦，面臨危險、飢餓和人們的遺棄；他當了短期的小書記，在上海證券交易所工作。那時候上海的下層社會是眾所共知的青幫天下，青幫控制著全市的鴉片買賣、營娼和勒索諸業。青幫起源於城市，幾世紀以來一直是中國盛行的秘密結社的一種。西方沒有類似這樣的團體；它在這個又大又亂的都市貧苦下層扎根，若時機適當便打發它的打手，用暴力來保護它的顧客。這種組織甚至比警察有勢力。他們是激烈的暴徒，還是無所顧忌的盜匪，要去區分並不容易，因為他們在這兩個世界中游刃有餘。沒有傳記作家能準確地知道蔣介石和青幫彼此關係的親近程度；但每個有見識的中國人都不會否認他們之間確有關係，而且中國革命的歷史的記載裡，每次上海有危機發生，青幫總是會支持蔣介石。

從上海的迷霧裡走出來後，蔣介石大踏步向前，他走進廣州，投身進熱鬧喧騰的國家政治裡，時為一九二四年夏季。他到底是如何從毫無分文，需依靠上海旅館老闆而生活的身份，到達這樣優越的地位，沒人清楚。起初，他在一個福建的軍閥底下做事，為時不長。之後他在上海的朋友便將他引薦給孫中山，孫先生在一九二三年派他到莫斯科學習蘇聯的軍事技術。蔣介石回國後，雖然對蘇聯產生極不信任的印象，但他卻開始欣賞起一黨專政的治國方式。當時的廣州正滿溢著新的力量和新的觀念，國民黨的領袖彼此爭論著，分不出高下。密謀消逝後，他們又重新在政治上聯合起來。待在廣州的兩年中，蔣介石不曾在一次鬥爭中輸過。一九二六年的春天，他發動反對黨內左翼分子，那是他第一次成功的武裝突擊。這可是件適逢其時的傑作，因為孫中山死後，他取得了黨領袖的職位。

往後二十年，蔣介石本人和中國都變了。那凌駕一切、對權力的貪欲，是他當前唯一的熱望，此後亦是。他一切的政治行為都圍繞著權力轉。他熬過叛逆、暴烈的時代，生存了下來。和他同期的軍閥們，幾乎把全人類的道德規範都破壞了一輪；他們除了權力，什麼法律都不遵守，而蔣介石在玩弄權力的戰場上，比誰都要高明。動盪不安的童年教會他對戰敗者不稍存憐惜之心，而且他學到，只要確保部屬地位無損，征服者便會永遠是征服者。一九二六年從廣州動身北伐，準備去攫取長江流域時，蔣介石已經掌握了所有收買人和殺人的藝術。

從一九二七年國民革命成功，到一九三七年日本侵華之間，整整十年過去。在這十年中，蔣介石那副脆弱、沉思的形象在中國的生命裡變得愈來愈大，愈來愈具意義。蔣氏是很精明的，也只有精明的人才能從暴徒出身，變成一個能夠與日本帝國作戰的領袖，且透過這些建立穩固起自己的權力來。他懂得怎麼從上海的商業世界吸取金錢和實物資助；他的學術氣質又能讓中國最好的學者加入他的政府。當他騎上革命的浪頭戰勝軍閥時，已獲得了權力，浪潮退卻後，他在新的基礎上將勝利鞏固。他仍然談著國民革命，但事實上，一個與人民志趣相符合的革命卻避著他。蔣介石並不依賴廣大的農民的感情，他仰賴的是軍隊，和它的槍枝。

對日戰爭使蔣介石幾乎成了半神。戰爭爆發後，他是被視為全中國抵抗侵略和爭取自由意志的具體象徵。再一次，如同他在大革命的時候一樣，他個人就等於中國——執行著中國的意志，不容許譴責、批評，甚至是勸告。

若用美國人的標準來衡量，蔣介石的生活是儉樸的。他早餐只吃新鮮水果、烤麵包和牛奶。在外交場合下，他的廚子會煮幾樣中式的山珍海味，但是在家裡，他只吃簡單樸素的食物。他不大運動，卻愛在鄉間散步，散步時由一隊衛士在周圍保衛。他常常背痛，那是他在西安事變時得來的，此外，他的假牙也不時困擾著他。中日戰爭期間，那副假牙是華西一位加拿大傳教士替他鑲上去的，經常使他覺得不大舒服，在家裡走動時會將它脫下。有一次，他不得不取消所有公共場合露面的機會，因為假牙正在修理。除了這些小毛病以外，他的身體是健康的。他體態端正、展現著信心，與人談話時，只有那不時的跺腳，和不斷地從喉頭發出的「好，好」之聲，顯示了那時常在他心內騷動著的神經緊張。

即使身為領導全國抗戰的領袖，他依舊顯得太苛刻無情。他以神聖的模樣裝扮自己，成為一個虔誠履行教規的美以美會派教徒。他說的話，如清教徒般懇摯，而他的兇暴卻是舊約中的耶和華。他每天都讀聖經，對於罪惡他蹙起眉頭表示否定，好像他曾試親身去測試過這些罪行，並下結論認為，虔誠的報酬率要比罪惡高。他不抽菸，也很少喝酒。

美國官員在正式的宴會上見過他恢復從前的老樣子，非常熟練地倒起酒來，但在中國人眼裡，他卻是個苦行僧。中共領袖毛澤東到重慶會商停止內戰時，蔣介石曾舉杯向他敬酒，但酒杯只是碰碰嘴唇而已。

蔣介石是清廉的。但是有中國人指出，一個要什麼東西便有什麼東西的人，要清廉坦蕩當然容易。政府供給他預算沒有任何限制，他有一大批汽車，無論到哪裡都住最好的房子，美國人還送他一架私人飛機。在重慶總部範圍內，他在長江對岸有一間大房子，以及一間宏麗的邸宅，他常常乘坐私人小汽船到那間宅邸。戰爭的後期，他在重慶郊外蓋了好幾間別墅，並稱之為自己的「山洞」，其餘的則拿來招待外賓。這些房舍，根據美國的標準來說雖然沒有太特別，但對四川來說，它算是豪宅了，裡頭甚至有著鋪瓷磚的浴室。在某一招待外賓的別墅內——後來美國駐華大使赫爾利去拜訪過——工人將大門口的通道一路鋪往浴室，使外賓大為驚奇。

現在，統治著中國的蔣介石，地位高於所有普通煩人。有一個謠言令他非常憤怒，這是他早二十年前也不願意聽的一種謠言。重慶曾經流傳，說是蔣介石夫人不在家時，委員長和一位姓陳的女護士同居了，陳女士會替他烹煮家鄉菜。這故事沒有什麼根據，但可把蔣介石氣壞了。他召集他的閣員、外國使節和兩個記者。在自家花園中他當著蔣介石夫人的面前重申他的基督教信仰，而且他只愛他的太太，完全否認謠言的真實性，即使在軍事大潰敗的最危難的那個月中，那場花園懺悔依然是重慶人最愛談論的題材。

委員長這場否認謠言的半官方抄本，能從政府那裡取得。

所謂的新生活運動，是蔣介石將自己的信仰和愛好加諸人民身上的一種更新運動。這個新生活運動反對奢侈、抽菸、喝酒、跳舞、燙髮、賭博、在街上吐痰等。警察經常要確保人民有遵守這些規則，不讓路人在街上抽菸，告訴人們不要把果子皮丟到陰溝裡。這突發的虔敬，不用多久便成為過去，在高級官場中，它被看做是蔣介石個人的弱點。雖然蔣介石夫人很喜歡抽菸，但他卻最反對這種西式的浪費行為。重慶直到一九四三年才舉行舞會，因為那時美國駐軍那麼多，以致禁例無法再實行。中國人在不是陪著外國人的場合，仍是禁止跳舞。有一次一家私人的房子因跳舞被搜查，最後的一個美國兵離去後，客人全都被抓了起來。

沒人曉得蔣介石在對日戰爭中究竟擔任著多少個職位。有一次他的秘書說他至少身兼八十二職。那秘書以為從別處可以得到一份完整的表格，但自己從來不去編好這樣的一份表格。宣傳部列過一份，但是內容不完全，其中提及蔣介石是：國民黨的領袖、國民政府主席、軍事委員會主席、海陸空軍大元帥、中國戰場最高統帥、國府委員會主席、最高國防委員會主席、中央計劃委員會主任、黨政工作考核委員會主席、新生活運動社的領導人、憲政促進委員會主席、中央訓練團團長、革命先烈遺族學校校長、全國滑翔協會的主席等等。[8]

起初，蔣介石把自己定位為軍事領袖。雖然他是領導全國作戰的軍事領袖，但他可不是個戰略家。一九四四年魏德邁將軍（Albert Coady Wedemeyer）來華時，發現中國士兵泰半處於飢餓狀態中——不光是營養不良，而是實在的飢餓，而蔣介石不論要守還是要攻，都缺乏有效的全盤計劃，使他大為震驚。若要估計日軍或在日軍攻勢未到達之前事先移動部隊去防守，這些蔣介石都很不在行；他總是在戰場已開始後才派遣部隊跋涉千里到前線去，所以也不能只是推託說日本有機動上的優勢。美國的官員在總結他的戰略時那麼說：「對於聲東擊西這種戰略，他還只是個學步嬰兒呢。」

蔣介石也視自己為軍人，但他真正的天才展現在政治方面。那自古相傳的討價還價技藝，沒有人能與他匹敵。他能將彼此衝突的勢力玩弄於指掌間，他能把中國統一，還

8　此外，他還同時兼任著航空委員會委員長、中央政治學校校長、中央軍官學校校長、中央警官學校校長、空軍幼年學校校長、陸軍大學校長、四行聯合總辦事處處長、華僑捐款保管委員會委員、中國航空協會主席、全國精神總動員委員會主席、中國空軍學校校長、國立中央大學名譽校長、中央青年幹部訓練團團長、三民主義青年團團長、中國紅十字會名譽主席、中國童子軍協會名譽會長、中央憲兵學校校長、騎兵學校校長、炮兵學校校長、軍需學校校長、機械化部隊學校校長、幹部特別訓練班主任、中央幹部訓練團團長、兵工技術學校校長、軍醫學校校長、獸醫學校校長、測量學校校長、憲兵訓練學校校長等。曾有多次兼任行政院長和全國經濟委員會主席等——譯者

能保持著它的統一。如果士兵餓肚子，他便能將那些立場仍搖擺不定的將官們效忠於他，因為這些人靠著士兵的死亡和飢餓來獲利。如果他將士兵送去沒意義的戰場上送死，這是對那些敢向他挑釁的司令官的懲罰，並藉此來削弱他們的力量。

他是個政客，比起依據思想和觀念做事，他更常應用勢力解決問題。任何理念，只要和他的不同，便會被視為威脅。無論黨內或政府內，他堅持所有人都要無條件效忠於他，不管你為人怎麼誠實，怎樣有經驗或有能力，都不能少了這一個資格。又因為忠心代表著投合，蔣介石在忠臣擁護下成了聖人。按照中國的傳統看法，學者是最受尊崇的，而在中國人眼中，最高統治者便是最偉大的老師。蔣介石的公共演說開始變得有點像教師管教學生一樣。他三翻四覆地說：「要忠心、努力學習、努力工作、愛你的國家。」一所有國家大事都由他決定，於是他慢慢相信起自己的學問和判斷，以為自己優於與任何一位下屬。

通貨膨脹成為中國的最大問題時，有一位政府的高級官員譏諷地說：「中國的困難是在於委員長一點也不懂得經濟學，他的財政部大臣也一樣不懂。」但奧妙的是，蔣委員長自己寫了一本經濟學的書。那是一本內容空洞又含糊的書，充滿了無知的理論，連他自己的御用學者都看不下去。一些比較明智的人，壯著膽子把這本小冊子收回來，使它不再流通。由於禁售，反而讓它成為收藏家眼中的寶貴收藏品。一九四二年的秋天和一九四三年年初，委員長在他的鄉間邸宅花了好些時間潤飾他的傑作《中國之命運》。

那本書大部分是由他的一位私人秘書所寫，不過傳達的觀念和最後的注釋來自於他。這是一本無所不知的教本，內容包括中國人的人類學、民族的歷史，和它未來的復興。他的顧問們看到他對現代中國歷史的解釋非常訝異，因為他的理解是惡意、不分青紅皂白的排外主義。他把民國初年的軍閥橫行、賣淫、私運軍火、抽鴉片、盜匪載道以及其他一切殘暴的混亂，全部歸咎到外國人身上。他甚至感嘆著外國傳教士和他們創設的大學對中國文化的影響。這本書在沒有「撤回修改」之前，已售出五十萬本左右，而這個「撤回修改」，可能是由於蔣介石夫人堅持使然。同樣地，因為新聞檢查不准任何外國記者從書中引用他的話，這本書也成了收藏家的目標。

政府、軍隊和黨都成了他的禁臠。不過，蔣介石的好奇心和奇怪念頭也觸及其他瑣碎小事。他有時大聲責罵，有時處罰，有時教訓人；再繁瑣的小事他也有興致去做管。他觀賞了重慶於戰時出產的唯一一部大作，由范士白（Amleto Vespa）的驚悚作品《日本間諜》（Secret Agent of Japan）翻拍而成，在試映後片子立即被送回電影公司，他個人的意見是要求片中多加插一些國民黨的事蹟。另外，宣傳部長有一次穿了長衫去見他，蔣介石認為宣傳部長太年輕，不該穿舊式的長衫，該穿西服才對。蔣介石決定誰該去美國，誰不該去；決定官辦的新聞學校畢業的學生誰該取得學位到外國留學；國立中央大學的學生埋怨伙食不好，委員長便跑去那兒與他們共餐一次，然後說這裡的伙食已經不算壞了。

當他的部隊在曼德里北部作戰的時候，他致電給史迪威將軍說：「我聽說曼德里區有很多西瓜。中國兵喜歡吃西瓜。你看是否可以讓他們每連每天吃一個。」他向前線的將軍發命令，硬要他們辦些無關緊要的瑣事，毫不顧及中國交通的困難重重。他每天都會讀重慶的報紙，記下一些使他愉快或使他不快的小事。史迪威將軍被送走的時候，委員長要人將所有外國記者的通訊都譯成中文，由他自己來加以檢查，全無遺漏。他的命令有時會透過小紙條發出，有時發出後他又忘記了，以致互相矛盾。比方說他起初寫的是：「本年各省政府務必先辦妥徵實工作。」不用多久，另一道命令又下來了，上頭的指令是：「續徵新兵為本年各省政府之首要工作。」

在外國人眼中，他外表給人的謹慎形象，證明著他的沉著穩重，在這個瘋狂的社會裡，這份出淤泥而不染的理性，是相當難能可貴的。但是有時候，蔣介石也會從他那面無表情的鎮定中，一下轉變成盛怒，他會摔茶杯、捶桌子、尖聲地叫喊，像一條兇猛無比的毒蛇。他若碰上一些不會在他面前示弱的稀有人種（比如宋子文）的話，場面肯定極具戲劇性。一九三五年，蔣介石和宋子文曾激烈地爭論過關於中共的問題，結果是宋子文在事後的若干年都不得干政。一九三八年，英國大使卡爾爵士（Archibald Clark Kerr）有一次促成兩人會談，這一次和前幾次一樣，亦以爭吵收場。一九四四年初，蔣介石再次遇上宋子文，後者失勢的放逐再度被延長。一九四四年夏天，蔣介石正在鄉間散步，看見一個官長領著一個用繩索捆著的壯丁走過，大為震怒，他痛打那位官長，若非有個衛士去把人救過來，後果不堪設想。這件事也令他想起中國抽丁的恐怖，他立即召見主管的將軍，毫不留情地鞭打他。隔年春天，那位將軍便遭處決。

受過西方訓練的高級官員們都知道委員長不是一個能幹的行政官。在私人談話中，他們承認他的許多缺失，但也常拿這些缺失和他唯一的優點來比較——他會繼續作戰到日本被擊潰為止。其他的人或許會洩氣，會累，但他就是中國，從來不會動搖或猶疑不定。沒有一個人能像他那樣維持著中國政治的平衡，能將這些安排得當，同時還繼續進行抗戰。他指揮軍隊與他並肩攻打敵人，好讓軍隊不會來打他。軍閥們都被他那些機巧的委任手段安撫了。不喜歡他的人也支持他，因為他被世界公認為外國對華貸款和供應的正式承受人。他利用地主對他的忠心，控制著農民的百般不幸，也答應要實行改革，以避免掉美國施加的壓力。

一九四〇年夏天，士氣降到最低點，一切都不如意。日本人日夜轟炸，晴朗的天色，帶來敵人的飛機；曬乾田裡的稻，帶來了饑荒。日軍當時在越南，美國政策還舉棋不定，英國人則宣布封鎖滇緬路。蔣介石破口喊出來了：「你們儘管打算盤吧！你們算著我們有多少軍隊、有多少彈藥、有多少加侖汽油，但是我可不在乎。十七年前，我剛起步的時候只有軍校的二千名學生，那時美法英日全部聯合起來反對我，共產黨也比今日更強大。我當時沒有錢，但是向北打敗了軍閥，統一了全國。現在，我有三百萬人馬和半個中國，而英美又是我的盟友。讓他們來吧，要是他們把我趕到西藏，五年後我會回來，並且再次征服全中國。」對蔣介石來說，這是他的戰爭、他的敵人和他的責任。他回顧的並不是三年前開始的對日戰爭，而是他個人發跡以來的十七年歷史。中國，就像從前廣州那間小小的軍校一樣，被當作是屬於他自己的天下。

面對他無法控制的唯一一群中國人——中國共產黨人，他的感受也摻雜著個人因素。只有中共具有一定程度的規模和組織，他們不必服從他。他們有自己的地區、自己的軍隊，蔣介石的勢力壓不住他們。他們公然地反抗他，所以在他心目中，中共就是不忠於中國。一九四一年他說過：「你以為這些年來我不讓日本人擴張是最重要的嗎？我告訴你，不讓共產黨擴大更重要。日本人只是皮毛小病，而共產黨卻是心腹之患。他們口頭上說願意支持我，但暗地裡卻計畫把我推翻。」他的戰爭是個人的戰爭。他清清楚楚記得，他在中共長征時最後一次看到他們的景象，他曾命令他的機師連續好幾小時地駕機尾隨那條漫長的蜿蜒的道路，那條中共的長征將士途經的小嶺道路，以便讓他能從上而下監視著他們。

要具體指出是從何時開始，人們對蔣介石的忠誠漸漸瓦解，談何容易。但重慶的軍閥和各地的農民幾乎是心生離心的傾向，這點是毫無疑問的。一九四三年年底，各戰地司令長官的總部公開地表示對他的不滿，其中許多人曾和蔣介石在過去的內戰中交鋒，後來肯服從他的領導，只不過是因為日本的威脅更大而已。在西南，兩廣的將軍們對蔣介石時有不滿，他們毫不隱藏他們的憤怒，任它傳出自己營盤外去。當他還是軍人時，他們便已認識他了，對他們而言，他不是神，而是個該幫他們找資金和接濟他們的同夥。而西北、四川、雲南和新疆的獨立軍閥，蔣介石用名譽爵位作為酬報來籠絡他們，他放任他們去發不義之財，要私運鴉片煙、實施雙重稅制都行，只要他們肯履行抽新丁補充軍隊和徵穀完糧的命令即可。蔣介石和這樣的敵人作戰多年了，他懂得怎樣去操縱他們。

一九四四年，人們對蔣介石的批評顯然傳到重慶來了。甚至那些把蔣介石看成是中國的活化身，看成潰敗流沙中的一座岩石的人，也認為這位「老先生」不無過失，認為他也像其他的領袖一樣，有很多值得批評的地方。一股愈來愈明顯的反蔣介石的情緒是：中國比蔣介石更重要，而蔣介石本人是癱瘓的中心點。有這種看法的人相信，蔣介石平衡政治的方式和和他的委任技巧重傷著中國的元氣，因為他不能只利用腐化、欺騙和勒索來獲得力量。力量只能從人民中產生，但蔣介石的聯盟與那些壓迫人民的人攜手共進。蔣介石把他的憤怒全倒在黨內或黨外的沒有組織的批評者身上。不論你多腐敗，他都和你處得來，只要你尊重他像他尊重他自己那樣；誰若不肯接受他就是中國這個公式，便會被視為無賴漢，會被搜索出來，交給他的秘密警察用恐怖手段對付。有些人對蔣介石的痛恨，超過了愛國之心，這些人向日本投降了；其餘的人則跑到外省尋找隱蔽之所，或者轉到低階、單調的官僚政治去。無論如何，除了少數幾個幸運兒以外，其餘的人全得當心他們說出的每一句話。

有權利說話的幾個人之中，是一些在國民革命中極具聲望的人——文雅、和善的孫夫人，國民黨首創者的寡婦，說話有著鋼鐵般的勇氣。她從不公開攻擊蔣介石，但她也從不隱瞞她對國家現存的腐敗和分裂的情況感到痛心。她依然保留著昔日國民黨賴以得勢的所有革命意識，她悄悄地幫助困危中的自由主義者和民主團體；孫科博士，則要講什麼話從來不假思索，在蔣介石當面講也好，在公共場合講也好，蔣介石也許可以透過新聞管制，來防止他的言論在國內或國外發表，但還是阻止不了他的直言無忌；宋子文也是膽子太大，太醒目了，根本就恐嚇不了。若要他保持沉默，除非把他接回來當權。

一九四四年連農民也對蔣政府有一些表示了。在每個村子裡，他的相片高掛在政府的辦公廳牆上，他的名字依舊是至高無上的象徵，但對那些執行蔣介石指令的人，大家都恨之入骨。早在一九四二年，就已有農民暴動的消息滲入省城傳來，這些消息——半是謠傳，半是真實——從每個角落傳來，從遠離中共影響的區域傳來。在國民黨統治下的鄉村，上百上千的鄉村中，不滿正在散播著，貴州、甘肅、福建、湖北都有民變。四川的鄉下，則有暴動——憤怒、組織散漫、無法平息的暴動。蔣介石活在一個日益暴烈的國度裡，這一類的壞消息使他狂躁，而他的脾氣是那麼捉摸不定，以致手下屬只敢挑好消息和媚言向他報告。新聞界一片死寂，茶水室也掛著牌子：「莫談國事。」

這個個人政府中，最荒誕、最奇異的成分，或許就是蔣介石對自己職務的評價。他是真心地相信自己在引領中國走向民主之道。被人稱為獨裁者不免使他動怒。有一次，中共在重慶的首席代表周恩來告訴他說，只有在民主政府成立後，中共才會交出他們的部隊，蔣介石說：「你難道能說我不民主嗎？」

Chapter 9

注定遭殃的中國兵

Doomed Men—The Chinese Army

第一次世界大戰時，德國派魯登道夫將軍（Erich Ludendorff）視察奧國統帥部，他簡潔的報告後來成為歷史上有名的佳話：「我們是在和死屍聯盟。」

珍珠港事件後的幾個月內，在亞洲的美國陸軍也得到同樣結論。多年的僵持局面，已使中國軍隊成為軟弱、軍心不振、沒有組織的一大批死屍。他們被敵人鄙視，被自己的人民視為外人，被政府忽視，被盟軍嘲笑。誰也不會懷疑中國士兵的勇敢，但中國軍隊本身卻沒有動力，沒有實力，也沒有人領導。

簡單地列一些數據，要比寫上幾本大書，更能說明中國軍隊的狀況。一九三八年，當日軍初步攻勢結束之際，華軍共有四百萬人。這之後的六年間，中國政府每年徵兵一百五十萬人；至一九四四年，軍隊的名單上至少應有一千二百萬人，但當時只剩四百萬人了。其餘八百萬人哪裡去了呢？誰也無法確知。這僵持期間的數年中，戰死和受傷的也許有一百萬人。其餘七百萬人就這樣人間蒸發了。這些失蹤是因為有些人因疾病和飢餓而死亡，有些人腳底抹油回家了，或大批的向敵人投降了。

中國有徵兵制，徵兵的方法簡單又無情。中國的徵兵沒有編號、體格檢查或合法免疫等做法。重慶政府決定要多少人之後，就指令每省應出人數，各省再指令各縣，各鄉於是就開始徵召。在某些區域內，徵兵比較誠實點，但整體而言，辦理徵兵的貪污腐化，難用言語形容。有錢人是絕對不必參戰的，各地官員以統一的公開價格，賣免役證給有錢人。任何農民，只要湊得出錢，也可以透過賄賂來避免兵役。最後被抓去當兵的人，往往是那些最無法離家的人。一區內壯丁徵光了之後，就綁走過路人，或從有組織的壯丁販子裡購買壯丁充數。徵兵的過程中，壯丁有的被殺掉，有的被打傷。有時他們在到達營地以前就餓死了。士兵們從來沒有假期，他們不能回家，也極難得能收到家信。進入軍隊的過程，就像某種死刑，他們死在路上，死在徵兵過程中，死在喪盡天良的新兵訓練處及長途行軍中的人，甚至要比真正進入軍中後死的人數還多。

受訓之後還活著的壯丁到達前線，其境遇比被徵時好不了多少，因為中國軍隊是在戰場上慢慢餓死的。如果運氣好，官長誠實，而且一切都按照規程辦理的話，中國士兵所吃的是米飯和蔬菜。他的口糧依規定是二十四兩米一天，這些其實也非常不夠。除了米，偶爾會有一些青豆、蘿蔔，以及在鄉下購買或搶來的肉，但吃到肉的機會極少。美國兵看到中國兵挑著死狗的時候，總是嘲笑他們。美國兵遺失一隻小貓就咒罵。中國兵偷狗，是因為飢餓，而美國人養的肥貓一星期所吃的肉，要比中國兵士一個月內見到的肉還多。

部隊在行軍途中，沿路的山嶺道上總是留下許多腐爛屍首。染上疾病或衰弱程度不同的士兵，則必須繼續和他們的部隊一起奮力向前，因為他們只有在自己的連隊裡才能得到食物，倘若他們脫隊，就再也爬不起來了，只能倒躺在地直至死去。中國士兵塞在肚子裡的是碾過的白米飯，有時什麼菜都沒有，只有白米飯吃。米碾去穀殼會流失許多維他命，因此軍隊患著西方教科書上所有一切維他命不足引起的疾病，有些病甚至沒有出現在教科書上。中國軍隊的醫療很原始，中國約四萬五千人中醫生只有一人，美國約八百人中就有一人是醫生。在抗日戰爭以前的三十年間，在中國政府註冊的醫生只有一萬人，其中許多人不過是醫匠，其學識相當於藥房的夥計。這些「合格」的醫生中，在日軍侵入後有一半留在沿海地區，另一半是原本就住內地以及移到內地的人。自由中國的醫生，要不是私人看診，或參加政府衛生機關或民間醫院。中國軍隊三百師中，有能力的內外科醫生大約還不到五百人，假如平均分配，一師不過一個多一點。實際上，這些少數的好醫生還是被集中在基地醫院和後方收容所內，而前線整師連一個夠格的醫生都沒有。

軍中服務的醫生得到的薪俸低得驚人，他們所得的報酬，要比私人執業或民間醫院的報酬低上十來倍，他們醫療所需的藥品和器械也極少。軍中痛苦的景象驚心觸目，耗竭他們的感情，毀了他們自己的心理健康。選擇留在軍隊身邊的醫生們，在精神上過著最純粹高貴的生活，他們想出權宜之計的應急方法，丟開乾淨明亮實驗室裡所受的一切訓練，集中精力設法使不治之症有些小改善。但許多醫師被弄得精疲力竭，盡速離開了軍隊。最後結果，就是中國的檢傷站和師部醫院，是由一些在美國連藥房都不會雇來賣蘇打水的人來管理，由一些對生理學或衛生概念不比農夫多的人來管理，他們之所以滲入軍醫處，只是因為管理醫院和藥材是貪污的肥缺之一。

軍中病症千奇百怪，最常見的是因挨餓而起的病。由於他們的體格被惡劣的食物、失眠以及多年的前線生活所腐蝕，任何的傳染病都極容易侵染中國士兵。軍中有結核病的人大約占了百分之十。軍隊宿處的擠迫、士兵的營食不良，以及許多人用筷子伸進同一菜碗的習慣，使任何預防措施都失去效用。緬甸之戰時中國集結部隊，有一支部隊從廣東的前線開到貴陽，在貴陽經過體格檢查後，被派到緬北前線去，因為它還有戰鬥力可以重上前線，一般人以為這會是一支精良的部隊。但是，在五百英里的行軍途中，這支部隊的人死了百分之三十，留下來的「健康者」，經一個美國醫生檢驗，其中得肺結核的人占百分之十五。

痢疾、瘧疾和疥瘡是次要的災禍。痢疾於一九三九年開始在中國軍隊中流行。一九三八年中國軍隊內痢疾共有三千案，一九四〇年，前線人員和武裝兵士人數依舊，但痢疾達一萬五千案——增加了五倍。這一萬五千案中，下半年占一萬案，原因相當簡單：三年來的營養不良消損軍隊的抵抗力。中國士兵平時蓄積的體力降到了低點，當痢疾襲擊，而數日內又無法獲取營養時，生命就會像蠟燭一樣快速消逝。名單上說他死於痢疾，事實上他根本是死於飢餓。中國醫院裡無法處理每位來就診的人，這種管理惡劣的機關是恐怖、黑暗，堆聚死屍的所在。在美軍接收以前，怒江附近有一所醫院，劃出一間水泥地板的特別房間作為痢疾病房，病人就拉屎在地上，由醫院勤務員用水桶沖掉，沖出去的屎，被附近的豬隻狼吞虎嚥地吃掉。病人每天可以看見死人被抬出去，埋在醫院牆外的山邊。

瘧疾在戰前於華南肆虐。黃河的泛濫、戰爭開打兩年間軍隊的調動，以及難民的動盪，使瘧疾傳播到極北之處。蚊蟲帶來的的寄生物，摧殘整個中國。夏盡秋來時，士兵們在廣西帶著瘧菌腐爛、死去。在山西的山嶺裡，士兵們在深秋裡因為瘧疾而發抖。而受瘧疾之害最深的部隊，是駐在怒江山峽間的部隊。為了保衛昆明及其高原，使日軍不能沿滇緬路攻上去，怒江前線自一九四二年起就是個非守住不可的地區。

怒江峽谷是橫貫雲南西境的一道黑疤。怒江嘔吐似地，從五千英尺的高處流下，匯成淺淺的河流。羅氏基金委員會認為該區是全世界三個最壞的瘧區之一。惡毒兇猛的瘧疾，掃蕩著怒江峽谷裡人煙稀少的豐沃草地。一九四三年春，華軍三個師衝到怒江峽谷裡，阻擋自緬甸入境的日軍。其中一師人開到江邊時有七千人，三星期後，能夠站起來打仗的只剩四千人。有名的八十八師有一營人一個月之內患瘧疾者，五百人中占二百六十人。重慶統帥部得知這種情況，態度出奇地冷淡，只有當時不為重慶所喜愛宋子文有勇氣向委員長提起此事才引起注意。在美軍擔起醫藥事權之前，這一區的部隊沒有蚊帳。庫房裡存著九千萬粒奎寧丸，但中國軍部堅持要囤積起來以防可能的「緊急事故」。美國人抱怨中國部隊有昏睡病，但美軍夜裡睡覺有蚊帳，中國士兵許多人蹲在驅蚊的煙火旁邊直到天亮，直到帶著瘧菌的蚊蟲在太陽底下消失，到那時候，中國兵才得以休息。

據估計，中國軍隊裡有一半的人，生著因缺乏維他命和骯髒所引起的疥瘡。疥瘡嚴重者不僅手上、腿上和身上會癢痛，腫脹的臉上亦是，而且還會流著膿液。天冷時，軍隊會發棉制服，從秋天到春天，士兵們日夜穿著同一套棉制服，沒有替換過。中國軍隊宿營時無熱水澡可洗，也沒有肥皂可用。

腳氣病也是一種維他命缺乏的病症。你可以把大拇指深深地掐入生了腳氣病的中國兵的腫脹腿裡，十分鐘之後，這個拇指印痕還是很清楚。拿些人來作測試，為他注射維他命B針，這病竟霍然而癒。但整體而言仍是大量缺乏維他命，他們腿上的瘡潰腐爛著，當士兵穿著草鞋長途跋涉時，瘡口裡的髒膿從踝骨上一滴滴地流下來，和路上的灰塵、蒼蠅黏合起來。

雖然軍隊裡最主要的災難是肺結核、痢疾、瘧疾和維他命缺乏症，其他許多疾病也十分猖獗。例如傷寒、感冒、反覆發作的熱病以及蛔蟲等，全都能致人於死地。只有性病相對的少見。部分由於中國軍隊缺乏支付妓女的錢和精力。一部分是根本沒有這種機會，也許因為中國軍隊的道德觀和西方軍隊不同。

中國的醫藥，和其他所有東西一樣，遇到供應不足的阻礙。每月只要數千噸藥，就可以抑止中國軍隊中的疾病，但直至戰爭最後時期，外國來的藥品每月仍只有十四噸，另外加上美國訓練的特別部隊所需的一些藥品。但是，中國自己製造預防霍亂的疫苗，而且軍醫也成功使部隊的霍亂不致太過猖獗。如果在戰爭最後數年間亞洲的霍亂病支配中國的話，中國人口可能會減少三分之一。

傷兵遭受的待遇，當然，也和病兵一樣糟。在戰場上倒下的士兵，只能一直躺著，等候擔架兵——每連有兩人——來發現他。擔架兵翻山越嶺把他抬到師部所在地，要費一整天工夫。到了師部，要是他運氣好，可能會在穀倉或廟宇裡找到一個略懂醫藥的人，此人可能把他掛彩後一直破裂著的血管紮住，或者用竹頭做成的夾板，將那個在擔架上搖晃顛簸很長時間的斷裂軀體接起來，然後送往後方的安全地區。假如他還活著，人們便抬著他，通過隔離中國整個前線的荒僻地帶。抵達交通方便的地帶後，他也許能搭上一輛卡車，經過四天至一星期，這時，他才第一次見到一個夠格的醫生。最後的病況很容易判斷，若肚子或頭部受傷表示他差不多要完了，傷口只要感染細菌，就會生壞疽。

要批評中國軍隊處理傷兵的方式很容易，但如果輕易地把一切慘狀，全部歸咎於他們的冷淡和忽視，是不正確的。有些少數心腸耿直的人，例如軍醫署的羅李卻（譯音）醫生以及紅十字會的林可勝醫生，他們就曾為援助傷兵而奮鬥。各戰區的報告到來時，他們自己也感到痛苦，但他們束手無策。因為他們一方面被這無知的封建國家的殘酷現實所包圍，另一方面被貪污包圍，還缺乏上級的支持。

過著中世紀生活的軍隊，基本的衛生常識怎樣也灌輸不了。這些兵士們看中醫吃草藥大半輩子了，衛生概念對他們來說是神祕的，他們相信符咒和古代偏方。醫藥人員要求兵士只喝開水，但他們口一渴，就喝稻田裡的污水。醫藥人員要求隔離病人，但前線士兵都從同一個罐子裡夾東西吃。醫藥人員設法讓每人都有一個急救包，其中包括繃帶之類的用品，但領到急救包的人卻拿紗布藥棉來擦拭槍筒。

合格的技術人員或受過訓練的人員一樣四處缺乏。在戰時，中國的醫科學校不論在質還是量上，都沒有規劃要打造適合軍隊需要的醫生。這些學校每年只能教好四、五百個學生，而這些學生，由於實驗工具有限、教科書缺乏，加上對西方的研究工作毫無接觸，人們也不能寄望他們會是多優秀的醫生。

藥品、能用的救護車也完全不足。華軍的戰略，是要讓整個前線變成蹂躪與破壞的大本營，迫使日軍和中國步兵一樣只能步行作戰。前線地帶沒有公路，傷兵得由其他的兵士或農民抬到後方。即使有公路，救護車也很少。美軍五輛救護車一天所能載的傷兵的數目，在中國要二千名擔架人員才能應付得了。

中國陸軍並無真正的軍事傳統。總司令蔣介石畢業於保定軍校第一期，該校創辦迄今不過四十年，該校的設立是清朝守舊官僚對現代戰爭的首次讓步，是中國二千年軍事史上第一次擺脫古老戰法。從社會學的角度來看，中國陸軍是各種雜湊品，參謀本部人員所受的訓練各不相同；參謀本部則是由一群中年人胡亂湊合起來的團體，裡面的人員彼此憎恨、相戰過。他們以人事關係和各省政治緊張情況來發布命令，有時自己也覺得下達命令也未必有人服從。配置軍隊時，他們不僅要考慮軍需供應和敵軍情況，也要考慮到國內的叛亂和黨自己內部的安全。政府一直把二十個師的最精良部隊抽離在抗日戰爭之外，用來封鎖北方的共產黨人。

華軍內部的貪污，像是身體的中長了癌，四肢百骸也全部受感染。戰爭將近結束時，幾乎每一師每一軍都會得到個別待遇。每個師長領到一筆錢後，就隨意撥一點出來做為軍醫、餉銀、伙食以及作戰意外事項的開支。在通貨膨脹日益嚴重時，軍官們也許覺得比起國內其他任何集團，自己身處貪污的絕佳戰略地位上。譬如說，一個師長領到了一萬人的餉銀和軍需品，照理他應該層層發放給部下，但是花名冊上一萬人的一個師，實際上也許只有九千人或七千人，或五千人。計算花名冊上的兵力和實際兵力的差距，就可以衡量出一個指揮官塞入腰包內的錢有多少。他給活著的兵士吃得愈少，他的利潤愈多。揩油之弊，在中國軍隊裡不脛而走，薪資表是虛報的，米賬也是虛報的。這弊病是如此彰明昭著，導致將軍們認為貪污是自己的權利。每師應該有一萬人左右，但很少有一個師在六千人以上，而且光是補充病兵、死兵，也得經常徵調新兵入伍。到了一九四三年，有些部隊每師官兵少至二千人。

中國官兵們對待士兵像對待畜牲。在官長的奇癖怪想之下，士兵可以被拷打、被殺掉，責罰的方式包括割掉耳朵或鞭笞等等。訓練班裡的美軍人員抱著嫌惡的態度，看著士兵被罰著用赤裸的膝蓋跪在多石子的操場上，兩手反綁著，在炙人的太陽下曝曬，直至昏倒為止。士兵不僅是軍官的私人僕役。也是軍官太太和家屬的私人僕役。不過，士兵若能獲得機會成為軍官太太的僕人就走運了：他可以脫掉制服，換上僕役穿得白色短衫，變回一個平民。部隊行軍時若經過士兵的家鄉地區是很危險的，因為士兵會走入山中，從此一去不返。有一支八百人的部隊從華北的甘肅啟程，行軍到昆明加入美軍的訓練班，在路上有兩百人病死，三百人逃了。還有一師人從華北向南行軍——也許是快樂的，也許是不快樂的，要看觀點如何——經過四川，該師大多數士兵當初是從四川徵出來的，該師出發時七千人，最後到達目的地時只剩三千人，因為整排整連的人都跑回家了。

對於中國那些高級軍官，用最客氣的講法來形容，就是他們不夠格擔任他們的工作。他們除了偷竊部下的食物和錢款、漠視他們的疾病、殘酷地毆打犯錯的人以外，本身也是糟糕的領導者。軍官的參謀工作沒有效率，他們向上級報告的不是實際情況，而是上級樂於知道的事情。在重慶，總部認為這些報告是事實，並根據這些報告作決斷，於是錯誤像骨牌一樣，從上至下鑄成大錯。還在日軍手裡的城鎮，報告竟然說已經收復了。敵軍的失利，總會被過度誇飾。直到有一段時間內，按照重慶的估計，日軍該是早已全部消滅乾淨了。中國陸軍所謂的軍事原則，就是一團混亂無章：官階的徽章是日本式的、鵝步是德國式的、空軍戰術是蘇聯式的、後方勤務是中國式的，後來又急急忙忙地加上美式的技術。中國人甚至用中世紀的做法，合理化他們所做的許多事情。譬如，在一個宿營地，有一位美國獸醫正在設法勸中國人在夜裡不要把牲口的鼻子綁在柱上，而是讓它們躺下休息，中國人解釋說，在忽必烈時代裡（大約西年一二五〇年左右），起初他們的確是習慣讓駝東西的牲口在夜裡躺下。但當時有一晚，許多牲口躺著睡熟後，山上掉下一大塊大雪，這些牲口全埋在下面壓死了。從這個忽必烈的時代之後，中國軍隊在夜裡便會把牲口繫在高處。中國陸軍是一支步兵隊。訓練他們的美國軍官，天天向他們灌輸美國的分散戰術，以及向敵軍前進時肚子貼地的作法。怒江之戰開始時，這些美國軍官站在望哨裡，看到中國軍官下令兵士站得腰挺背直地向山上的日軍據點走去，非常驚駭。就某些中國指揮官而言，拿破崙式的衝鋒仍是好用的原則。在戰場上見過中國兵士的人，誰也不會質疑他們的勇氣，但指揮官這樣無益地浪費他們的勇敢，使旁觀者感到心痛。中國保守秘密的觀念也是同樣地薄弱，龐大的國家警察機構負責留意間諜和洩漏情報等事宜，但各地的日本奸細依舊活躍。有一位戰區司令長官承認，他曾經拜訪過與他對敵的日軍司令官，因為對方是他留日時期的老同學。重慶官員和南京的日本偽政府的官員之間，有許多私人的來往。例如，當B29空中堡壘還是最高機密時，而華西還在計劃創造基地之際，消息早就漏入當時還在日軍占領下的上海。被日本占領的濱海城鎮裡的一位營造商，從朋友那兒聽說美國人要建造一個巨大的基地來轟炸日本後，這個消息就這樣旅行到中國，再一路抵達正在建造基地的華西。他被約聘加入基地的工作，工程完畢之後，他帶著新獲得的知識和利潤，回到日軍占領區。

除了以上事項，中國軍隊還有許多問題，但這些問題比起遭人批判，其實更值得人們的憐憫。一切壞事情的造成，部分原因是由於中國當時身處的圍剿狀態，也由於其他許多美國政策更應負起責任的缺失。在現代世界，沒有哪個地方像滇緬路割斷後的中國那樣被封鎖。該路截斷後，能通行的卡車大約一萬五千輛，過了三年只剩五千輛。這是一場悲劇，代表中國軍隊無法從一個前線調到另一前線以應付威脅，各戰區的司令官變成當地的君主，只能依靠自己的資源，而不能依靠中央政府的供給。

整個作戰力量處在癱瘓狀態中。有人在一九四三年夏天用一個月的時間研究，發現中國最繁忙的一條公路上所走的車輛，平均每天只有一百二十三輛。這個數字包括來程和回程的吉普車、卡車，公共汽車，商車和軍車。據同樣的調查，重慶那三條大動脈似的公路之中，有一條平均每天來程和回程車輛總共只有六十輛。中國軍人的想法反映在這個狀況上：中國將軍們不願作戰了，除非上級施加無法忍受的壓力，他們不願花費彈藥或汽油。他們寧可等著，等到別的什麼人替他們取得勝利為止。

在高級軍官中，仍有幾個人展現出完善、勇敢的人格——例如衛立煌，他的肚量和耐性最終贏得了怒江前線的勝利；還有陳誠，在擔任軍政部長的時候，開始清掃重慶臭氣沖天的腐敗馬廄；李宗仁，一位黝黑、嚴厲的廣西將領；孫立人，在緬甸時，在史迪威領的導下，將技能全學了起來。散布在整個綿長的戰線上，也有其他一些團長和師長出人頭地，像一座座立在中國陸軍泥沼中的誠實孤島。為了保護自己的部下，他們身受的苦痛，他們的怨恨之深，是任何外國人都無法體會的。這些指揮官中，有的人和部下士兵一同挨餓，一同步行行軍，一同死在敵人的炮火之下。可是這樣的人極少，一點善混在極惡裡，結果還是醜惡。

這支軍隊居然能守著前線和日軍抵抗六年，算次這樁怪事中最詭異的一部分。要它取得真正的勝利，未免是奢望。它最大的勝利，就是活著、撐著，耐得住自己的政府和社會瓦解的壓力。許多人受不了這種壓力；數十萬人向日本投降，附和汪精衛；千千萬萬的人參加了中共或投降了中共。遍佈華軍內部的殘酷和痛苦，不僅使高級軍官和參謀人物墮落，也使一般普通士兵腐壞。士兵被當作餓著求飯吃的狗，他所受待遇如此，就設法從比他更弱的人——農民身上，盡量攫取東西，擺平自己內心的不滿。

一九四三年，有一位年輕的中國記者被奉派為「鄂西勝利」作一份報導。中國報紙把這次的「勝利」誇飾成可與史達林格勒之役相提並論的偉大勝利。而這位年輕記者在此役結束許久之後寫下一篇讓幻想破滅的真相文章，這篇文章未得刊出。這位記者看到的不是勝利，他發現此役華軍損失七萬至八萬人，敵軍損失三千至四千人。更驚人的，是人民冷淡而事不關己的態度。他的通訊寫著：

在政治上，為什麼農民是我們的敵人呢？因為我們把農民送到敵軍手上。在敵軍到達澧縣和津市之前，形勢危急時，當地駐軍下令人民疏散，每家只准留下一人。兩天以後，又一道命令叫人們全體疏散，一個人也不准留，如有違背，以漢奸論罪。老百姓走了之後，（中國）駐軍就在全城搶掠，把搶來的東西搬走，年老而不便離家或不願離家的人，全被殺掉，有時連房子也一起燒掉。我到津市的時候，駐軍搶來的老百姓衣服仍在市上出售。我和老百姓談過話，起初，他們什麼都不肯告訴我。後來我提起重慶，告訴他們我是來視察的，他們左顧右盼，看到沒有人在旁邊，其中一個人把四個指頭放在桌上，然後再把手翻轉來。我懂得他的意思了，他說的是（中國）四十四軍把全城搶光了。他低聲對我說，駐軍四處強奸、搶劫、放火、殺人。老百姓得知軍隊把整個城劫空後，想回家但軍隊不准他們過去，要去必須出錢。每人得繳獻五百元至一千元。八十七軍也是如此。

在前線旅行時，許多百姓告訴我說，他們覺得敵軍到來不會造成太大擾亂，這使我詫異。不論老百姓是怎麼得出這種結論的，都很值得加以調查。事實上，敵軍進占時，並未擾民，他們路過任何地方，都只是要求茶水。於是大家都認為敵軍比國軍好了。他們說起國軍時，口氣彷彿自己是置身於外的第三者，彷彿那不是他們自己的軍隊。敵軍撤退時，卻實行大規模地燒殺，他們懊悔也來不及了。

Chapter 10

史迪威的戰爭

Stilwell's War

美國政府於一九四二年春天設立中緬印戰區。中緬印統帥部（Caribbean Basin Initiative）是神話般的東西。美國人常說，你得先有一個魔術球和一本《愛麗絲幻遊奇境》（Alice in Wonderland），才能懂它。中緬印戰區的瘋狂和不愉快，這些怪誕之事，連好萊塢都不敢拍攝成電影，這裡有印度王公、舞女、軍閥、吃人土著、森林、沙漠、酒徒、間諜……應有盡有，美國飛行員曾坐著P40式驅逐機掃射敵軍的大象。中國的蓋世太保曾在美國的總部裡抓出一位漂亮的日本女間諜。日本間諜曾在加爾各答大街上刺殺一位美國情報官員。中國軍閥們曾引導美國軍官去享受鴉片的樂趣。美國工程師們曾用鴉片來診療病倒的大象，也用鴉片當工資償付當地工人。曾有豹和老虎咬死美國兵。中國狂叫著需要飛機的時候，停在印度的B17式飛機的放氣管內，鳥兒築著窠。印度王公宮殿內的銀地板上，人們跳著現代舞。美國間諜翻過喜馬拉雅山的小道到拉薩去，為了獲得西藏的友誼，和達賴喇嘛談判。美國海軍在蒙古沙漠的邊緣上，訓練一支騎兵；美國海軍把美聯邦調查局的技術，傳授給中國特務人員，包括洋芋的種法和人工受孕的最新方法。

中緬印區的政治，是數字計算、人事、共產主義、獨裁專制主義、貪污、帝國主義、廢話、悲慘等等荒謬的混合體。美國政策在世界任何地方，從沒有遭逢過這種奇妙的人物組合。其中包括甘地和尼赫魯，打油詩人和沙漠戰士——英國皇室蒙巴頓爵士（Lord Louis Mountbatten），中國軍隊總司令蔣介石及其柔媚的太太蔣介石夫人。次一等的人物，則有雲南省主席獨眼龍龍雲等。美國人對付這些人時，也同樣花招百出，而且不免感染到同樣的陰謀和傾軋之風。這是一個分裂、充滿不愉快的統帥部。

中緬印戰區存在的唯一理由，就是要讓中國能繼續作戰，讓中國成為對日最後一戰的一塊砧板，讓盟軍一錘就能將敵軍震得粉碎。該戰區的職責是供應中國軍需，重新訓練、裝備、整編中國的部隊，再將他們送去與日本作戰。被派來從事此項任務的美軍，約有二十五萬人，花掉了幾十億美元，損失了數千個生命。這是一個緊要的任務，和美國其他地方上的作戰事蹟比起來，人們對這個戰區的認識較少，給予的榮譽、資助、鼓勵也相對較少。

在美國軍事的優先順序上，中緬印戰區和加勒比海島的優先權相等。中緬印戰區的任務重大，但缺乏執行任務所需的工具。美國兵以直率的政治現實性，意識到自己是一場防守戰事中的消耗品。除了第十四航空隊少數幾個戰鬥人員是在為自己的戰略、自己的戰爭打仗，一般美軍覺得自己只是政治上的附屬品。在軍事方面，中緬印戰區的確無法和歐洲和太平洋上的偉大戰爭相比。該戰區的重要性，首先是在政治意義上：這是西方文明首度來到亞洲，彼此結為盟邦，為了共同的目標並肩作戰。如果奉派作此項工作的美國人，能把美國的自由、民主和工作效率介紹到亞洲混亂的政治內，那麼，他們所遭受的痛苦和不愉快，就不會白白浪費了。但是，高層的政策綁住指揮官的手腳，使他無法應付這個局面。

政治責任與軍事責任，全壓在一個人的肩膀上，人們期望看到這個人從無生有，創造出奇蹟來。史迪威將軍不是普通的軍人，他是西點軍校的畢業生，在第一次世界大戰中勛功卓著，在二次大戰之間的時期，他成為美國陸軍中步兵戰術的偉大專家之一。他的職務使他有二十年的時間都在中美兩國之間來往。他在第一次世界大戰後不久被派去北平學中文，後來中國話說得很流利，成了中國軍事的專家。中日戰爭在一九三七年爆發時他在華北擔任美國武官，親自考察這場戰爭的初期情況。以上所述，目前還顯得很普通。

史迪威具備職業軍人罕有的特質——他有遠見。他能夠在戰鬥的爛泥和污穢中抬起頭仰望天邊，他瞭解戰爭的運作方式。下達給他的那些粗率又不切實際的命令，要他重新訓練中國軍隊，這命令大可只是單調的例行公事，根本不必煩心，但一樣能得到榮譽和快樂。然而，史迪威不僅從指令之中看到自己的責任，也從全美國人民的觀點上看到自己的責任。他打算全心全力、民主地作戰，不容許貪汙腐化、口是心非或虛偽巧妙的外交詞令。

史迪威公共關係處的職員們，並不是什麼得力助手。他們認為這個老頭是一個生命精彩，也很討人喜歡的人物。在美國只要宣揚一下他的綽號「醋性子喬」，將他描繪成一位親民的哲學家、帶有美式幽默的冷面笑匠、上等的戰士就夠了，他精神之中的溫暖和慈愛則完全被略過不談。史迪威性格上的特點，在於他深信每個人身而為人的尊嚴和價值。他不是以複雜的意識形態來解讀生活，而是透國基本的美國自由主義來理解一切。他眼裡的中國農民兵，比中國軍官展現著更深刻的精神。他認為只有將兵士視為人來對待，他才能像個人一樣地戰鬥。他對中國農民和士兵有著無限的情感，他曾經目睹中國一九三七和一九三八年之間，那些毫無救藥的早期戰鬥，並堅信中國人的勇敢和堅毅是勝利的樞紐。同時，對於中國軍隊多年的貪污和腐化造成的一團糟的情形，在美國軍官中，沒有人比他瞭解得更清楚。

由於中國軍隊已經退化成一坨爛泥，他的整個計劃就是要餵飽、訓練、武裝他們，使這支部隊能在平等的條件下對付日軍，進而摧毀日軍。史迪威在中國的教育，始於珍珠港事變二十年以前，在他更早期的訪華任務之中。起初，他的當務之急在於留意個人之於整個戰鬥單位組織的影響。隨後，他瞭解到，若要使軍事上有所變化，必須澈底地改革中國政治和行政的中心。在就任中緬印戰區司令之後不久，他發現，不論美國承諾的援助也好，紙面上的脆弱的改革文章也好，加強個別的部隊也好，得到個別戰役的勝利也罷，都不能使中國重新獲得生命。現代化的軍隊，只能生存於現代化的國家內，而他認為，只有美國的政策積極的在重慶輔助民主和效率，才能促成這樣的現代化國家。當史迪威事件因此信念而形成之際，許多人視史迪威中華民國的敵人；然而在緬甸的美國兵，都知道這種看法是錯的。他們對史迪威的不滿，是基於另一個完全不同的理由——因為他們覺得他是一個「溫柔的愛人」，覺得他在叢林之中愛他底下的中國部隊，要比愛自己人美軍來得多。

在中緬印戰區內，史迪威是最偉大、最激勵人心的人物。他的誠實像一塊立定不搖的堅石。他在戰鬥中的貫徹的勇敢不容質疑，他性格上的單純，大大諷刺著人們期望他扮演的浮華角色。但是史迪威也有缺點，這個缺點源自於他的美德，他對於偽君子和表裡不一致的人的輕蔑，在外交場合中從不加以掩飾。他對待身份低微的人，態度則是大方有禮，但他那尖利的舌頭，卻像沙皮紙一樣，把倨傲的人的神經痛處，扎得體無完膚。他對待蔣介石如同對待其他軍人一樣，帶著充分的禮貌和尊敬，但沒有鞠躬之類繁文縟禮，他們兩人於是發生了激烈的衝突。

史迪威對部下展現的的信任與忠誠人盡皆知。他自己是位光榮的戰鬥軍人，他的戰鬥副手也一樣卓越。可是他不喜歡紙上談兵，做他的參謀工作的人們，因此對他不是很友善。他把年老、可靠但早已沒有用處的軍人留在部隊裡，這些人成了一種障礙。中緬印戰區從喀拉蚩延展到西安，這中間的距離，好比聖地亞哥到紐約那麼長，在這樣廣漠又複雜的戰區中，良好的行政工作是必要的。史迪威辦公室裡某些參謀人員隨便馬虎的工作方式，使他經常受到批評。

有一次一個美國軍官嘲笑道：「要解釋緬中印戰區的情形，即便只是要說明一些比較簡單工作關係，你還是需要一張三度空間的組織系統表，配上電線以及五種顏色不同的緞帶。」史迪威將軍身兼三職，他是中緬印戰區的總司令，由於這樣，他對華盛頓陸軍部負責，並且指揮中緬印站區內的所有美軍；在中國，他也是中國戰區最高統帥蔣介石的參謀長，在這個職務上，史迪威是對蔣介石負責的；在印度，他是一九四三年夏設立的東南亞盟軍總部的副司令，所以他也直接位隸屬英國海軍上將蒙巴頓爵士之下。中國戰區和東南亞戰區的分界線是模糊的。美國斯特拉梅耶少將（General George Stratemeyer）是史迪威部下的空軍軍官，他指揮著在印度的第十航空隊以及在中國的第十四航空隊（由陳納德負責），但他同時也對蒙巴頓爵士負責，因為他是東南亞統帥部的戰略空軍司令官。

在中國，蔣氏當然有他自己的參謀長——何應欽。何應欽是中國軍隊的參謀長，而史迪威算是中國戰區的參謀長。在印度，蒙巴頓爵士只是東南亞的指揮官，他的指揮區域包括錫蘭及尚未克復的地區。實際上，他以為印度為根據地，從印度汲取力量，並且在印度配置他的部隊——可是他在印度沒有指揮權。印度是由英印軍總司令奧欽來克爵士（Sir Claude Auchinleck）獨立指揮。中緬印戰區被在緬日軍的鍥子割裂為二，空運部隊就在這鍥子上面飛行，成了印度和中國兩個分離區域之間的樞紐。這個空運部隊由華盛頓指揮，和史迪威、蔣介石或蒙巴頓都毫無關係。這個部隊視自己為國際性的指揮部，戰區司令部不能干涉。在一九四四年，B29空中堡壘的第二十轟炸機隊進入中緬印戰區，這個轟炸機隊是一個巨型肥豬似的組織，消耗著大量的物品和汽油，而且除了華盛頓的亞諾德將軍（General Arnold），不受任何人管制。假如你覺得以上所述曖昧不明、含糊不清，那是因為戰場上根本沒有人澈底搞懂過。

上述這些人，沒有半個能和他人和諧共處，沒有人能彼此合作。這是一場戰爭，史迪威想要的，不過就是戰鬥而已。而且他不願意錯過任何打擊敵人的時間或機會，不管他在什麼地方，也不管他手頭有多少資源。史迪威固執著對日軍作戰的打算。緬甸的重新收復以及中國封鎖線的破滅，占據他所有思想和精力。而英國人、中國人以及美軍某些人，卻反對在緬甸進攻。

最主要的反對者是英國人。印度是他們整個帝國系統的基石，英國在亞洲之戰的目標，首先是保持在印度的統治權，第二是收復被日軍強奪去的殖民地。對英國人而言，中國不論從任何角度來看都顯得太過遙遠。由於對日作戰主要是美國的責任，他們覺得對日戰略也該由美國處理；如果美國的政治和軍事計劃需要打破中國的封鎖線，英國人覺得不同意似乎無禮，但他們只不過是同意而已，沒有提供充分的合作。

英國在印度有大量的資源可利用。他們有一隻英印軍，估計高達一百萬人，還有龐大的皇家空軍部隊（Royal Air Force），以及和中國相比之下，大得不可思議的工業組織。然而，印度政府大部分的精力並不是放在從事戰爭方面，而是用來維持英國的統治。印度可以挪出來從事反對軸心國戰爭的軍事力量，已被調去抵抗德國，因為在歐洲，印度軍不會受危險思想（也就是反抗英國的思想）感染。印度的英國人，正像中國的蔣介石，把大部分力量留著維持內部穩定。上述言論，對於那些真心相信自己是身處於反抗軸心國的一場偉大戰爭的英國軍對、軍官以及印度某些官員而言，這樣的斷言顯得太過倉促。在某些特別案例裡，印度政府和美國陸軍的合作值得稱讚。不過在那些英國的殖民地區，英國人因為自身的教養和性情使然，幾乎不可能全心全意地投入合作。

史迪威需要英國的幫助。他需要印度作為他衝入緬甸叢林的根據地。然而，緬甸和馬來亞的事變，一直讓英國人處在恐惶的狀態中。邱吉爾（Winston Churchill）覺得緬甸是個不適合白人去的地方，瘧疾太肆虐，氣候太使人昏沉疲倦。英國人不懂只有一隊中國衛兵以及幾師印度部隊的史迪威，是要如何在日軍輕易獲得勝利的區域內進行作戰。英國人除非在人力、物力上占絕對優勢，否則他們絕不願意在一個已經失去掉殖民地的地方展開任何戰鬥，而史迪威則想要能在兵力與敵手相當，甚至兵力較少時進行戰鬥。史迪威和英國統帥部爭辯了兩年，他設法刺激他們動起來，雙方的耐性鬧到快要崩裂。

在政治上英國的利益也和中美兩國的利益背道而馳。英國可不希望收復緬甸的是來自東方的中國人，也不要是外人美國人，他們想要緬甸二度成為自己的殖民地。為了重建他們的威信，英軍必須拿著當初撤退時帶走的旗子，重新占領緬甸。史迪威的政治顧問們以及他的戰區內的戰時情報局，很樂於在史迪威計畫收復的地區內，發揚為自由而戰的呼聲，但他們知道這是不可能的，因為他們怎樣也無法讓美國在亞洲作戰的動機變得單純。這種自由觀念——這場戰爭最初其實也是為了自由而戰——也會直接打擊英國的利益。英國人打著兩場大相逕庭的戰爭。在歐洲，他們為了人類的自由和消滅納粹奴隸制度的偉大光榮而戰；在亞洲，他們卻主張保持現狀、保持帝國主義，保持與自由分道揚鑣的殖民主義。

要分析中國人為何會反對史迪威計劃不容易，因為在理論上，中國人希望把日本的封鎖線粉碎，而且越快摧毀越好。他們確實也願意在緬甸作戰，但又不希望自己付出太高代價。如果他們只要簽訂文件和同意盟邦的決定，就能夠看到封鎖線打通，當然是舉雙手贊成。但當實現戰略需要具體的工作和有力的合作時，就變成另外一回事了。蔣介石十分樂意讓史迪威帶領隔絕在印度的中國部隊，隨便他們要幹嘛，反正這些部隊是由外國供養裝備的。至於要中國自己實行這樣的戰略，那就需要有自下而上的改革，而改革就會威脅到中國軍閥政治的微妙的平衡。中國人認為美國加入戰爭已經注定了日本的厄運。正如一名美國才子所說：「美國的珍珠港事變日，就是中國的停戰日。」中國人覺得他們只需等待，就可以等著看敵軍在美國的實力之前崩潰。

反對史迪威計畫的第三人是美軍內部。可以作為代表的是一個和史迪威同樣多采多姿，同樣抱有決心，同樣很受人稱讚也被人痛恨的人，此人就是陳納德。他是一個很特別的航空員，他毫無保留地主張空軍的重要性高於一切。由於他多次毫不猶豫地表露這樣的信念，最後被迫離開了美國陸軍，並於一九三六年來到中國。他留心觀察並分析日本空軍對中國和蘇聯空軍早期作戰的情況。一九四一年，他把幾架二流的 **P40** 機帶到亞洲，並且從美國帶來一批不守紀律的、勇敢善戰的海陸軍飛行人員，組織了「美國志願隊」（American Volunteer Group）。他把這個志願隊鍛煉成空戰史上最奇特的戰鬥部隊之一，名為飛虎隊。日軍空襲珍珠港的時候，他已有戰鬥準備。在整個太平洋上其他同盟國空軍被日本零式機打得七零八落時，陳納德的部下每天毫不留情地將日本人擊退。中緬印戰區成立後，陳納德又穿上了制服，成為准將，負責指揮中國空中戰術部隊，該隊後來成了第十四航空隊（Fourteenth Air Force）。

陳納德認為日軍能夠，而且一定會被空軍擊敗。他並不把中國看成地面部隊對日作戰的地面基地，而事看成空襲日本心臟地帶和海上交通線的巨型空軍踏腳石。他希望他的美國空軍在華東安設基地，從沿海地區出動空襲敵軍的船隻和港口。他覺得緬甸的戰鬥浪費時間。假如他能夠切斷日本的海洋交通線，日本在緬甸的駐軍就會由於飢餓而衰頹下去。隊陳納德來說，滇緬路打通固然不是壞事，但依然是奢侈之舉。他認為美國所有的供應品和精力，應該集中在空運物資進中國這項偉大的任務上，空運的物資首先應給十四航空隊，剩餘的再交給中國人，隨便他們怎麼使用。陳納德相信，一旦有了足夠的空軍，他可以使華東的日軍無法進攻他的基地，因為第十四航空隊可以作為疲憊的中國步兵的炮隊和掩護隊。

另一方面，史迪威認為空軍從屬於整體戰略。他認為中國若是沒有強大的陸軍，也根本守不住那座在華東設立來空襲日本的空軍基地。只有透過滇緬路運入供應品，將中國部隊武裝起來，中國部隊才能強大。因此，滇緬路應該有最高的優先權，這是阻遏日軍對我們空軍攻擊的先決條件。陳納德和史迪威兩人之間的失和，動搖了駐華的全體美軍。你要就是史迪威的人，要就是陳納德的人，要同時支持兩方跟走鋼所一樣難。這兩個人都是性格活躍、從不手軟的戰士。兩個人的部下都很差勁，樂於在私底下散播兩位上級指揮官的反目狀態。在本戰區所有高級人員中，只有「梅利爾突擊隊」（Merrill's Marauders）的梅利爾少將（Frank Merrill）曾設法彌補這個嫌隙。

當時，就是那座「駝峰」（The Hump）在中國造成意見衝突、影響著戰略，它也是各方爭奪的目標。若要確切明白中國這個跑馬場上，任何賭徒的喜怒哀樂，你就得去探悉中國最近從駝峰那邊收到了多少噸東西。這一條飛越駝峰的航空線，在兩年半之間一直是中國和美國以及其他盟邦接觸的唯一路徑。所謂的駝峰，就是自阿薩密至雲南高原的喜馬拉雅山的支脈，一九四二年春天起，運輸機開始飛越駝峰，每月載貨八十噸；到戰爭結束時，每月達到八萬噸。這期間內，駝峰曾使人們發瘋，曾害死不少人，使人們因害熱帶病而一蹶不振，還未抵達中國就遣送回美國，度過衰弱的餘生。美軍中有人把稱它「天上的地獄」。它確實是世界上最危險、可怕，蠻橫的空中運輸。沒有武裝的運輸機，要在二萬英尺的高度上熬過日本空軍、熱帶的雨季以及西藏的冰雪，通過五百英里毫無人跡的山嶺和叢莽地帶。「駝峰」指揮部有幾個月內損失的人和飛機數量，要比戰場上由它供應的十四航空隊的損失還多。一九四三年以前，四個指揮官相繼下台，最後，終於有一位哈定准將（Tom Hardin），他的傑出的意志能夠解決這些問題。

駝峰，是中國所有政治的鎖鑰。史迪威、陳納德以及中國政府激烈地爭辯著運到的東西應該如何分配的問題，在封鎖的大部分時間內，載運量平均每月不到五千噸。直到哈定於一九四三年秋天接任，載運量才開始上升：一九四三年十二月超過一萬噸，至一九四四年到達每月二萬噸。在戰爭中，即使每月一萬噸也算不了什麼，第八航空隊從英國大舉出席德國兩次所消耗的東西，要比整整一個月運入中國的東西多。駝峰物品的三個競爭者——史迪威、陳納德和中國政府——彷彿是困在圍城的挨餓之人。運入的全部供應品都還不夠三人中任何一個人的需要；再分成三份，根本只是苟延殘喘的口糧。這三個人一次又一次地向華盛頓呼籲，控訴他們的上級、部下或同僚的不公平；供應品分配的爭吵，甚至上達白宮。陳納德需要的物資越多越好，他要供應華中的前進基地，他的部下正在殲滅著日本的船艦。史迪威需要的物資越多越好，他要供應地上部隊，以重開滇緬路，使中國軍隊恢復生命力。中國政府也需要物資，使它的兵工廠以及民間經濟在最低限度的效率之下繼續工作。

美國政府曾一再答應增加飛越駝峰的噸數來應付中國的需要。但是駝峰航空人員再怎麼緊張，他們死得再怎樣英勇，也從來不能讓山另外一邊的被圍駐軍滿足。作為整個戰區的總司令，史迪威擔負著分配供應品的最後責任，誰的要求不能滿足時，誰就咒罵他，從要求著啤酒和女子軍隊（WACs）的普通士兵，直至要求銅和卡車的中國參謀本部，全都咒罵他。

亞洲戰略在珍珠港事變後一星期內，從羅斯福—邱吉爾白宮會議裡產出。當時同盟國打算守住新加坡荷印一線，並且經由滇緬路把供應品送入中國，使作戰恢復。一九四二年春天，即使整個東南亞盟軍的陣線崩潰，這個基本戰略也沒有改變，只是被往後推延而以。後來日軍切斷滇緬路，於是在援華計劃開始實施之前，必須先把該路重新打開。

當蔣介石獲得「中國戰區盟軍最高統帥部總司令」這一個尊貴的銜頭時，他要求一位美國人當他的參謀長。美國把當時在加州指揮著一個軍團的史迪威將軍挑出來，送到亞洲擔任蔣介石的參謀長，並指揮中緬印戰區內的所有美國部隊。緬甸之役中史迪威身陷重圍，步行行軍走到印度。這趟行軍中，他想好了後續兩年的計劃，並在一九四二年夏天把這些計劃增訂完成。

史迪威計畫的第一步是要訓練從緬甸逃到印度的中國殘餘部隊。日軍在中國側翼安設了緬甸前線的藩籬，所以這支部隊應該要成為攻破藩籬的先鋒，在緬甸北部離開日軍供應基地最遠的一點上進攻。在昆明，應該為中國人設立另一個訓練班，由美國人教授基本的技術，組織一支中國部隊，從國內打到緬甸去。這兩支部隊應以鉗形態勢進攻，一支從阿薩密北部的雷多出發，另一支從華西的怒江前往；兩支部隊會合時，就能切斷對中國的封鎖線。這兩個行動包含在一個更長遠的計劃之中。訓練中國人的第三個訓練班，應在桂林設立，這個訓練班將不如其他兩個完備，因為它缺少設備和人員，但它能將美國的技術傳授到東線大批步兵身上。這三支部隊以X、Y、Z（X-ray, Yoke, Zebra）為代表名詞，日後這三個字在中印緬戰區中變得非常有名。

這些部隊是史迪威計劃的基礎。在拉姆加，在印度中部炎熱多塵的平原上，他於一九四二年夏天開始訓練在印部隊，接著成立一所訓練學校。美國人向中國軍官傳授現代化的理論，讓他們演練炮兵和步兵；他們將通訊和獸醫的工作交給中國士兵。在印度，中國的軍隊第一次要吃多少就有多少，得到的餉銀是硬幣，而且還到鞋子、衣服、醫藥看護，甚至還有維他命藥丸。昆明的訓練學校於一九四三年初開學，該校的經費沒有那麼寬裕，伙食也沒有那麼好，大炮和各種重要武器也無從獲得供應。桂林的學校直至一九四三年年底才開幕，該校不過是把美國的作戰方法，囫圇吞棗地教給中國軍官而已。

整體戰略的時間規劃相當簡單。當緬甸出發的X部隊和中國出發的Y部隊會合，打通了公路之後，這兩支部隊在Z部隊的輔助之下，向華東的海岸前進。在那裡他們會和自太平洋推進，成功占領一個海港的美國海軍會合。於是美國和橫跨太平洋的直接交通線就可以重新建立，而日本帝國將被切分為兩半。各盟國雖然都同意此役的計劃，但是對於如何執行，卻從來沒有達成一致的意見。史迪威想要用手頭上的任何部隊，以最快的速度，竭盡全力地作戰。他想在一九四二年秋天在緬甸進攻，但英國人逼得他放棄這項計劃。他在一九四三年春天又想進攻，也再次被壓了下來。他百折不饒地要求打破日軍對中國的封鎖線，最後，在一九四三年，他得到聯合參謀部的認可，同意開始做收復緬甸的真正努力。根據開羅會議的計劃，英軍應在緬甸南部的海岸登陸，華軍應派Y部隊渡怒江挺進，而史迪威應率領X部隊穿過北緬的叢林，到達公路的會合處。開羅會議之後，一九四三年十二月間同盟國舉行德黑蘭會議，在那次會議上，史達林和美國人堅持英美全軍出動，渡過英吉利海峽，這項決策不得不推翻掉開羅的決議。要讓歐洲渡海作戰成功，英國就騰不出登陸艇去緬甸作戰了。因此，史迪威被派回中國通知蔣介石，擬議中英軍在緬甸南方登陸之計畫取消。

蔣介石雖然在開羅許下諾言，但他其實對緬甸戰事沒太大熱忱。現在他可有話要說了，他說如果英軍不登陸，中國就不在怒江前線發動攻勢。但對於在印度建立起來的三個師應該如何處置，他交給史迪威全權辦理——史迪威要打就打，要不打就不打，要前進，要進攻目標或停止進攻，隨他處置。至於史迪威，如今深信在德里或重慶爭辯或請求都不會有什麼結果，便決定自己單獨進行緬甸之戰。他飛到緬北，一九四四年正月間，從緬北發動那場史詩浩大的二百英里叢莽地帶的攻勢，直攻到密之那為止。

這個戰役的原始和恐怖，和世上其他任何戰役比都毫不遜色。不論叢林、疾病，還是敵人都冷酷無情。中國兵、美國「梅里爾突擊隊」、卡欽族的巡邏隊以及英國的騎兵們，在沼澤的潮濕和炎熱氣候中撲殺日軍或被日軍撲殺，長達五個月之久。史迪威穿著骯髒的卡其服，吐著菸，帶著一頂低到眉心的舊式軍帽，幾乎無時無刻都置身在能聽見槍砲之聲的範圍內。從一九四三年十二月下旬至一九四四年五月間，他除了少幾幾天在德里或重慶處理必要的公文以外，其餘時間都留在叢林裡。到了四月，當這一戰——出乎所有人意料之外——接近勝利時，蔣介石便答應發動攻勢渡過怒江支援緬甸。

有些人認為史迪威理應坐在司令部的書桌前，他應該待在高檔的外交圈子內，或是待在戰區內的行政工作上。但史迪威可不這麼覺得，他覺得緬甸一仗非打不可，而且目前除了他自己，沒有人願意打；再也沒有第二個人具備他那樣的信念、意志或精力，足以迫使毫無經驗的中國師團通過叢林，打敗老於行伍的日軍。對他而言，他要向全世界證明中國人能打仗，而且能夠打敗日軍，整個戰區中再沒有比這塊地方更要緊，任何作戰努力都沒有粉碎封鎖線來得重要。

在中國戰爭史上，緬甸之役是傑出的一戰，是中國軍隊在八年抗日戰爭中唯一的勝利。

一般駐華美軍對於陸軍上層的政策鬥爭所知甚少，也不大關心。他們伙食差，睡在臭氣撲鼻、老鼠猖獗的中國招待所裡，他們要和炎熱、泥垢、疾病奮鬥。沒有人有閒功夫去跟他們解釋自己是為何而戰。他們所知道的，都不超出日常生活的例行公事，而這些例行公事令他們厭煩。他們把美國政府叫作「呆瓜大叔」（Uncle Champ），把蔣介石叫作「姜克爾傑克」（Chancre Jack）[9]，把孫中山叫作「孫散忒山姆」（Sunset Sam）[10]。把所有的中國人都叫做「歪頭王八蛋」（slope-headed bastards），平日對話中則直接簡稱為「懶鬼」（slopy）。

所有美軍進入中國的第一站，是雲南的省會昆明。在戰前，昆明甚至比重慶還落後，該城的大街窄狹、小巷污穢。該城是全國鴉片煙商的強固據點之一，直至戰爭開始時，城內的娼妓被圍在一條兩頭有著鎖鏈的街上。有錢人家購置少女為奴隸，操作家業。這個省份由一位奇怪的人物統治著，他名叫龍雲，他是國民政府內最疏遠、最動搖的支持者之一。龍雲不喜歡蔣介石，但他在該省內的權力如此強大，以致蔣介石在對日勝利之前都不敢動他。在勝利之後兩個月內，蔣委員長發動一個勇猛的襲擊，占領龍雲的省會，將體面掃地的他帶到重慶。

戰爭將二十世紀的兩種產物，投進這座中世紀的污池中：臨時遷移的頂尖大學，以及全國最精明的金融、商業投機家。兩者都需要省主席的庇護，因為校內那些自由主義

9 乃仿 Chiang Kai-Shek 之音而取
10 乃仿「孫逸仙」之音而取

思想的教授們，形成一個有節制但聲浪浩大的反對蔣介石獨裁政權的團體。投機家們則是因為那些肆無忌憚地進行黑市投機，而在蔣介石統治下的城市內獲得無數財富。在美軍開始入侵昆明時，妓女從鎖住她們的街道上釋放出來，吸食鴉片成了地下活動，該城獲得了表面上的體面。

美國人抵達該城時，大多是在城南一座大飛機場降落。有兩、三年的時間，這個機場是世界上最繁忙的機場之一。那裡吸收駝峰運輸線的大部分工作、中國民間航空線的全部工作、中國航空公司的貨運及郵件，以及十四航空隊的戰鬥工作。這是一個充滿快樂的地方，緊鄰著南邊一座長形碧綠的湖，躺在一座名為老禿山的高聳崖石下。百分之九十以上的美軍，第一眼在中國看見的風景就是老禿山，離開時，往後望見得也是老禿山。你躺在跑道旁邊的草地上，眺望天空，隨時都會看到各種飛機，C54 和 B24 式、L5 和 L4 式等等，混雜在擁擠不堪的半空中。除了雨季時的大雨會造成完全停航，這個機場沒有一刻聽不見飛機馬達的吼叫。

距機場數英里，散布著供應給美軍人員的十五間招待所，每間招待所有五至十幢的房屋，駐華美軍七萬人中，大約有一半人曾經在昆明招待所裡住過或長或短的時間。這些招待所是由中國政府經營，中國政府設立了一個特別的供應部，專門招呼、供養美國人。若按照中國標準，這些招待所是雅致的模範，暖和而且乾燥，食物對中國人來說也是絕佳上等。中國盡最大的努力，供應他們認為美國人會喜歡的雞蛋、雞、豬肉和蔬菜。

對宿舍裡的中國侍僕和守衛房屋的中國兵而言，美國人桌上的湯汁，都是可以給皇帝吃的。可是一般美軍用不滿的眼光看著他們的食宿狀況。一間房子擠著六至八人，他們擠在雙層床上，鋼盔、防毒面具、軍用袋在這個小房間中，與灰塵和混亂一起翻滾著。膳堂裡的骯髒、油膩使美國人作嘔，可是這些膳堂要比中國軍隊自己的任何膳堂乾淨。在膳堂吃飯的美國人，幾乎每一位都得過腹瀉或痢疾之類的疾病。在兵營中，美軍大叫著、咒罵著，把自己的怒氣發洩在中國勤務兵身上。

後來有一處美國司令部鄭重地貼出告示：「在任何情形之下，美軍人員不得毆打、腳踢或虐待中國人員。這些行為並非本部所允許。」

在戰前，昆明向來是名勝之區。該城海拔六千英尺，大半年裡天氣愉快而晴朗，那醉人的太陽和天空，永遠帶來令人頭暈目眩的快活。美軍在白天工作，通常在天黑以後才會見到這座城市。一週總有一兩天，美國兵只要逮到機會就會混入城內尋找酒、女人和娛樂，進城後，中國的小販和導遊就會把他敲詐精光。飯店裡水牛肉的牛排一客要賣五塊美金；威士忌在黑市裡是美金五百多元一瓶。幸運的軍官們能認識一些會講英文的女大學生、看護或紅十字會的女孩子。普通兵士們若想親身去體驗軍官們口中關於中國婦女的事是否為真，就只有嫖妓一途。於是，得性病的機率變得奇高。駐昆美軍的娛樂中，也包括看電影、賭錢和醉酒。電影院播的都是舊片，而且很難看。他們賭撲克，賭注有時高達數千數萬元。空軍裡有人湊來一些機件，做成一些小的蒸餾器，從黃糖之中蒸出惡劣的酒汁來，大部分人喝著中國的茅台、白乾、黃酒和番薯製的酒。珍貴的駝峰運輸機無法多出噸位來載運啤酒、燒酒和一般飲料。戰地服務的劇隊也非常少，加上路途遙遠，有名的劇團很少會到中國來。當他們到來，除了一些少數受歡迎的劇團，譬如佛根保和奧勃倫劇團（Jinx Falkenburg and Pat O'Brien）以外，這些團員總令接觸他們的人感到不愉快。

如果昆明的生活不順遂，那麼那些漸漸在全中國設立起來的數十個前哨裡，生活則是惡劣。Y和Z部隊裡頭的美軍人員，分成官兵四、五人的小組，分布在整個南方前線。這些人和中國戰地的團部、師或軍部住在一起。美軍每一個小組包括一個電台、一輛吉普車、幾個士兵、一兩個軍官，以及幾箱乾糧；每組有一個中國譯員，通常還有一個中國廚子。他們在沒有人跡的農家屋子內生活，寺院、稻田，以及森林都是他們的床。他們和中國人一起在塵土中跋涉，爬過泥濘難行的山間小路，拍打著蚊蟲，學著吃米飯，學著去喜歡米飯，彼此之間互相憎恨或互相憐愛。有些人終於漸漸認識那些和他們相處的中國人，對他們懷著鍾愛之情，但大部分人並非如此。

空軍人員戰場上的生活要比昆明好得多。陳納德認為權責應該要分擔出去，讓他的部下有一定程度的領導權。他把華中戰事付托給美國最年輕的將軍之一，此人名為汶遜（Clinton "Casey" Vincent），僅有二十九歲；他把同樣只有二十九歲的希爾上校（David "Tex" Hill）派在他的部隊裡，作為他的代表。他將攻勢交給這兩位年輕人處理，兩人他們都是頗有戰績的戰鬥飛行員，他們讓十四航空隊前進部隊的威名，叫敵人聽了求饒。他們從華東的基地出發，擊沉了五十萬噸以上的日本船艦，並且把長江以南的日本空軍趕出天空。

前進部隊的司令部位於桂林，東方最可愛，也最被人忽略的城市。和昆明一樣，該城也有一批中國自由主義者住在該省軍閥的庇護之下，刺激著蔣介石的中央政府。對那些有腦袋的美軍來說，該城內有高尚的談話；對粗俗的美軍來說，則是有女人。桂林有各式各樣的漂亮女人，胖的、瘦的、高大的、嬌小的、結實的。在日本進占之後，香港的有名妓女逃到內地本鄉，其中大部分人回到桂林，重操舊業；她們穿著絲織衣服，有著象牙似的美麗胴體，帶著全然的熱誠面對自己的職業。該城有兩個妓女區，一個是在橋東，因性病率太高，美國人員不准去。另一個區域就是大街本身，大街上每天夜裡擠滿著少女，深夜二、三點鐘，尖聲呼喊、大笑歡樂的交響樂仍在奏著，在這個荒誕不經的城市裡，沒有所謂的廉恥。旅館內滿是等候美軍的女人，她們以真誠的熱情喜歡著美國人；她們學會美國話、美國解剖學上的名詞，以銀笛一樣的聲音，講著各種粗話，這使得粗話的骯髒之感大為減色。自然而然地，日本的間諜們越來越澈底地滲入娼妓之中。而美國的反間諜人員要在十四航空隊這個主要的戰鬥基地內，想阻止情報的洩漏，不免感到焦躁又無力。

幾乎每個美國兵和大部分軍官，都有著相同的固執想法，他們輕蔑、討厭中國人。美國多在空軍、軍需處或訓練班內服務。他們極難有機會看到前線的中國兵，看到中國部隊毫無援助地正面對敵作戰，或是死在步行中，曾經目睹這些的美國人不超過幾百位。他們之中很少有人瞭解，也不關心中國農民如何生活，他們只看見中國政府裡貪污的官吏、黑市場的投機者。他們眼中的中國人各個貪污、沒有效率、不可靠。他們看到黑市場上堆滿著帶有美國陸軍標識的貨品，他們知道這些貨品是美國人冒著生命危險，飛越駝峰運進來的，卻被違法地流入商場。他們完全沒有辨別力，認為中國人民和中國政府沒兩樣。他們看到中國農民和農兵的污穢和無知，不僅沒有激起他們的同情和憐憫，反而激起了憎厭之感。美軍住在寂寞、無知的荒原上，離家一萬五千英里；他們把所有的痛苦，都歸咎於四周的中國人。

煙霧騰騰的謠言之海，淹沒了美軍官兵。那些每一次轉告就更被誇大的故事，在彼此間互相傳著。他們真的相信中國人把幾千架飛機藏在山裡頭，雖然中國空軍只有幾百架破舊和無用的飛機，由於缺乏零件而躺在地上。他們相信中國把幾百萬桶作戰的汽油，囤積在北方對付共產黨。他們由衷地相信，美國給中國政府的全部東西，都被賣給商業投機者了。每位美軍都認識幾個他喜歡的中國人，大部分人也喜歡中國的小孩子。小孩喜歡和勤務兵開玩笑，在他們身上，軍官們體驗到他在文明的中國家庭中，找不著的誠實友誼。可是，每個人都把他所認識的幾個中國人當作例外，不屈不饒地咒罵著其他被他看輕的中國人。這種憎恨深刻入骨。一九四四年大撤退時，當時十四航空隊在華中的所有基地紛紛失守，有一個軍官說：「上帝，在我離開之前，我真想殺掉幾個『懶鬼』。」

美國人這種未開化的態度，是這個悲劇國家中最大的悲劇。沒有人設法向他們解釋這場戰爭，也沒有人讓他們意識到，中國人和他們沒有兩樣。高級外交讓美國兵無法得知中國人民甚至比他們更嫌惡貪汙，畢竟貪污對當地人民來說影響更大。最後，也沒有人設法區別良善的中國人民和差勁的中國政府。緬甸之戰結束時，有人請來新聞記者向美國傷病兵談話。在密支那的醫院裡，這一席話差不多談了兩個鐘頭，之後，有一個傷兵說：「你知道，這可是我第一次聽到有人說中國人的好話呢！」

Chapter 11

人吃人的河南災荒

The Honan Famine

饑荒和水災是中國的憂愁之源。從洪荒的時候起，中國的編年史一直以無可奈何的語調，記載著這些重複發生的災難。中國歷史家在他們的史書上，依據歷代皇帝們應付和控制災難的緊急事變能力，評價過去偉大的各朝代。在對日作戰的最後幾年間，這樣的一個災荒蹂躪了北方，考驗著蔣介石的政府。河南大災荒故事滾入重慶，好像隨風飄入的柳絮。誰聽說到一點事實，這些事實就變化為片片段段的閒話：「我聽見一個河南來的人說……」「我讀到一封洛陽來的信說……」「在西安，他們說……」謠言四溢，可是沒有確訊，有的只是這些用中國話傳遞的不祥語調，彷彿是大風暴來臨前的黑暗。一九四三年二月，中國最獨立的重慶報紙《大公報》，他們對河南人民在中國歷史上最慘的一次饑荒中的痛心切骨，登載一篇真相報告，隨即遭政府勒令停刊三天。

《大公報》的勒令停刊，引起許多外國記者的注意力。我決定到河南去，倫敦《泰晤士報》的福爾曼（Harrison Forman）也在同時作了相同決定。飛機將我們從重慶多霧的機場運出去之後五天，在一個寒冷的的黎明，我們抵達一條由西安往河南的鐵路殘線。鐵路盡頭，幾十家飯鋪聚集著，每家都發出油炸食物的撲鼻香氣，炭火中吹出的綠色火焰，不時輕叩著黑暗的夜。

黎明來得很慢，像一個黑暗舞台慢慢地亮起。農民們露宿在車站附近幾里內，正在等候下一輛火車把他們帶到西邊、帶向食物。他們大部分人前來時所坐的火車，曾經在黑暗中被日軍的炮彈偷襲。敞車、有蓋火車和破舊的客車都塞滿著人們，有些人靠在一起，緊張地坐在車頂上。在凍結的寒冷中，火車衝過危險地帶時，緊抓著車頂的手指變得麻木，弱一點的人倒在火車輪下。那天下午，我們沿著同樣的道路，看見許多破碎、流血的肢體躺在鐵軌旁。不過，大部分農民是用自己的力量步行、坐騾車、推著小臺車來到這裡。這個車站是河南省的大出口，是北方的日軍和南方的群山之間一個窄狹的噴泉，難民們在這裡聚集，然後繼續走向西方的救濟機關。

人群裡瀰漫著沖天的臭氣：乾掉的汗味、小便，以及人類共同的臭味汙染著早晨。農民們在寒冷中瑟瑟發抖，他們灰色和藍色的破衣裳，在朔風之中飄搖著。偶爾會出現幾位皺紋滿臉的婦女，她們身穿汗斑點點的嫁時衣裳，零星的紅色與其他單一色調相比顯得突兀。嚎啕大哭的嬰孩，身上那件惡臭的猩紅色袍裙，引來人們不時的注視。每次呼吸都會呼出煙霧，鼻子則流著清水。萎縮的臉孔上，眼睛好似黑色的傷口。腳用破布包著，頭上則圍著褪色的骯髒手巾。

再過去五十里火車不會經過，這一段鐵軌完整，臺車可以在白天高速走過，可是敵軍的大炮控制著這條路。北邊，日軍占領著黃河北岸的山峰；南邊，華山山脈鋸齒形的高峰聳入雲霄。而這北南中間的地帶，像打穀場一樣平坦，一片灰濛濛，沒有太陽的雲幕，使它的荒涼難以形容。一串串念珠似的人正在穿越這個平原，永無止盡的行列，出現在地平線那一頭。蜿蜒田間的小路上，行列靜靜地走入灰色的遠方。中國的人群通常都是嘰嘰咕咕、愉快地像水銀一樣流動，不時響起此起彼落的笑聲和咒罵聲。可是悲愁和霜雪已經將這些人凍結成緘口無言的人群。他們提起一隻腳，又提起另一隻，機械般的不再思考，像牲口般步履艱難地走向遠方。在遠古時期，原始人類也許就是這樣從寒冷和饑餓的史前土地，遷移到食物充足而氣候溫暖的他方。

路上佈滿一小群一小群的人，全部重複著相同的事：每小時內有數十次，父親推著小車子過去，母親在前頭用一根繩拉著車，坐在零亂物件上的孩子，有時不吭聲，有時哭。女人橫坐在騾子上，手裡抱著小孩，像個不快活的天使，父親則在後面用棍子趕著騾子。老太婆用小腳跌跌撞撞地走，有時拐到腳跌倒，沒有人會去攙她起來。有的老太婆由兒子強壯的肩頭背著走，用煤炭一樣烏黑的眼睛凝神望著殘酷無情的天空。年輕人單獨走著，步伐較快，將所有的家當包起，扛在肩頭上。路邊簡陋的墳墓，說明一些衰弱的人曾在這裡倒下。有的時候一家幾口人站著，在沉默的困窘之中，注視著一具屍體。小孩子像老人一樣撐著拐棍，有的小孩子背著的包袱和他的身軀一樣大。有些孩子像在夢遊，他們那雙不看任何東西的眼睛，彷彿已承受了千年之苦。所有人的後方，寒冷的風從災荒之區吹過來，揚起塵土，追逐著他們向黃色的平原走去。逃荒持續了好幾個星期，而且還會繼續。

五小時後，我們抵達開始會有火車會通過的地方。鐵路當局為我們準備了一輛專車，把我們送到河南的省會洛陽，上午就到了洛陽。洛陽天主教會的主教，是一個好心腸的美國人梅根，他擁有來自各方的報告，關於次饑荒他比北方任何人知道得還多。梅根客氣地招待我們，供我們熱食，並且在兩天以後，陪我們乘馬出發。我們的目的地是鄭州，有三天路程——一天坐卡車，最後兩天騎馬。

路上每一座城市，至少都有一家飯店開著，服務著錢袋仍滿的人。有一次，我們在這樣的飯館裡點了一頓飯，面對味道香濃的食物，我們卻食而無味，因為飢餓的人們站在爐子旁邊顫抖，聞嗅著食物的香味。他們的眼睛跟隨我們每一口熱氣蒸騰的飯，從嘴到碗，從碗到嘴。我們走到街上時，小孩子跟在我們四周叫著：「可憐，可憐！」假如我們從衣袋裡拿出花生或乾棗，聚在旁邊的小乞丐們就會將東西從我們指頭上迅速搶走。他們淚痕滿面、皮膚烏黑，寒冷之中瀕於絕望的臉孔，使我們感到慚愧。中國孩子健康時是美麗的，健康時他們的頭髮閃著漂亮自然的油亮光彩，他們的眼睛像杏仁一樣閃動。可是這些瘦得不像樣的人，那原本應該是眼睛的地方，成了滿是濃水的窟窿，營養不良使他們的頭髮乾枯，飢餓弄得他們肚子鼓脹，天氣吹裂了他們的皮膚。他們的聲音已經退化為只會乞求食物的哀啼。

小村莊比市鎮更糟，那裡的萬籟俱寂使人發毛。人們躲避著慘絕人寰的飢荒，彷彿在躲一支向他們直衝而來的野蠻軍隊。空洞的村莊發著回聲，街道是條沒人管的糞土堆，門和窗戶都被釘上，房屋無人居住，細小的聲音擴得又大又遠。村中較隱蔽的地方，一個嬰孩的哭聲，甚至要比我們的馬蹄聲還大。兩位孤獨的女人，在一條鬼魅出沒的街上吵架，她們尖利的聲音要比農村市集的喧嘩還刺耳。

路上有死屍。一名還不到十七歲的女孩子，瘦削而美麗，躺在潮濕的泥地上，嘴唇泛著慘淡的藍，雨落在她睜開的眼睛上。人們削下樹皮，在路旁舂碎做食物。小販出售樹葉子，一塊錢一把。挖著墳墓的狗，把人的屍首翻了出來。鬼魂般的人們，在池塘的死水裡撈取水上的青苔來吃。我們策馬前行，設法在第三天晚上到達鄭州。薄暮降臨時，天空降下輕飄飄如粉末的雪。有一次，我們的馬在一塊田地上突然躍起，急劇地避開兩個人，他們緊緊地靠在一起躺著，在悲涼之中哭得聲嘶力竭。我們進入鄭州城時，積聚的雪已經高到能將馬蹄聲包裹起來。

早晨的鄭州城是一座雪白的荒墓，居民像灰暗的遊魂。死亡統治著鄭州，因為饑荒集中在那裡。在戰前該城有居民十二萬人，現在已剩不到四萬。該城曾被日軍轟炸，被炮擊占領，因此帶著前線城市遭破壞後的氣息。瓦礫堆在溝渠上，大房子沒有屋頂，向天空張開口。大雪披在瓦礫和廢墟之上，彷彿一件蓋掉任何聲音的外套。我們站在大街的口上眺望荒涼的道路，卻什麼都看不到。偶爾會冒出一個人，穿著風吹抖動的破衣，在家門口蹣跚著。注意到我們的人會將我們團團圍住，攤開雙手祈求叫喊著：「可憐，可憐！」直到這個聲音在我們腦中迴盪不去。

生死使我們困惑。有一個人在小街上推著小車，車上載著一名無力的人，衰弱的軀體穿著藍色的破衣，裸露的腳上滿滿都是瘡。這具軀體顫動著，好像還活著，但那輕輕搖晃的頭，不過是道路崎嶇的反映，他已經撒手人寰了。還有一些人躺在溝裡，我們搖了搖一、兩個人，確認他們是否確已經死了，其中有一個人微微地動了一下。我們把一張大鈔放進他的手中。他早已麻木的手指握著這紙鈔，但這只不過是反射動作，接著他的手指慢慢攤開，紙錢在他的張開的手掌上隨風抖動。另外一人躺在那兒呻吟，我們搖動他，設法讓他站起來。我們向旁邊的一位女子求助，請她一起把這個人搬到難民所去，這名女子衣衫襤褸，緊抱著一個嬰孩。我們也給她一張紙鈔想說服她伸出援手，當她伸手的時候，孩子跌進雪中，可憐兮兮地哭了。最後，我們終於將這三個人都送到難民所，與我們同行的天主教神父說：「至少要讓他們像人一樣地死去。」

新教徒傳教士和天主教牧師們共同管理著美國的救濟費，許多老百姓的故事是從他們那裡聽來的。強壯的人逃得早，目前留在這裡的人都老弱不堪，頂多還有少數幾個留下來看管明年春天將成熟的麥子的人們。老百姓削掉榆樹皮，碾碎後當食物吃。有的人將新麥連根拔掉，在另一些村子裡，人們將花生殼搗碎來吃。路上可以看到難民們拿泥土往嘴裡塞，填滿他們的肚子，教會醫院裡住滿了腸胃病的病人，病源是他們吃下肚的髒東西。

新教徒傳教士們的信件裡，記載著災荒初期的情形。最初的遷徙是在秋天開始，饑餓的農民們和他們的老婆及小孩，曾經群聚起來強行闖入富人的家，拿走他們帶得動的任何東西。他們衝進麥田，搶走田裡的穀物。饑餓燒掉人類最基本的感情，一對發了瘋的夫婦，把自己的六個孩子綁在樹上，方便他們夫婦離家去找食物。有一個母親帶著一個嬰孩和兩個較大的孩子，為了覓食外出長途跋涉，因為非常疲倦，母親叫兩個較大的孩子往前走到下一個村子裡找食物。孩子們回來時母親已經死了，嬰孩還在吮吸著死去母親的奶。甚至在一陣混亂之中，父母會將孩子們殺死，不想再聽他們嚷著要東西吃的聲音。有的家庭把所有的東西全賣掉，換最後一頓飽飯吃，然後再自殺。武裝的攻襲和劫掠，在鄉間好像傳染病一樣地擴散。教會人員盡力去救起路上的棄兒，可是他們只能偷偷地做，因為教會能照顧挨餓的孩子的消息要是傳出去，丟在他們門前的孤兒，會多到讓他們無計可施。

到了春天（我們來的時候），行動比較積極的人已經逃向有糧食的西方。留下來的人則在絕望之中彌留著。如今教會的報告開始提及一件更慘的狀況——吃人。一位醫生告訴我們，有個婦人在煮著她的孩子時被捕，但她不覺得自己有錯，因為她堅稱這孩子在她開始煮之前就已經死掉了。另一個女人在割掉她死去丈夫的腿時被捕，也被認為正當，理由是那男人已經死掉了。山區裡還傳出更恐怖的故事，說人們在偏僻的路上抓難民，把他們殺掉後，吃他們的肉。這其中有多少僅是駭人的謠言，有多少是事實，我們無法判斷。但同樣的故事到處都是，使我們不得不承認這些話不虛傳：在河南，人類吃著人類。

河南是一個豐饒的省份，在戰爭以前，該省滋養著三千萬左右的居民，他們竭力耕種肥沃的黃土，土地和人口的比例，直逼馬爾薩斯（malthusian）人口論裡的數字極限。主要的收成物是春天的麥子，農民在晚秋下種，五月中收割；次要的穀物則是小米和玉蜀黍，會在麥子收成之後種下，收穫期在秋天。一九四〇和四一年的收成不好，弄得他們青黃不接。一九四二年春天，麥子因為缺乏雨水無法生長。但政府照樣徵實，將春天的麥子收走，也就是說這一季裡所有的麥子都被收去了。省當局愉快地向人民保證雨一定會下，農民剩下一些小麥和玉蜀黍來填充飢。可是雨沒有來，一九四二年的整個夏天，天氣老是密雲不雨，穀物在禾稈上枯萎。當秋天來臨秋天，該省是一無所有了。

西方人有現代化交通建設，還有世界經濟能仰賴，數十年來已經忘記飢荒是什麼模樣了。可是在東方，千百萬人仍舊依靠著他們步行一天所及的土地所能出產的東西做為主食，饑荒是一個會重複出現的生命威脅。應付饑荒只有兩種辦法，兩個都很簡單，但都需要有無比的決心和果斷迅速的執行：一個辦法是盡快地將大量穀物運到受災地區；另一個辦法是盡快地將大量人民運出受災地區。根本不需要什麼智慧就能預測飢荒的來臨，假如沒有雨，就沒有收穫，假如沒有穀物生長，人就會翹辮子。

但中國政府卻未能預見災荒的到來。災荒來了之後，又未能及時動作。早在十月間，災情的報告就已經送達重慶。十一月間，政府派兩個視察員到河南去，他們回來時報告當地危機嚴重，刻不容緩。政府為了應付此事，撥出兩億元紙幣當作救濟金，並且訓令省當局減輕賦稅。重慶的銀行把成綑的紙幣裝進卡車，叫一隊卡車運紙幣到災區去，但卻並沒有運糧食。不過要把大量的穀物由華中經過崎嶇、山嶺重重的路線運到華北和河南，確實是不太可能。但河南省界外就是陝西省，而陝西存糧是很充足的。為了避免災禍，有能力的政府應該立刻下令把陝西糧食運去。可是為了河南而犧牲陝西，會破壞政府認為不可缺少的微妙勢力平衡。另外，穀物也可以從湖北運到河南，但湖北的戰區司令不准。

河南賑款到得很緩慢。我們三月間到河南時，撥出的二億元中只有八千萬到了省政府。這一筆錢也沒有被妥當處理，政府官員們將此款留在省銀行裡生利息，喧嘩地吵著該作何用途。在某些地區裡，稅款分散給農民，甚至國家銀行都得克扣賑款。中央政府發出的賑款都是票面國幣一百元的票子——因為一斤麥子只需要十六至十八元，那票面並不大。可是當地囤積者拒絕人們以大票購糧，農民要買糧食吃，必須把百元票兌成五元和十元的票，所以非要去國家銀行去兌換不可，但國家銀行卻獅子大開口，大票子換小票子要抽取百分之十七。河南人民要的是糧食，直至三月為止，政府供應了大米一萬袋，雜糧二萬袋。平均下來，秋天起一直在挨餓的一千萬人，每人差不多只有一斤。

賑濟工作的既愚蠢又沒效率。這場恐怖的悲劇，因為各地官員的處理方式而更加悲慘。正如我們所看到的，農民瀕臨死亡邊緣，他們死在大路上，死在山裡，死在火車站旁邊，死在自己的泥屋裡，或死在田野間。農民必須付的錢稅並不多，基本的賦稅是徵實，徵取他所收成的一部分穀物。即便重慶立下好聽的減輕賦稅的決議，軍事和地方當局卻想盡一切辦法來勒索賦稅。各縣政府要求農民繳付的穀物，要比他田裡實際出產的穀物還多。徵實狠心地將那些吃著榆樹皮的農民的最後一袋穀種繳給稅局。餓到連走路都有困難的農民，還必須繳馬料給軍隊，這些馬料比他們塞進自己嘴裡的髒東西還要營養。繳不出東西的農民被逼得無路可走，他們賣掉牲口、家具，以及土地，換錢來買穀以交納稅款。最可怕的是土地投機的風氣，西安和鄭州來的商人、政府小官員、軍官以及仍有糧食的富有地主，拚命以低劣的低價收買農民老祖宗傳下來的田地。土地的集中和脫售同時進行著，和饑荒成正比地激烈進行著。

若依美國人的標準來看，中國政府的官員們生活並不算奢侈，但他們餐桌上飄著熱騰騰的饅頭和新鮮肉類的熱氣。國民黨黨務機關的最下級的雇員，每天從稅款之中抽取大約四磅麥子。我們回到重慶提起這些事，卻全部被否認掉了。一些人告訴我們，大部分在中國的外國人經常隨便輕信各種事。甚至河南省的主席，當在我們在他那間舒服的辦公廳進行採訪時，也說我們誇大事實。他說：「怎麼會呢？只有富人才需要交納全部賦稅。至於窮人，我們向他們徵收的，不過就是土地產出的東西而已。」情況慘不忍睹，但與收稅同時進行的貪汙則更不可理喻。徵收穀物的軍官和當地官員認為抽稅是他們薪水的補貼，是搶劫的特權。每個月在稅款分配之後，高級軍官們就把多餘的穀物分散送到市場上出售，得款飽入私囊。這種不法抽得的穀物，實際上是市場上穀物的唯一來源，而控制穀物的敲詐者，把價格抬得像天一樣高。甚至用美國錢工作的美國救濟當局，也被迫請求軍官們購買這些私囤積的糧食，再分配給農民，而那些糧食最初就是從農民那兒勒索來的。賣穀物的軍官們，絕不會為了人道而稍作讓步；按照當時的匯價以及河南災荒中的價格，能在美國購買六十斗麥子的救濟款項，在中國只能買一斗。

這些並不是從報章上收集得來，而是從農民口中得知。我們曾經設法跟某些老百姓談話。有一晚，我們住在一個軍司令部，一群中年人前來訪問我們，說他們代表當地社會。他們起草了一個條陳以及一個報告書，希望我們帶到重慶去，各印成兩份。報告書上說，全縣十五萬人中，十一萬人沒東西可吃，垂死的人每天大約有七百人，死掉的人每天也有七百左右。饑荒開始以來，政府發放的救濟品為麩皮一萬斤。我們和這群人的領頭談了一下，並問他是否擁有田地？是的，二十畝。收穫多少穀物呢？每畝十五斤。抽稅要抽多少？每畝十三斤。

指揮官和一些軍官及兵士在旁仔細地聽著。那個指揮官是一個將軍，他忽然暴怒，把那個人叫到一旁，我們聽到他用很響的耳語斥責這位農民。於是農民回到我們這邊來，說自己剛才說錯了，抽的稅其實每畝不過五斤。那將軍要求我們把報告書退回。我們退回一份，但將軍堅持另一份也要退回。我們默然以對，在昏暗之中，可以看到那位老人在發抖。我們心裡清楚，待離去後，我們的過錯都會歸在他身上。而且我們自己也很害怕，只好交回報告書。

從此之後，我們盡可能在沒有任何官員在場時和老百姓談話。不論什麼地方，同樣的話語重複著同樣的呼籲：「停止徵稅吧，饑荒我們受得了，但賦稅我們吃不消。只要他們停止徵稅，我們是能夠靠樹皮和花生殼活命的。」在某一區的一位將軍曾經跟我們說，他奉令本年度要徵收四十萬斤穀物，但是該區的總收穫量只有三十五萬斤。他是從什麼地方找來其餘的五萬斤呢？一個寂寞的鄉村裡，我們看到有一個人正在吃一種薺麥麩、樹葉和樹皮的混合品：他田地去年收成的五百斤的麥都被政府徵去了，但這些還不夠，於是他賣掉自己的耕牛和驢子彌補不足。

在馬背上旅行兩個星期，我們每天都和農民及小官員談話。這趟旅行中下得雪滋潤了土地，下一季的春麥似乎長得又高又好。這些麥子以兩個月後就有食物的約言嘲笑著農民。有一個老人說：「不錯，很好，但誰知道到能吃的時候我們是否還活著呢！」

我身邊還留著一張菜單，那是我們離開的前一夜，鄭州政府長官們宴請我們的酒席，菜名如下：蓮子羹、辣子雞、栗子燉牛肉，此外還有炸春捲、熱饅頭、大米飯、豆腐煎魚等，還有兩道湯、三個餡餅，餅上灑滿了白糖。這是我平生吃過最精緻、最不忍吃的一桌菜。

依據我們認為最可靠的訪問和數字派段，粗略地估計了一下。河南三千萬人民中，逃出該省的人大約有兩、三百萬，死於飢餓和疾病的也有兩、三百萬。這是中國戰時最大的災難之一，也是世界上最大的災荒之一。我們帶著憤怒的心情回到重慶，而首都溫和、恬靜的態度依然如故。賦稅在名義上是減輕了沒錯，雖然農民證明了事實相反。死人嗎？那是撒謊。野狗掘土墳嗎？那是我們虛構的假象。我們知道，在河南農民的心底裡，有一種暴怒，那暴怒要比死亡本身更強烈，我們也明白政府的勒索，已讓農民的忠誠化為烏有。可是重慶誰也不相信我們，直到一年後，日軍為這一幕添補上歷史性的結尾。

一九四四年春天，日軍決定掃蕩河南省，準備向南躍進。中國河南省的戰區司令是一位目光炯炯的人物，名叫蔣鼎文，他擔任河南的司令官已經有許多年，上任後第一件事情就是築一道護城壕，加強總部的所在地洛陽城，他認為最好的戰略就是如此。另外，他也逮捕所有該戰區內能找到的每一個共產黨員以及有共黨嫌疑的人。他在該省內最為人所知的，是他叫部下官兵威嚇民政官吏的才能。他曾斥罵河南省主席，使對方在惶恐之下和他合作制定一項計劃，該計劃奪去了農民手上僅存的穀物。河南戰區真正的指揮官是蔣氏名義上的副手湯恩伯將軍。湯恩伯不論能力或勢力，都比他的上司強。湯恩伯是黃埔系的領袖之一，是委員長的寵將。他是一個快活的人，瀟灑、有幽默感、精力充沛，曾在不影響軍隊的範圍內竭力緩和災荒的慘狀。但由於他在河南的顯赫威權，農民和一般平民認定痛苦的製造者是他而不是蔣鼎文。他們譏刺道：「河南有兩害：黃河和湯恩伯。」而湯恩伯和蔣鼎文指揮著五十萬軍隊。

日本人進攻時所派出大約六萬人的兵力。他們在四月中旬出擊，像利刃切牛油一樣地割斷華軍的防線。日軍進攻時，湯恩伯人不在司令部裡，他一直沒能回去指揮戰事。日軍五百人一隊，占領了華軍幾千幾萬人守著的山隘和路口——某司令部的人員在敵軍殺到面前時，還在太陽底下打籃球。由於多年的怠惰，他們身上也帶著病，而且各個士氣低落。他們訓練不佳、槍炮老舊、彈藥缺乏，面臨攻擊只能四處竄逃。中國的統帥部瓦解了，它已無法控制局面，中國第十二軍和第十三軍在逃跑時互相廝殺。戰區的中心——洛陽司令部裡，驚慌瀰漫。河南軍隊手上有軍用卡車七百至八百輛，殘破程度不等，其中一百輛用來馳運援軍，以支撐崩潰中的前線；其餘的卡車都被軍官們用來搬運私人財產。這些軍官都是帶著太太、孩子和親戚上任的。如今他們的行李、傢具和財物裝在軍用卡車上，運至後方安全的西安。軍官們為了補充軍運或是為了私圖，開始徵用農民的牛。河南是種麥子的地方，農民主要的資本就是耕牛，軍方徵用耕牛的行為完全不能被人接受。

農民等待這個時機等了很久。他們長期忍受飢荒和無情軍方的勒索，已經忍無可忍。現在他們回過頭來，用獵槍、小刀和鐵耙武裝自己，開始解除落單士兵的武裝，後來一連一連地全部繳械。如果華軍還能堅持住三個月，那才真的是不可思議，若鄉村在武裝暴動，抗戰是毫無希望的。三個星期之內，日軍奪下所有目標物，平漢路落入日軍之手，三十萬中國大軍也不再存在。

Chapter 12

豫湘桂會戰

Disaster in the East

任何新聞檢查，都無法阻止河南大災難的消息滲入重慶——自從戰爭開始以來，第一次有老百姓轉過頭來反咬自己的同胞。前線雖然有成千成萬的賣國賊向日軍投降，淪陷區裡有千百萬個中國人消極或積極地為日軍服務。但是，無組織的農民在國軍和敵人作戰時，竟冷血無情地與自己的國軍反目，是空前未有的事。重慶沸騰著這些新聞，被人忽略的宋子文，住在他郊外的邸宅裡，憤怒地叫嚷著末日到來的預言。孫科痛罵整個政府。共產黨人則難於隱藏他們對政府的鄙視。甚至在諂媚的朝廷中，與外界絕緣的蔣介石，也嗅到了一股危險。但是，在重慶尚未咀嚼完河南帶來的教訓時，日軍又展開行動，發動了六年中最大的一場戰役。

中國東部的海岸線呈半圓形的形狀，這個半圓的直徑是長江，中心城市是漢口。武漢有一條鐵路像箭一樣地直指南方，分割了沿海的平原和內地的高原及重慶。日軍打算沿這條鐵路南下，把中國斬成兩半。事後再來看，我們可以把日軍此次攻勢作為他們面對悲慘命運的最後掙扎。可是在一九四四年時，中國眼前只看到更多年的艱苦戰鬥。這場攻勢中，日軍的數量和力量顯示日本帝國的堅強實力。他們的陣勢一副要把一切同盟國的戰略摧毀殆盡。他們也確實打算在這場夏季攻勢中達成無數的目標。

第一步，他們計畫掃蕩大陸上的美國空軍。美國戰鬥機和轟炸機的巢穴——十四航空隊的前進基地，一向是破壞日本海上商業的重鎮。美機出擊海上，已經消滅或擊傷一百萬噸的敵船——大約占日本戰前商船的五分之一。日軍想要攻下遍佈在鐵路和公路沿線的這些空軍基地。日軍如能消滅十四航空隊的直接威脅，也就能消滅 B29 空中堡壘轟炸機更長期的威脅。B29 式機從華西深處出發的襲擊，已使日軍嘗到了災難的滋味，美軍正在華中計劃加長十四航空隊前進基地的跑道，以降落巨大的空中堡壘 B29。若從擴建的基地出發，B29 將能更深入破壞核心地帶。日軍不知道他們正在計劃進攻華中基地之際，美國計劃者已經安置好塞班島的出擊，使轟炸機更接近本州。

第二步，日軍要挫敗美國的陸上戰略。史迪威當時的進攻很順利，他即將衝破緬甸的封鎖線。史迪威想從華中衝到海邊，在一九四五年從內策接應美國海軍，把日本帝國分割為二。日本沿鐵路從北到南打開一道橫亙大陸的走廊，以免華西山區與尼米茲號航空母艦打算登陸的海岸有所接觸。

第三，攻擊若成功，也有非常巨大的宣傳價值。至少在地圖上，日軍就有一條橫亙大陸的交通線，從北方大陸的滿洲起，一直通到華中及越南，直接連接新加坡及南洋。以目前所得的資料來看，很難相信日軍參謀部當時會如此糊塗，竟打算把這次攻勢目標放在開發南洋上，因為日本也缺乏車輛利用這條路。日軍打通此路後一年間，日軍從未利用它來將一噸橡皮、汽油或錫運送回國，供應他們挨餓的工業。可是在一九四四年，日本搖旗打鼓地大聲宣威著那條讓他們通到南方、不可攻克的通道。

日軍最後的考慮，與其說是穩重的計畫，不如說是一份希望，希望能在東方澈底消滅中國的兵力，讓蔣介石的軍隊永遠無力。這個目標，日軍差一點就要成功了。

河南戰役急遽結束之後兩星期，日軍就已準備妥當，開始五百英里的長征，從漢口沿鐵道及湘江出發，直下桂林及柳州，那裡是他們的主要目標。此舉重擊著美國在亞洲本土上的主要利益，可是美國人除了旁觀戰局，除了祈禱奇蹟出現以外，並無其他辦法能保衛住自己的基地。

保衛華中的責任，落在薛岳將軍手上，此人對於自己的稱號「長沙之虎」頗為欣喜。湘江流向南方，它的省會長沙是湘江峽谷的眼瞼。長沙是鐵路的鎖鑰，這個中國產米最豐富的地區也是軍事上的要區，它防衛著有許多美軍機場的峽谷地帶。薛岳是一名性格猛烈的戰士，他喜歡美國人，他讚美十四航空隊，他以自己能保衛十四航空隊為傲。他的好名聲來自過去的三次戰役，每一次他都能擊退日軍對長沙的攻擊。這個威名被中國人和美國人重視，但日軍可不把它當作一回事。經過一九四四年的大變動之後，威名就消失了。

薛岳是一個潑辣的矮小廣東人，他是湖南省主席，該省老百姓痛恨他的一大群廣東朋友。據說他有十一個軍，直接指揮的人可能有二十萬。東邊另一個戰區的余漢謀將軍也是廣東人，底下有四個軍，總共約十萬人。南邊的越南邊境由另一個廣東人張發奎將軍管理，統轄約五萬人。薛岳不喜歡也不信任中央政府，中央也不信任他。雖然他在早年公開反對過蔣介石，但他在一九三七年為全國的抗日事業服務，以非凡的英勇戰鬥著。

但是到了一九四四年春天，六年的僵持吞噬了他早期的熱誠：當時，他有著保衛美國基地的責任，但當他在報紙上讀到美國供應品極其豐富的報導時，他發現自己一點也沒領到。這讓他覺得受人忽視和欺侮，他的這份態度也傳給了東南兩方的其他廣東將領們。

一九四四年五月底，日軍從長江邊的基地推進，渡過汨羅江向南攻擊長沙。此次進攻他們準備了數星期之久。十四航空隊偵察機有報告說，雖然白天時前線以北的公路沒有看見任何移動的東西，但在夜間，日軍卡車頭上的黃色燈光卻照耀著數里之外。前進部隊的戰鬥機和轟炸機將日軍打散，襲擊河流、渡口和集結點。驅逐機的機師一天出發三、四次，飛得精疲力竭。他們回到基地，只是拿點咖啡和冷三明治吃，吃完馬上又飛回去繼續工作。敵軍只在夜間行動，白天則隱匿在鄉村中。

薛岳和日軍之間，躺著一塊世上最荒涼的無人地帶。以前攻擊長沙時，日軍總分好幾路進攻，每一次薛岳都將他的正面部隊後撤，佈置到日軍的側翼去，再從後面切斷他們，逼迫他們撤退。一九四一年時，有一次日軍已滲入長沙，後來還是被逼退出來，被驅回原來的陣地。這次，日軍來時，帶著以往所沒有的實力和決心。薛岳則依然用老法子來保衛這個城市，用的是同樣的戰術和同樣的部隊，但是比起上一次的光榮勝利，他的部隊已經老了三年，武器已經舊了三年，兵士也餓了三年了。

為了保衛長沙，薛岳將自己戰區內所有的炮兵完全集中在一處——不多不少就是五十尊老朽的大炮——並且設置在岳麓山的山頂上。駐防城內的是有名的第四軍，該軍輝煌的革命傳統曾為它贏得「鐵軍」的威名。第四軍只有一萬二千人，對抗著估計有二萬四千人的日軍進擊部隊。當薛岳完成軍事配置後，他將總部向南後撤大約一百英里。希望能把日軍吸進長沙，等日軍進城時用大炮從岳麓山加以捶擊，再從後面包圍其兩翼，逼迫他們後退。

中國軍隊每一級指揮部裡的特點——口角和內部爭鬥，這下一次表現出來了。岳麓山上的炮兵指揮官因為炮兵無人掩護，所以要求第四軍派幾團人去支援，第四軍的軍長拒絕了。於是戰區參謀長加以干涉，命令第四軍派步兵供給炮兵，第四軍軍長依然拒絕，並說這需要薛岳本人的指令才行，但打到薛岳處的電話又無法打通。

日軍進來了，他們將沒有步兵掩護的炮兵殲滅，將沒有炮兵掩護的第四軍步兵掃滅。第四軍活下來四處流竄的人只剩四千。該軍軍長由於用軍用卡車疏散私人的貨物和家當，以及在城市失守時臨陣脫逃，在蔣介石的命令下被捕槍決。

這一戰於是轉變成一場大混亂。雖然當地人民並沒有像河南那樣起身反對軍隊，但該省在政治上有許多缺失，讓該省的日本間諜能逍遙自在。日本派出中國便衣隊，穿上農民的衣服，二、三百人一隊滲透山中，偵察軍隊布防的情形，襲擊小村莊、放火。有時便衣隊單獨的混在難民群中，若偵查出什麼秘密和工事，便在夜裡用燈光暗示該地情況，然後放火，等待他們的同伴從山上直掃而下。日本間諜們帶著手榴彈和手槍，他們奉命處決任何找到的中國軍官或美國人士。在湖南作戰的部隊多半是河南人和廣東人，他們的方言和本地人不同，中國軍隊於是把每個不能證明自己身份的平民槍斃。中國軍隊越來越神經質，後來甚至開始隨意擊斃嫌疑者。整個鄉村處在動蕩中，成千上萬的人在逃亡，難民和第五縱隊無法區別，軍隊則像在浮沙上作戰。

此時，重慶介入了。接下來的兩個月之久，前線任何地方都沒有真正的指揮部。何應欽的參謀本部，與薛岳、張發奎和白崇禧等人的意見水火不相容。前線指揮官們不信任重慶，重慶不信任前線的指揮部。當軍隊退入峽谷，薛岳企圖在山谷的狹窄之處集中兩個軍，在一個名為朱亭的據點上建立堅強的陣線，但重慶不贊成，於是兩方只好稍作妥協，一個軍向南撤退，另一個留著。留在後面的這個軍既無力量抵抗，也沒時間脫逃，被殺得所剩無幾。好幾個星期後，蔣委員長終在對這位廣東指揮官的不滿，以及支持前線的迫切的國家需要之間，找到了平衡。但是，當委員長決定從北方封鎖中共的地方派出一個軍步行到南方援助薛岳時，已經太晚了。委員長叫薛岳向西撤退，退到四川和貴州的山腰裡，讓薛岳無法獨立控制湖南的米糧，把他完全拉回中央政府的軍需系統中。薛岳不願意渡過湘江，所以那些數量不足的船隻，在敵人的火網下從東向西撤退到湖南南部，擴大了西邊華軍主力和他自己根據地之間的裂縫，而日軍繼續推進著。

六月間，余漢謀奉命派出六十二軍援救薛岳。該軍沿鐵路北上衡陽，於六月中旬抵達。衡陽是一個鐵路中心，有一條鐵路到廣州，另一條鐵路到桂林。薛岳想要將六十二軍和自己的第十軍聯合起來守衛衡陽，讓衡陽成為一處堅強的據點。不過，重慶和薛岳這回又不對頭了，重慶下令第十軍應該單獨鎮守衡陽，而六十二軍應向西南方撤退。好比艾森豪威爾（Dwight David Eisenhower）在比利時之戰中和馬歇爾（George C. Marshall）對前線任何一個行動都要辯駁個數星期一樣，重慶充滿著躊躇的氛圍。當參謀部人員辯論著戰略以及和薛岳爭吵的時候，蔣介石正在考慮美國的改革要求，在他那場有名的園會上宣佈他對蔣介石夫人的忠誠。到了六月底，湖南這個灰撲撲、了無生氣的產米城市衡陽被完全包圍，第十軍陷入重圍。炎夏的熱氣籠罩著湖南，當綠色的田野間閃爍著熱浪的光芒的時候，瘧疾和痢疾開始流行。十四航空隊用手頭一切的力量刺入日軍的供應線，消耗著它的飛行員、飛機、地勤人員。軍官們形容枯槁，士兵們眼睛空洞凹陷。

整個華中恐慌發作。桂林那些愉快、漂亮的姑娘們捲起鋪蓋準備離開，夜總會的窗上貼了布告：「再會了，朋友們，一路順風。」麗都咖啡館也貼著這樣的公告，下面署名「安娜和伊逢娜」。難民湧入鐵路線，他們帶著自己的小孩、棉被和行李，擠上火車頂或火車頭，在煞車桿上鋪木板，並睡在上頭。美軍官兵也混雜在這次大遷徙中，在大雨滂沱中，有一個美國軍官在難民的火車頂上幫助一個中國女人生下小孩，他給母子兩人吃蘇化尼里米特的碎末，直到他們脫離危險期。

在衡陽，第十軍奇蹟地穩住了。它的領地越縮越小，陣地位置也令人絕望，但是它以無畏的勇氣戰鬥著，令人遙想起上海之戰的光景。於是重慶的情緒又突然高昂了。軍事發言人對外宣布日軍已遭阻攔，報紙欣喜若狂地吹捧著第十軍，誇嘴那一萬五千苦戰的戰士的光榮戰績。中國參謀部把這個間歇狀態解讀為日本野心的終局，他們大舉宣佈要號召力量、發動一場大攻勢，把日軍趕回原來的陣線，將六十二軍奉命回衡陽作戰，而這最初就是薛岳的計畫。這個最後的總號召，重慶等很久了。報上大力張揚著每天收復的許多小據點。將軍們宣布華軍已和被圍部隊取得聯繫。在前線，離重慶很遠的地方，反攻的面貌卻全然不同：最高統帥部在表冊上有數百萬軍隊，可是真正的戰場上卻找不著十萬人。其中有一軍人（即六十二軍）曾向出擊陣地前進，該軍派出一師人向敵人占據的地點推進，該師長從自己三團人之中派出兩團的人馬——中國大肆吹噓的反攻其實不過如此而已。

我和六十二軍一起向日本的包圍圈前進，與我同行的是路透社（Reuters）的格蘭巴路（Graham Barrow）。鐵路盡頭距離前線還有大約三十英里，我們在黎明時加入軍隊的行列，但無雲的天空已經開始灼人。極目四望，山上山下都是行軍的人，他們步行穿過稻田，每一步都掙扎著，他們汗流浹背，排成雙行，匍伏走過每一道溝和毀壞的橋梁。三人之中有一人有一支步槍，其餘的人搬運著軍需品、電話線、米袋和機關槍的零件。在這些沒有笑容的兵士之間，穿著藍衣服的農夫苦力拖著疲憊的腳步，他們是被迫來輔助搬運工作的。整個部隊裡沒有一輛汽車，也沒有卡車，大炮一尊也沒。馱東西的牲口也不多，有時會有一隻中國小馬，出現在行進中的軍隊裡，準備給位階在團長以上的軍官乘坐。

兵士們靜靜地走著，帶著中國士兵身上常見的苦澀，除了注定悲慘的結局以外，並不抱任何希望。沒有人顯現出劇烈的痛苦，這十幾年來的憤怒不過是在路上又延長了一天而已。他們強壯，皮膚呈棕色，但是很瘦。他們的槍老舊，草綠色的制服破舊不堪，每個人腰上掛著兩個手榴彈，頸項上圍著一個藍布長袋，袋裡塞了米，那是前線上唯一的口糧，那長袋好像意大利臘腸一樣。他們的腳在草鞋上破爛、腫脹，他們頭上蓋著由樹葉圈成的鳥巢似的東西，用來遮避日光，據說也有掩護的作用。他們汗流如雨，灰塵在他們的左右揚起，稻田裡升起一道道眩暈的閃光波浪。

在路上，我們遇見一群群的農民，他們被民政官員強徵來為軍隊服務。部隊指揮官對待這些被徵用來挑運行李的人，像卡車在加油站上加注汽油一樣：和軍隊一起行軍的農民，做到精疲力竭後被換班，被餵食一些米，又再被送回服務站服務。在夜裡，部隊在距離前線幾英里毫無人跡的鄉村裡稍作休息。士兵將農民留在家裡的豬或蔬菜拿來吃，將屋子裡的木板、門和板壁拆下來做床，將木桶、柵欄和木筏劈掉後生火煮水煮飯。

隔天早晨三點三十分，攻擊開始了。日軍駐守在衡陽以南的高山上，六十二軍的部隊開到高山對面地勢較低的山背上。負責進攻的一師有兩尊法國式的七五炮，那是第一次世界大戰的東西，以及九尊迫擊炮，他們七五炮的炮彈只有二百發，所以用起炮彈來像個守財奴一樣吝嗇。華軍爬上日軍陣地的山坡，他們試著用步槍和刺刀把敵軍打走或刺走，但日軍依舊佇立著。格蘭巴路和我在下午攀上中國陣地最高處觀戰。中國迫擊炮間歇地在日軍所守的山頭上噓噓叫著，機關槍和步槍在夏日的炎熱中，間隔很久才熱鬧一次；整個前線上沒有一個人移動。

我們等了三天看到了反攻，然後我們向後折返回家了。能看的就是反攻，不會再有更多東西了，中國士兵正進行著所有血肉身軀能盡之事。他們步行上山，死在太陽裡。他們沒有掩護也沒有空軍、大炮，更沒有指導。他們的命運已定。

日軍在衡陽休息了一個多月來重編部隊。中央政府將疲乏的軍隊一軍又一軍地送到包圍線上，設法要衝進去。最後中國軍隊共十萬人衝入敵軍二萬五千人的防線。重慶限制著戰地指揮官的一切行動，重慶決定戰鬥如何、何時、在哪發生。援軍總是零零散散的抵達，作著微弱的攻擊。華軍在數量上的優勢，從沒有被用來做一次集中的攻擊，新到的隊伍，只不過是用來補充經常的死傷而已。

八月底夏末，天氣比較涼快的時候，日軍恢復主動攻擊。這五天的戰鬥中，六十二軍被完全消滅。日軍向南進擊，通過山林到達全縣的關隘，那是北方進入廣西的一座谷口，具有戰略性的地點。有一支援軍第九十三軍守衛著這個谷口，他們從北方開來參加華中戰鬥。這些部隊在沿路挨餓，抵達廣西後，洗劫了柳州火車站旁邊的許多米倉。待紀律恢復，他們匆忙地跳上火車，向北進入陣地。他們用的是日本造的老式兵炮，而且體力透支。他們從來沒有跟美國空軍合作過，飛機使他們感到懼怕。他們也沒有建造壕溝和掩護體的材料。他們不瞭解地形、人民和敵軍的位置，全部分散駐紮在谷口上，指揮官搞不清楚自己的側翼在哪裡，不知道自己和友軍相隔多遠，也不知道敵軍是在哪一個村莊。他向身邊的美軍聯絡組保證，他一定堅守陣地到最後一人倒下，決不後退一步，美軍聯絡人員得到保證後就去睡覺了，睡夢中被行軍的腳步聲吵醒，那是九十三軍正在向南移，他們未發一槍一彈就棄守了這個谷口。

類似的事件一次又一次地發生。委員長下令槍斃九十三軍的軍長，也下令槍斃桂平的指揮官，以及其他的一些軍官。但是中國軍隊的士氣早已十分低落，絕不是這樣就能重新建立起來的。谷口的失守，就是保衛華中戰役的結束。挺進中的日軍，距離美軍主要基地桂林只差一個六十五英里的平坦地形。在日軍於九月中旬突破谷口後的隔日，史迪威將軍和陳納德將軍飛到桂林作一次迅速的視察，史迪威下令前進空軍部隊指揮官汶遜把桂林附近美機場的所有跑道和建築物都炸壞，除了一條轟炸機跑道。這條跑道要用到最後一分鐘，要用來把美國槍炮和彈藥運給張發奎，這一帶如今由張發奎指揮。

在最後的幾天，桂林根本是一片荒唐。中國軍隊已經分崩離析，有一支一萬四千人的部隊，可用的步槍只有二千支。其他前線開來馳援的後備隊散布各地，毫無組織的分散在五百英里的區域內。其中有些部隊筋疲力竭，有些則缺乏經驗，而所有的部隊都沒有人領導。有些部隊有中國的老式槍枝，有的是俄國槍，或是戰前日本的炮，不論如何，所有的部隊彈藥都不夠。日軍卻是強大的，他們精力充足，具有絕佳的機動性，他們騎馬、步行，或坐在卡車和俘獲得來的火車上。到處都有第五縱隊的蹤影，引起躁動不安的竊竊私語和恐懼，要比第五縱隊本身還要不得。每個兵士都覺得有漢奸像鬼影般盯著他。在桂林初期疏散的前一天，兩個美軍在近郊的機場內準備破壞，被山中一些平民裝束的人開槍射擊，中國軍隊捉住這些暴徒，把他們就地槍決。

在桂林，中國人們準備著疏散工作。平民的撤離已經完成，最後一批逃難者正在撤離郊外。通往內地的山道之一，經過美國在良台（譯音）的空軍主要根據地。難民們沿著山道走繞過飛機場的邊緣時，抬頭看到飛機還在空中出出進進，進行戰鬥和疏散。有一個人躺在路旁死掉，人們把稻草蓋在他身上，繼續前行。一個女人將她一隻血流不止、不成形的腳包紮起來，一瘸一拐地繼續走。一個農夫走過，把自己的孩子挑在籃裡，那孩子咯咯地笑著。

成千上萬的難民擠進火車站。四處都騰著紅色和橙黃色的火焰，火光下可以看到懸掛在城裡天空中的一團團黑煙。夜晚沉重的空氣中，充滿了月台上一堆堆橫七豎八躺著的人們的臭氣。嬰孩們在黑暗中叫喊、母親們咒罵著、老人們咕噥著。在車廂里，人擠得密不通風，有的人已經擠在車子裡好多天，他們不敢離開位置，深怕一下車便再也無法上車，所以他們無法動彈地緊擠在那裡。他們身上的臭氣、汗氣和飢餓引起的臭息混雜一起，飄浮在車場上。桂林的火車修理廠和機器是整個自由中國裡最好的，鐵路當局必須決定如何利用剩餘的車輛來疏散——裝難民，還是裝自己廠裡的機器，或是裝美國供應品？不論如何，這三者都一定會有一部分裝不下，要被留下來。

城市寂若死灰。房子被釘上，店鋪是空的，中央酒家在這星期之初就開始將自家特有的「頂好」牌威士忌減價，從九百元減成六百元，隔一天再減一百元，到了最後一天，乾脆直接送給那些依然留在城裡的美國人喝，之後便關上了大門。麗都、巴剌蒙、紅梅、湖濱、樂群以及其他所有的娛樂場所都關門了。老百姓離開的時候，把號召抗戰的紅紙黑字愛國標語貼在門板上。兵士在空洞的街道上構築障礙物和壕溝，以備將來之用。他們偷襲了空無人居的店鋪，把上品的食物和酒儲在營房裡。我在北門看到的最後五個士兵，剛喝下十七瓶酒正在歡呼作樂。空軍基地中的美國人並不混亂或驚慌，他們已經練就熟稔的破壞基地技能，事先一切都有計劃。在後方雲南高原上，空運司令部好多天以前就準備好運輸機來運出軍需品。從印度飛入昆明或桂林的每一噸炸彈、汽油、零件和器械，在路上耗費的汽油就有三噸，現在若撤退，飛越駝峰的一半工作就成為徒勞了。

所有人員不得不集中起來，讓空戰能繼續，沒有一個鐘頭能耽擱。讓飛行員能從桂林出發作最後的襲擊，在薄暮時分向南飛行，獲悉隔天應該襲擊的是什麼地方，讓在後方的基地隔日能繼續捶擊敵軍，沒有一分鐘能遲誤。轟炸機組員和飛機一起走，戰鬥機師就負責將自己的人運走。各中隊副官的卡車或運輸機位都不夠運走留在後頭的地勤人員。空運司令部的運輸機在機場上排著隊，一行十架，把它們運來的貨物和人員運走。一些一千磅重的炸彈送到機場來，導火管拔掉，空槽裡填了麵團似的C化合物（炸藥）。人們在吉普車頭燈的照耀下工作，把雷管捆起投在裝滿了炸藥的筐子中。執行破壞工作的美軍，一副若無其事的樣子，在遠處微弱火光的照耀下，其中兩個人正在討論炸藥。一個人說：「C化合物是可以吃的。」說著邊把軟綿綿的一塊C化合物遞給站在他旁邊的人。另一個人說：「你也可以吃炸藥，如果肚子餓的話，味道不錯」。又有一個人說，「好，不過假如你炸藥吃得太多，不妨再喝幾瓶酒，那麼你明早就飄飄然了。」你可以聽見有人神經質地笑著，接下來是一片安靜。附近其他幾個兵在談話，是寂靜中的點綴，空氣中飄蕩過來的話語，似乎和其他的一切一樣不真實：「除了我的老頭兒之外，我家裡誰都不打鼾——嗳，老弟，他真的常常打鼾呢。」

在桂林的最後一夜，他們必須把五百五十間草屋和營房炸掉。這些草屋和營房藏在基地周圍的山中。爆破人員在每一所房子裡放一桶汽油，通常是放在木箱上。等軍官一下命令，一個兵便帶上卡賓槍站在門口，另一個人用手電筒照亮汽油桶，接著卡賓槍想了三聲，兵士等了一會兒，等汽油從那打出洞的桶裡流出來。汽油煙霧充滿各房間，然後再開一槍，煙霧一下子就著火了。有的草屋頂在火焰中一跳就跳好幾尺高，火像奔騰的水一樣流遍各個房間，火頭閃耀著金色和白色的光芒、蓋著油煙。草房頂上著火的時候，火焰以難以置信的高速從正樑蔓延到屋簷，火光中，山上的青草像白天一樣鮮明。

房子一間一間地燒著，整個山谷像一支龐大的軍隊在營火一樣。從其他的倉庫那邊，我們聽到炸藥的轟轟聲以及遙遠的炸彈聲。有些營房裡有彈藥，是不小心留下的步槍彈和手槍彈，這些彈藥劈啪劈啪好像玉米的爆裂。一個營房有一批照明彈直衝雲霄，在山林之上劃出一道白色和紅色的拱門。

翌晨，兩架飛機離開最後的跑道，一架是運貨機，另一架是汶遜私人的 B25 機，我在那天早上和汶遜一起飛離。B25 機升空以後，又掉頭回到機場上空，翅膀似的煙霧，標示著我們之前營房的所在之處。美國在中國這個最大的機場上，還留著一條跑道，這條跑道要留到最後一刻，用來把軍需品運給張發奎部下的被圍士兵。其他跑道都有黑色的地穴，像沒有眼睛的眼窩一樣可怕。

「我要寫一本書描寫這個戰役，」汶遜說：「書名是《火中撤退記》（Fire and Fall Back）」

一星期後，日軍推進到桂林二十五英里以內。他們沒有立即進攻，停留了五個星期整理部隊，整頓他們延展得太長的供給線。這彷彿是戰爭舞台上的前台主任忽然下令戰場上的活動暫停，讓觀眾的全部注意力轉回首都。一項危機正在重慶發展，後來美國人簡單地稱為史迪威危機。這危機的組成複雜混亂：個性尖銳的人物彼此怒罵，彼此競爭的黨派相互苛責。人民對政府的批評，不論在中國或外國，都以雷電交作的強度增長著，十月十八日這危機以史迪威的解職而告一段落。日軍也差不多立即展開最後攻擊，向桂林和柳州之間的地帶推進，那地帶是自由中國和沿海的最後聯繫點。

桂林、柳州兩城附近，都是中國軍的殘餘部隊，這邊有幾千，那邊有幾千，每一塊小地方都是號稱為一個軍，這些部隊在幾個月以前的人力都還很完整。日軍任意地割裂那些疲倦又毫無組織的零星華軍部隊。政府由於懼怕武裝民眾，在一九三九年解散了廣西的民團，如今又拼命設法要他們重新集合起來保衛自己的鄉土，但既沒有武器能供應他們，也沒有熱忱的領袖帶領他們。華中尚得民眾擁護的幾個將軍是委員長的舊敵，即使在最危急的時刻，委員長還是不肯起用他們。十四航空隊猛咬日軍部隊，讓疲憊不堪的華軍得以稍稍歇息。但地上師部已經過於疲勞，無法加以利用。

桂林和柳州的失守只相隔幾天，至十一月中旬，整個防線棄械投降。一軍軍的人失蹤了，消散在山中。重慶衛戍部隊的一軍人馳援駐守了有名的南丹山隘，這山隘是隔開貴州高原和廣西的低濕稻田的地方，該軍進入山峽，奉命死守。部隊進入陣地時有兩天的糧食，迫擊炮每尊有炮彈二十發，此外沒有其他任何食物及彈藥的接濟，在寒冷逼人的天氣下打了九天。他們的徵發隊搜索山區，找尋穀物和家畜，可是山區是荒瘠的不毛之地。當隊彈藥用盡，飢餓開始糾纏人，軍隊也就潰退了，日軍湧入山峽，自柳州挺進一百二十英里，直衝貴陽和政府交通線的心臟地帶。

重慶這下緊張了。魏德邁那時已經到了中國，他打算守住並加強華中。他在重慶的最初數星期內，戰鬥報告告知他桂林和柳州最後要棄守。中國政府若干官員到美國大使館打聽有沒有將家屬撤離中國的可能，有的官員則在出售衣服及貴重東西。誰都不知道前線發生了什麼事——防線被撕破了，盜匪在日軍行進的路旁數十英里內劫掠村莊，日本騎兵每天出現在越來越向北的地方。

十一月下旬，寒流自北方而下，穿過貴州高原。我駕車進入貴陽，目睹了戰役後期的情形。五百英里的公路好像冰帶一樣繞在山嶺間，電話線被冰雪覆蓋，無力地下垂，有些被壓斷了埋在雪裡。躺在路邊的難民屍首，因為凍結而沒有腐爛，死亡時間較長的人，身上衣服都被需要溫暖的活人剝光。挨餓的人們擠集在路上，身旁馬和騾子的屍體上撕取一條條赤紅的肉。有的人在荒村中砍斷木料來生火取暖。一隻瘦削的雙峰駱駝，有著高傲的頭頸，頸上掛著紅色的穗，慢慢穿過人群的行列。夜間，狼沿著公路在無人居住的村落中漫遊著。

在這場瘋狂的大敗退中，唯一步調不亂的部隊，大概就是美國戰略情報局（OSS）裡的十五個陸軍官兵了。他們的指揮官是二十五歲的紅髮少校格里遜（Frank Gleason）。他們的工作是要在撤退途中破壞一切對日本來說有價值的東西。格里遜的目標單純：在鄉間作破壞工作。他徵用一些中國苦力來幫忙，因為沒有錢給苦力，於是他就在敵軍即將到來的鎮中放手讓他們去徵發糧食。格里遜的部隊開始長征時有三輛卡車、八輛汽車、一名他們揀來作為吉物的中國孤兒、一位中國廚子，以及一群隨從和食客。那些人一路把中國軍隊慌忙逃走時丟棄的腳踏車、輪胎、儀器和機器賣掉，越走越有錢。

在離重鎮貴陽一百四十英里的一座獨山中，格里遜聽見一個在中國戰區內相傳的事。有人說：華軍曾在獨山附近的山裡，埋藏大批軍火。日軍離獨山還有大約二十英里時，格里遜決定去視察一下。他初步視察的結果令人驚訝，他發現了三個大軍火庫，各有二十至三十間庫房，每間長二百英尺。中國人在此堆積軍火已有數年之久，即便日軍逼近，軍火依然囤積著。公路上軍需不足的部隊已經放棄一切能守的陣地，但中國的參謀本部還是以顯著的腐敗，緊握著囤積品。五千噸軍火堆在獨山裡毫無用處，法國、捷克、美國、中國、德國、蘇聯……來自各國的各式軍火。裡面存放著迫擊炮和許多迫擊炮彈，還有五尊全新的大炮，以及大量的炮彈。格里遜認為最有用的東西是二十噸炸藥，可以把軍火庫統統炸掉。格里遜在最後一天的上午開始他的工作，因為日軍可能會在午飯後不久進城。他的部下在下午四點完成工作，離開獨山時炸毀了後頭的幾座橋樑。

日軍在那天進了城，派出少數騎兵偵察隊探測公路。他們在獨山附近的陣地上逗留了一個星期，開始搜索陣線，深入貴陽和柳州之間的河池，想在那裡過冬。至於日軍為什麼撤退，重慶爭辯了整整一年。美國大使赫爾利宣佈說，是由於他的精神感召，才使中國不致於完全崩潰。一向無所不知的謠言傳流著蔣介石和日軍成立了一個秘密的契約，契約中規定日軍不打重慶，而他會在和平到來的時候，站在日本那方作為調停人。但在前線，日軍撤退的理由很明顯，日軍計畫中的華中之役，是要從漢口向南打出一條通道，通往越南邊境，如今他們的任務既已完成，這次只是想探測一下重慶的虛實。結果，原本在應該是堅強防線的地方，他們發現除了漏洞之外什麼都沒有。有一個日本師團衝入這個缺口，深入貴州高原，也未遇到抵抗。然而還是有幾個對中國有利的因素：貴州是一個荒涼窮困的省份，並沒有像華中那樣的豐富糧食可以供養侵略者。而準備夏季作戰的日軍還穿著夏季服裝，寒冷以殺人的強度無情地鉗住他們，使他們像中國人一樣挨凍。他們離自己得供應基地有二百英里，這個華軍崩潰創造出的千載良機，他們沒辦法好好利用了。此外還有一些對日方不利的事：魏德邁將軍在十一月底準備了一個新的防禦計劃，要將美國訓練出來的華軍兩師，從緬北空運到作戰地區，他也要求空運北方封鎖中共的六萬人部隊。這些新的因素集合起來，最後抵住了日軍的先鋒部隊。日軍全盤考慮過後，決定退回保護通道。

因此，在一九四四年十二月間，日軍入侵中國達到了最頂峰，此後便開始走下坡了。對於中國政府及其軍隊而言，一九四四年是災難並未減輕的一年，中國軍隊差不多損失了五十萬人，整個沿海地區完全被割斷，和中央政府無法聯繫，重慶直接控制的八個省份和一億以上的人口被剝奪了。國民黨可以用窮困和軟弱等等理由解釋它的失敗，有也很充分的理由去責怪美國，說美國在極為匱乏和劇烈痛苦的時期忽視了中國。

可是國民黨無法解釋中國的另一支軍隊——共產黨的軍隊，為什麼能在華北屢戰屢勝。日軍在四月間渡過黃河進攻河南，在八月間，當日軍在數百英里以外的南方湖南省勢如破竹的時候，北方的日軍卻已經被迫取採取防守姿態，因為共軍緊跟在日軍後方，已經開始在組織河南的農民了。

Chapter 13

中國共產黨

The Chinese Communists

一九三七年抗戰爆發時，中共只不過是駐紮在陝北沙丘地帶的一個微弱的集團，在一塊三萬平方英里的地區裡，統治著一百五十萬人民，保衛他們的不過是一支八萬五千人的紅軍。可是到了一九四四年夏天，我們卻發現，他們掌握著三十萬平方英里的中國土地，那裡居住著九千萬人民，保衛他們的則是一支擁有近百萬兵力的正規軍，以及這數目兩倍以上的民兵。黨員的數目也從二十萬左右增加到一百萬。比起擴張，大爆發更能形容這種發展。從陝北的基地出發，他們攀越秦晉山脈，穿過直隸平原，直達太平洋邊。他們的游擊隊活躍於長城一帶以及往東北的通道上。就在一九四一年，中共的核心領區已經跨出黃河流域，轉移到黃河與海洋之間的敵後地區了。

一九四〇年到一九四二年之間，他們早期的迅速擴張飽受阻礙。一九四〇年的夏季，他們向華北日軍的鐵路交通線發動一場大規模，但是時機錯誤的反攻，也就是有名的「百團大戰」。他們摧毀橋樑、圍困日本的駐軍，凍結鐵路活動長達數週之久。但是，共軍那時候的行動總歸來說還是不夠成熟，不足以維持他們的成果，被激怒的日軍也立刻以一連串猛烈的反擊回敬他們。一九四一年到一九四三年之間，中央政府緊密地封鎖著他們的後路，日軍無止盡的四處「掃蕩」，在這樣的壓力之下，中共在華北的控制力因此削弱，被驅回與他們相依為命的牢固基地。

但是，壓力在一九四三年開始解除。此時，日本已經把大部分力量放在南洋打美國，沒有能力再向他們假想中的「征服區」華北作任何支援，他們將軍隊退回他們能守衛的城市和供應線上，站穩了腳步。同時，中共也站穩了腳步，但與日本有所不同，政府的封鎖與其說是絞殺了他們，毋寧說是強化了他們，因為他們因此獲得自信，如今也能自給自足了。他們研發出新的生產和組織方法，成果遠遠超越過去國民黨施與的那份少得可憐的給養，勝過過去蒙受的損失。一九四三年，他們再度展開擴張，那年年底時，他們幾乎完全殲滅政府在山東的勢力，在蘇北的八路軍也空前地強盛起來了。

一九四一年皖南事變時，政府曾企圖消滅的新四軍，這時候也變得異常活躍。它占領著整個蘇中以及大部分蘇南地帶，它的部隊一路沿著長江深入到漢口，在那個內地大都市的周圍，新四軍建立了一個龐大的根據地，覆蓋著湖北大部分土地和豫南一帶。在華南，中共在廣州四周圍風起雲湧。另一支中共的軍隊，在海南島上隻身進行抗日戰鬥。八路軍和新四軍的各個部隊，都是地方政權系統中的一部分，這些地方政權的所在地，被中共稱為「解放區」。一九四四年夏季，已經有十八個像這樣的解放區。新的解放區也漸漸在日軍控制的地區裡醞釀成形。

共軍驚人的力量，源自於延安的協調和相互配合。一個電台和通訊網將所有中共的根據地彼此串連起來，從華南最南的海島，延伸到東北滿洲的外圍。他們的無線電是以蹩腳的日本製機器、舊貨燈泡和一些臨時代用的材料拼湊而成，但是他們的密碼卻成功地騙過國民黨和日本。這樣的聯繫網以鋼鐵般的紀律將十八個地方政權連結成一個聯合體，如同一個無形的政府，是當時人民擁有最具成效的作戰機構。

幅員廣大的中共控制區，在地圖上有百分之九十標識著「日軍占領區」，日本的駐軍和交通線確實是占據著整個地區。中共的解放區確實沒有任何占地一百英里以上又完全沒有敵人的土地。他們每一個政權中心確實如同流動的司令部，只要幾小時的時間，隨時都準備好和軍隊共同轉移、共同戰鬥。但是，每一個這樣的政權依然能夠徵收賦稅、通過法令、抗擊敵人、武裝農民，並讓經歷過日本殘暴手段的人民對他們忠心耿耿。

儘管敵人痛斥他們的信念，用所有想得到的侮辱攻擊他們，但是沒有人能否認他們確實造成了一個奇蹟。只有六年的時間，中共從一塊鳥不生蛋的山地伸出，從東北一直伸。長江流域，連成一個弧形。在整個現代歷史或政治上，能做出這樣的政治冒險，涉及這樣程度的想像力以及那史詩般的壯舉，能與之比擬的例子寥寥無幾。完成這個奇蹟的人，是那些把歷史視為工具，把農民視為材料的人。他們深入村鎮下層的黑暗裡，用他們的遠志，用他們的口號，在晦暗中喚起國民黨以及日本人所想像不到的力量。這股力量來自人民，來自解除農村癱瘓的壓迫，來自群眾的智慧，來自農民那大無畏、持久的英勇精神。

整個中共的政治課題，可以濃縮成下面這段話：倘若你遇見一個一生都在欺詐、鞭笞和駕馭下過日子的農民，他的祖先把世世代代積累下來的痛苦感情都傳給了他；假如碰見這樣的農民，把他當作一個人來看待，徵求他的意見，讓他投票選舉地方政府，讓他組織自己的警察和憲兵，讓他決定自己應納的賦稅，讓他自己投票減租減息……假如你做了上述所有的事，這個農民就會煥然一新，成為一個具有奮鬥目標的人，而且他會為了保護這個目標，向任何敵人鬥爭到底，不問這敵人是日本或是中國人。如果你再以一支軍隊和一個政權協助這個農民收穫莊稼，教育他讀書寫字，替他打擊曾經強暴過他妻子、蹂躪過他母親的日本鬼子，他自然就會對這軍隊、這政權以及控制這軍隊和政權的政黨，報以絕對的忠誠。他會擁護這個政黨，照政黨指引他的路線去思索問題，並且在各種情況下，轉變為一名積極的參與者。

可以肯定地說，當殘酷成為必要時，共產黨是箇中好手。要讓農民從恆久的冷漠之中動員起來，加入組織運動，必須以最單純直接的方式來打動他的情感，這是一份帶著宗教式狂熱的工作。中國共產黨人在過去和現在，都是那種不惜消耗、犧牲自己的人們，老黨員把自己完全奉獻給黨的運動，他們沒有黨外的生活，是為農民開路的火炬。這樣殘酷地將自己獻給理想的人，對於違背理想的事物，態度是同樣殘酷的，而對黨視為敵方的團體，他們一樣無情無義。

在這場戰爭中，中共的第一任務就是戰爭本身，他們的行動皆以這個原則出發。黨的職責就是將農民和軍隊結合。單單只靠共產黨人無法打贏戰爭，還要訓練農民，讓他們起身保衛自己、管理自己，即使必須放棄一切固有傳統，亦在所不惜。十五年無情的階級戰爭中，中共已經十分熟悉引領群眾行動的技術。在與蔣介石作戰中，他們便懂得怎麼在每一個村鎮中運用那積壓已久的不滿情緒，使它成為新的力量。如今，他們正在進行抗日的民族戰爭，磨練著這項技能。

共產黨開始教育農民如何自治，這是農民從來沒有過體驗過的經驗。村和縣的議會出現了，擁有解決農民基本生活問題的種種權力，這些問題是他們自幼即面臨的亙古問題。農民首度踏進政府機構，第一次認知到自己也擁有過去從未被發覺的智慧，能力也毋庸置疑。沒有一個議會需要什麼正典教育才能決定為了大眾的福利該怎麼分配賦稅。村子裡的人都很清楚今年誰收了多少穀子，也知道是從哪塊田裡來的，由他們負責分配恰到好處。組織村自衛團也完全不需要擁有大學學位的學者和官僚。這些被新任務喚起，尚未成熟的智慧，在中共有遠見的領導之下，正巧妙地推動著。

對於國民黨而言，中共的這些作為太過狡詐了。中共採用國民黨自由份子所寫下，但從未兌現的法律條文，讓農民去應用它。一九三一年南京曾經通過一條無結果的法律，限制地租不得超過該地收穫的百分之三十七點五。這條法律從來沒有實行過，但是現在在中共區裡，人民選的村縣議會卻已將之付諸實行了。這個表決可能是不「合法」的，但也不能說它是不民主的。誰會投票反對把他的租稅縮減一半呢？參與會議的農民這下懂了，政府是一根槓桿，可以用來服務於他們的利益，同樣的，也可能被用來反對他們的利益。民主，就是在耕者的籃子裡多裝點米穀。在抗戰時期，在日本人所不能侵入的中共區裡，農民們其實正過著他們前所未有的好日子。

所有改革都在上級的嚴密指示下進行。在過去內戰時期中，中共得知地主階級會激烈反對任何形式的改革，而在今天抗日戰爭當中，農村裡的任何分裂都很要不得，所以讓各階層站在同一陣線才是當前最緊迫的前提。地方政權向地主們保證，雖然他們的租被削減了，但是他們還是收得到租；同樣地，雖然利息減低了，債權人還是保有貸款的完整性。「沒收充公」本來是三十年代中共的主要策略，可是現在，除了對付曾經援敵或通敵的地主之外，「沒收充公」已經是非法行為。無論從哪一方面來看，華北的地主和有錢人都與農民一樣仇恨日本。他們同樣也犧牲了生命、遭受了痛苦，他們也同樣具有愛國心。他們發現，改革與敵人的侵略相比，並不是那樣痛苦，於是他們主動或被動地和中共的領導機構合作，完全被捲入抗戰的巨大浪潮中。

為了充實各地的政權，中共盡全力去獲取來自社會各階層的資源。他們教育農民領袖，使他們成為軍事指揮官、地方的代表、行政人員。無數的知識份子和學生，為了響應抗戰的號召，拋棄他們在大城市裡的事業，中共將他們訓練成組織工作者、教員，和政府的工作幹部。由於中共控制區如日方升地擴張與深入，青年們的智能得到了空前的施展。在那幾年僵持的局面中，一方面，國民黨打死不願進步和官僚腐化愈益深重，而另一方面，中共卻不斷地在各地訓練新的人才。二十五歲的青年當上管理十幾萬人口的縣長，年輕的女孩也組織著並不比革命輕鬆的群眾運動。

中共所領導的改革運動，並不只停留在村鎮的自治或經濟權利的平等化，雖然這些都是重要的目標——中共的目的是要動員中國社會中的每一份子。他們在延安的總部是一個理論與實際的會萃點。任何地區裡的每一項成功實務成果都會報告給延安，延安以這些實際行動為指示原則，然後再利用黨傳播給解放區所有其他地區。

合作社教導農民如何以簡單的工業單位，讓大家同心協力地工作。「青年救國會」由青年擔任軍事編制中的部分工作，十來歲的孩子守衛著大路、偵探敵人軍情、負責傳遞命令等差事。

「婦女救國會」成為社會中的一個重要部門，共產黨的組織者在這個團體裡教導落後的農婦們紡織、製襪、製鞋，以及讀書寫字。農婦過去的生活和地位向來是連牛馬都不如，但中共相信若實行教育，也有機會讓她變成一個積極的公民，參加地方政府的工作。任何一位這樣的份子加入，都會為政府添增不少力量。教會她做草鞋、襪子、織布等於無形中增加了軍用和民用必須的衣服材料，填補日本人和國民黨所切斷的外來供應，也讓家庭婦女有了一點屬於她自己的收入，提高了她在家庭中的地位，將她從丈夫以及親戚的統治中解放出來。

新的政權和社會改革構成了中共方針的一半，而另一半，就是共軍的軍事領導。一方面來說，中共真正能廣獲民心的原因，可以說是因為抗日戰爭，日本統治下的黑暗成為眾人的公敵，無論貧富，無論有知或無知。日本人起初總是施行野蠻的手段，但是當這份蠻橫激起反抗力量時，什麼恐怖都嚇不倒農民了。由於每次暴行逐漸無效，日軍被逼得非採取新的野蠻手段不可。這六年來，日本在華北的政治手段被用到破產，到了一九四四年時，他們最後的口號已經簡潔成「殺光！燒光！搶光！」了。整個華北，從這一頭到那一頭，農村黯黑的殘骸，證明了敵人的狂暴。在成千成萬的家庭中，眼看妻子被冷血的敵人強暴，看見丈夫被虐待，目睹孩子被屠殺，農民的復仇之心蠢蠢欲動著。

共軍與日軍之間的戰爭，改變了整片土地的面貌。日軍沿著他們的公路和鐵路線越過山丘、經過河邊，掘起幾百英里長的平行戰壕。所有這些交通線上，皆盤踞著無數機槍陣地，配置著日軍或偽軍。每一個橋樑都有一座碉堡護衛，當美國飛機開始破壞鐵路線時，這些碉壘就成了指路燈。沿路的電線桿一根根築得結結實實，是為了防止游擊隊將它們掘去，有些電線桿上甚至還裝上電燈作更進一步的保衛。日本駐軍大部分住在大城市裡，這些城市圍繞著重重壕塹，裝備著各種炮塔，彷彿是《撒克遜英雄傳》（Ivanhoe）裡的情景。他們從這些駐防地區間歇地出擊共軍，一次又一次打擊山林和村鎮，一路擄掠、一路燒殺，然後再回來捆紮他們的傷口，準備下一次的掠奪。

要描寫中共的正規軍並不容易，它有的只是一個極為鬆散的體制，因為它是一支游擊軍。依照它與中央政府的協議，八路軍只能有四萬五千人，或者說只能有三個師。可是，當後來人數發展到五十萬以上時，它依然依附於原來的三個師裡，而每一個師擁有幾十萬人之多的兵力。國共兩軍最集中的力量都放在西安以北的那條封鎖線上，在那裡，五萬名中共兵力對抗大約幾十萬的政府軍隊。但若是越過黃河，到了沿海地帶，就不可能有這樣勢力集中的共軍，連任何類似的集中兵力都不可能存在，因為這會招來日軍的正面襲擊。而若要正面迎戰，日軍勢必會勝出。

共軍正規軍都是三、四百人一隊地行動。各隊以電話或無線電和總部及彼此聯繫。個別的指揮部是區域性，而不是流動性的。好幾個指揮部集合起來就構成支隊和區隊，然後再由它們向原有的三個師部負責，八路軍與新四軍的所有師部又由朱德指揮的延安總部負責。各個區隊和支隊的司令官在地圖上調動這些分散的小隊，像一個鐵路派車員在派特別快車似的。任何數目的小隊都能以最快的速度集中起來，集結成一群一萬五千人或兩萬人的隊伍進行襲擊，然後再同樣迅速地分散，各自回到原地。假如一支日本部隊開向山野地帶進行掠奪糧食或掃蕩行動，密探們便立刻向區指揮部報告敵人的全部行動。司令官研究敵人行進的路線，考慮自己軍隊的部署後，用無線電、電話，或者傳令兵發佈他的命令，於是十來個游擊小隊馬上能向敵人進攻，從它的側翼予以痛擊，好比鬥牛者和鬥牛。但這樣的游擊小隊不可能不斷地集中起來進行大規模戰鬥，因為他們得靠地區人民的支持。沒有糧食和軍火庫的設備，就沒辦法支援大規模的軍事行動，而這樣的糧食和軍火庫，對於擁有戰車、大炮的敵人來說可是天大的誘惑，所以每一個小隊都是由身處地區的村縣裡取得資源，而不是從一個統一的供應機構獲得。

共軍的分散是他們的最大優勢，同時也是他們的最大弱點。日本人雖然無法一次就拿下他們的部隊，因為游擊隊根本就沒有任何工業或軍事基地能使陷落而害及全體。但是，同樣地，中共也不可能進擊任何重要的日軍駐軍，也不能和由堡壘及重武器護衛的日軍鐵路線作直接挑戰。也就是說，儘管他們能夠挫挫日軍的鋒刃，或者把它打到一邊去，卻不能正面擊退它。

這支軍隊不懂得怎麼使用大炮，也不懂得怎樣運作一個空軍軍團。它對現代化的通訊工作，對機械化及醫藥事務所知甚少。它能有這樣偉大的力量，是源自於它的戰鬥精神。它是一支游擊軍，仰賴著人民的援助戰鬥，它的後備力量遍及全國，也就是那些「民兵」——武裝的民眾自衛隊。幾乎所有健全的農民都是「民兵」，他們是地方上的自衛團，他們既耕地又打仗。中共聲稱大約有二百萬名民兵分佈在八路軍、新四軍合作的土地上。幾十年來的內戰，無形地將這些人武裝起來，有些人帶有鳥槍，或是前膛槍——舊日軍閥時代留下的產業，有的則帶著鐵叉或是刀子。正規軍偶爾也會移交一些日本式的步槍給地方民兵，因為民兵的軍火不夠成為有效的力量。依據日軍的不同行動，民兵單獨作戰，或是在正規軍的支持之下作戰。領袖都是由隊伍裡自己選拔出來的，人民對自身土地比誰都熟悉，而熟悉地形帶來的效益幾乎能抵得上敵人的炮台。

中共以最基本的戰術訓練這些軍隊，並且苦心經營著一個統一的地下防禦戰。一九四二年時，中共對地雷產生特別的興趣，兩年後，農民們幾乎已經技巧純熟到能將地雷戰當作地方上的遊戲了。農民們把廟裡的鐘鼎和一切破銅爛鐵送到當地軍隊的修械廠去，再從那裡換來同等重量的空地雷殼，用黑色火藥，或者用當地政府生產的無煙火藥把一個個空殼裝滿，再自己裝上信管。缺乏金屬時，他們就用木頭、瓷器或石頭來做地雷。農民們種下死亡的種子，他們圍繞著敵人的駐防地和碉堡，一個個埋下地雷，這樣，敵人一出來走動就自取滅亡了。農民們在他們自己村子周圍也種下地雷，夜晚時，他們沿著入村的幾條路上埋地雷，只留下一條完全沒有地雷的太平路，而這條每夜都在變更的太平路，只有當地軍隊指揮官和村裡公安委員會主席才知道是在哪裡。村子裡的人都自己囤積著地雷來對付日本人的進攻。當日軍開始間歇性地出擊時，他們就搬出他們的法寶，埋至各處——小河間的橋樑上、小溪水中的踏腳石下、四鄉小路下。他們還把地雷埋在進門的圍牆邊、各個聯絡的站口，以及中心的廣場裡——所有日本人可能聚集的地方。中共的報紙用盡一切宣傳手法鼓勵著村民的機警，就像美國運動專欄作家描寫明星球員似的，不停地宣揚著這些「地雷英雄」們。

無論正規的八路軍、民兵、地雷陣地，都受當地情報機構的輔助，這個機構向中共提供敵人的所有行動消息。他們建立路條制度，也就是說，若是沒有游擊隊正式負責人簽發的路條，任何人均不得自由旅行。兒童團負責向過路人檢查路條，也會在山頂上觀察敵人的行動，他們能清清楚楚看見每一個行動中的日本人和每一架敵人的卡車。一些山上樹立了長竹竿，頂上捆上草，像一個掃把似的立在那裡，大老遠都能看得見。當放哨的人看見敵人開始有動作時，他們會立刻把竹竿放下來，位居低地的農民們便知道日本人要來了，村裡的動員委員會將馬上準備著緊急的行動，婦女和孩子們躲進山裡或地道裡，每一家趕緊藏好牲口、藏起米糧，將貴重雜物埋在土裡，自衛團也立刻武裝起來，在路上鋪滿地雷。在河北廣闊的平原上，缺乏山林的掩護，戰爭成了地底鬥爭。農民最初在各自的村子挖掘地道，後來一個村子與另一村打通，到了戰爭末期，這些地下的穴洞，幾英里長地一個接著一個，蜿蜒曲折，只有當地人才知道該怎麼走。而在這些洞裡，拿著步槍的農民，便能在對等的條件下和日軍作戰了。

兩、三萬的共軍游擊隊和差不多數量（甚至更多）的民兵聯合起來抵抗一場日軍攻勢，這種大規模戰鬥，只有特殊情況下才會發生。除非他們逮到機會，能抓住小隊人馬的敵軍，能俘獲比他們這次戰鬥耗損還要更多的槍枝時，共軍才會出擊。從一九四一年以來，共軍的武裝幾乎完全是從敵軍身上奪來。所以戰鬥時，預期的收穫能不能抵掉可能的損耗，需先經過計算。當收成的季節來臨——鄉村最大的弱點——此時是敵人進襲的大好機會，他們總是進行著戰鬥來保衛鄉村，因為一次成功的襲擊不僅可以將日軍的糧庫裝得滿滿的，也會使農民好幾個月沒飯吃。為了防止這種擄掠，共軍即使在不利的情況下也同樣奮不顧身地作戰，以保護正在收割的農民。當他們的某一主要行政中心受到威脅時，他們也不惜一戰。在解放區裡，每一區的核心地帶，總有許多土地是五、六年來在游擊戰中始終未被侵犯過的，他們就在這些土地上建立著他們最長久的行政機構。

軍事形勢多少會隨地區而異。關於中共作戰的情報，大部分來自訪問過華北八路軍地區的美國軍事觀察員們的報告。同樣形式的戰鬥已在新四軍所在的華中進行，只是規模比較小，也較不完整。這樣的戰鬥實在是一個歷史性的勛績，可是被國共雙方的宣傳所矇蔽了。國民黨的宣傳死守著官方制定的定理，總是說中共根本就不抗戰，說他們與日本人勾結，只是一個恐怖份子的組織，用武力統治著鄉村。這樣的說法簡直是大錯特錯，幾乎所有的美國觀察家都接受中共對自身戰鬥的看法，這一事實，很簡單地就能證明國民黨的說法完全是造謠。不過，中共的看法雖然正確，但也同樣被過度渲染的宣傳損害。比如說，中共說他們抗擊了日本在華軍隊的大部，擔負了抗戰的主要擔子——這並不正確。在日軍活動的極盛時期，日本在華駐軍大約有百分之四十在和共軍作戰或在對付中共地區。但是在多次主要的戰役中，卻是中央政府的士兵遭到衝鋒突擊，被敵人打得落花流水，犧牲了性命。在一九三七年到一九三八年的戰役中，或者在一九四四年湘桂戰役中，日軍百分之七十以上的力量都集中在對付蔣介石及其軍閥友軍的部隊。

中共對於敵人損失的估計，完全不能與中央政府的誇大之詞相提並論。但也不是什麼太準確的估計，中共聲稱他們已經消滅日軍五十萬人，但是，當岡村寧次在投降以後對盟國所作的報告裡，估計日軍損失於游擊隊之手的不到五萬人。真正的數字大概落在這兩個數字之間。中共的宣傳裡另一個讓人失望的因素，就是他們對於他們軍隊與政府軍隊之間不斷磨擦的報導。中共生存、戰鬥於一個活動的政治哲學裡，他的精神力量奠基於把尚未組織起來的人們組織起來。他們的擴張與改革，時常和國民黨在日本進攻時留下來的少數殘餘份子發生磨擦。在這樣的衝突報導裡，得到人民擁護的中共一向是勝利的。誰先動手打人，從來就沒有弄清楚過，但是毫無例外地，雙方都說是自己被攻擊。每一次磨擦時，中共都大聲疾呼：「狼來了！狼來了！」要理解他們這種激烈的情緒，你只要回頭看一看一九四一年政府對於新四軍的大屠殺，就能懂了。但若什麼事都推責於此也是不可取的。比如說，一九四五年春季時，共軍向南方海岸線發動一個大規模的攻勢，他們經常和政府軍發生衝突。共軍的攻勢大部分是對付日本人，但必要時，他們也與政府軍隊作戰。當他們說到自己在日軍後方那片空廓的區域內遭受政府軍攻擊時，形容得就像被對方用眼睛撞擊自己的拳頭一般。

許多類似的衝突，展現的不僅是軍事上的敵對，而是更普遍的政治對立。在中國，根本沒有公開討論問題的機會，在重慶也沒有方法能用和平商談來解決牽扯不清的政治問題。近代中國從來沒有一次政治上的決策，能不用經過武裝力量或武裝威脅，子彈就是中國政府的選票。除了中共，中國從來沒有一個集團有勇氣去武裝人民，這等於是賦予農民解決他們自身痛苦的力量。民眾普遍擁護的中共，能夠武裝成千成萬的人民，他們知道這些武裝並不會反過頭來對抗自己。就這一點來看，中共實際上是中國歷代偉大農民革命的延續，在中國歷史上，武裝人民向來都是推翻舊朝代的一項先決條件。

中共活動革命綱領，漸漸開始迫使陳腐的鄉村制度和官僚主義瓦解。當地方上的舊勢力把居於敵後的國民黨殘餘部隊招來，擴充他們的威權時，他們面對的是武裝群眾的力量。共產黨不僅鼓勵對日本作戰，而且還鼓勵對所有舊事物作戰。這當中發生的磨擦，不可能只用一般戰爭的標準加以評斷。態度堅硬、互相憎恨的人們彼此進行著內戰，有時法律可能站在這一邊，有時則站另一邊，但在一場內戰中，所謂法律都有待討論的。

一九四四年夏季時，中共抵達另一個新的、決定性的成熟階段。從一九四一年新四軍事變，到一九四四年湘桂戰役完全暴露了政府的弱點，這一段時期，中共對蔣政府的態度由畏怕轉為蔑視。中共親眼看見國民黨軍隊，在大量美國槍炮、汽油，和戰車的援助之下，竟在日軍的攻勢前像稻草人般潰不成軍。這些累壞的國民黨隊伍似乎成了他們憐憫的對象，而不再是仇恨的對象了。河南農民自發的反政府暴動使得中共更加相信重慶政府已經是一座快崩垮的建築，不剩幾天可活了。

中央政府與共產黨之間的談判在一九四四年春天重新問世。這一次中共代表在重慶已不再像個名求乞者，倒像某個強大武裝運動派來的高傲使者。他們的傲慢使政府的談判代表大為驚奇，他們以為幾年來的封鎖早該把中共困死，以為中共代表們應該是些和氣的人，會對重慶提供他們的殘羹冷飯感激不止。對於中共所提作為談判基礎的條件，國民黨的代表都為之大驚失色。政府有一個發言人很悲嘆地說：「他們簡直就像忘記，不管怎樣，我們仍是政府呀！」

一九四四年夏季，中共的要求是有遠見的。包含以下幾點：

一、政府應承認並供應戰地的共軍十六個師；
二、政府應釋放所有政治犯；
三、中共以及其他黨派均應享有合法地位，過去把他們歸入非法的法令應立即取消；
四、成立包括中共及其他黨派在內的聯合政府；
五、政府應承認所有解放區民選政府的合法地位。

無黨無派的意見都認為，除了最後一項以外，中共的其餘要求都算通情達理。中共控制的解放區分佈於整個黃河盆地和整個長江下游，從上海通過南京直到廣州，若承認這些，代表政府在這一些地帶裡，把國民黨降入次要的地位。也就是說，若和平到來，中共將控制最富有、最高度發展的沿海一帶，而國民黨將被封鎖於內地。

但是，有可能中共提出最後一項要求是為了故意抬高籌碼，為了達成他們更加迫切的願望，他們已經有了折衷讓步的準備。果不其然，一年後，他們放棄長江流域一帶的要求。一九四四年五月開始的談判，到了仲夏時節就宣告破裂，因為很明顯地，中國內部問題想要解決，必須先等到中美之間的關係有了結果——當時中美關係正為史迪威問題而劍拔弩張著。[11]

11 對於國共的辯論，無論中外，無黨無派的意見往往是同情中共的。理由很簡單，中央政府直到一九四四年都禁止任何新聞記者或觀察者到中共地區旅行，堅持要大家完全接受它對中共問題的一切看法，並近期之力怒罵、斥責中共。對於政府的這些說法，中共的答覆是邀請所有新聞記者訪問參觀他們的地區，親眼去觀察，看看政府的這些說法究竟是真的還是假的。在爭論中，一邊不許對它的說法進行不偏不倚的調查，而另一邊卻邀請人們去親自調查，於是社會的輿論便一致地站在邀請調查的中共這一邊了——譯者。

Chapter 14

史迪威事件內幕

The Stilwell Crisis

一九四四年仲夏，中國內部的危機壓迫著美國的政策。中國發生的事情是那樣盤根錯節，又與美國的大戰略計劃彼此緊緊相扣，使得中國問題在美備受關注。一九四四年，代表美國的兩個人——史迪威將軍和高斯大使（Clarence Gauss），都將一生中最精華的時期投注在中國。而且他們自一九四一年以來便對中國的時事有密切的接觸。到一九四四年夏天時，兩個人都對於中國的局勢，得出了共同的結論。

他們的結論是：雖然確實有援助的需要，但戰場上的危機，不可能單靠美國的援助解決。在他們看來，軍事上的危機，就只是重慶政府的信念、執行和政策整個崩壞的後果。既然美國大量援助中國政府，美國人的生命也與此利害攸關，而且中國任何復興都是以美國的不斷援助支持為條件，高斯和史迪威都認為，為了兩方能並肩進行抗日戰爭，美國要中國實行劇烈的改革是合情合理的。為了讓美國的援助（不論是現在還是未來將繼續給予的資助）產生效益，中國政府必須先具備最基本的效率和清廉。

蔣介石只能部分同意美國的這個結論。他非依靠美國的援助不可，在紙面上，他願意對美國的特殊指責，或者美國對行政上的某些要求予以讓步。但是若全照美國的建議來改革政府，代表他的政府需要能獲得人民、共產黨、國民黨、無黨無派人士的支持，也就是說，政府要刷新自己，要掃清貪官污吏和腐敗的地主。儘管這些害蟲們是整個民族力量中的累贅，但他們支持蔣介石。蔣介石希望美國與他之間的關係維持著一個不賠本的買賣——有多少希望就作多少讓步，零零碎碎的援助就只能有零零碎碎的改良。像這樣的合作關係長存了兩年。現在，美國要求終止這種糾纏不清的討價還價，它要求一個透澈的改革，使中國政府轉化為一個有用的盟邦。

經歷這幾年來與中國參謀部那令人氣餒又頭疼的合作後，史迪威得出了自己的結論。美國的每一項要求，都是在勉強地逼迫著不情願的中國實行，而這樣心不甘情不願的合作，大大妨礙著事情的進展。史迪威腦中考慮的是如何該對日本作全面的戰爭，何應欽腦袋裡裝的是美國如何援助和保衛國民黨政權。所以在一九四二年史迪威提出要派遣共軍參加緬甸作戰時，對史迪威來說當然是理所當然的決定，然而，就何應欽和中國政府而言，讓共軍穿越全國豈不是去打開潘朵拉的盒子？那怎麼行！所以，如果美國沒有考慮到軍隊和政府裡糾結纏繞的政爭，就不可能作出任何決策、不可能調動軍隊、不可改編官兵的升遷，也不可能分派資源。

史迪威要求把這種自私、無能、腐敗從指揮部裡清滌出去。在一九四四年，要讓中國軍隊——一支貧病飢餓、遭受著差勁的領導和百般虐待的軍隊——去打日本人，是一件不可能的任務。在緬甸，史迪威撿起一九四二年戰役後的中國殘餘部隊，把渣滓鍛成戰爭中的鋼鐵。他的方法如此的簡單，卻無比的成功——僅是提供部隊供應品，給他們衣服、訓練他們、武裝他們。於是，緬北這支軍隊裡的中國軍官開始懂得現代後勤制度的用途，學會駕馭領導進攻的技巧。史迪威帶領著這些軍隊深入叢林地區，讓他們個別獨立地去領導，史迪威給予他們的信任，加強了他們的信心。他花了兩年，想讓中國國內更廣大的軍隊也鍛鍊成緬甸那些精兵，但是他得經歷層層的紙上協議關卡，而且就算最終紙上答應，實際上還是毫無結果。

早在珍珠港事件以前，中國就答應讓美國人用現代技術訓練一支三十師的中國大軍，可是協議成立過後八個月，他們仍不在紙面上指定好師名。他們答應史迪威，提供他體格精良的士兵以進行緬甸之戰，可是送到美軍軍營去的那些淒慘、殘破、營養不良的壯丁當中，有半數不得不在體格檢查時就被退回。雖然中國也答應過一定會確保史迪威數個進攻師的人數充足，可是一九四四年下半年時，他在緬甸的軍隊就有幾千名缺額，滇西怒江區的幾師更有上萬名缺額。一九四二年時，史迪威曾經要求，至少要讓前線的中國軍隊享有充分的飲食，可是十八個月以後，他的催促，不過只是讓中國軍隊的鹽泡飯上每月加上一磅肉和幾磅豆而已，而這種所謂在飲食上的改進，也只限於少數怒江地區的精銳師。

美國要求蔣介石允許他們派遣一個軍事情報隊到延安，因為中共的軍事情報在全面抗日戰爭中是十分重要的。中共控制著九千萬人民，他們的情報網深入東北門戶以內，他們擁有日軍部署和行軍的資訊，對於軍事安全都是極有價值的。可是耗時整整一年的時間，直到一九四四年的夏季，國民黨才終於同意美國在延安設立一個軍事觀察團。

所有這些，加上其他無數的小事，使得中美之間的曲折交涉充滿惱怒不休、忍無可忍。一九四四年夏天，軍事危機達到最高峰，顯然再透過先前的交涉或讓步處理方式，不可能解決得了眼前日益嚴重的局勢，中國必須能迅速做出決策。而史迪威深信，只要他能在中國國內軍隊身上下苦心，擁有他在緬甸叢林裡掌控，並且成功發揮的權力，那麼他是可以完成這項任務的。

史迪威與中國軍事當局相處後得出結論，同一時間，高斯大使也從他與中國政治的接觸經驗中得出一樣的結論。高斯和史迪威在許多方面都很相似。高斯是一個不圓滑、心直口快的人，他藐視虛偽做作，顯著的嚴苛掩蓋了他內在的祥和。這樣的性格似乎是不幸的，因為中國只想從美國尋求慰藉和溫暖。他們認為，這位大使應該要像一個帶著水果籃和同情來慰問病人的訪客，他們希望得到撫愛和支持，因為他們身處苦難之中。可是相反的，高斯卻如同一位明察秋毫的外科醫生，給予的是冰冷、高明的援助。他知道，只有透過開刀手術，身體才能復原。

高斯大使開始介入時的政治形勢，是政府與中共之間陷入僵局的局面。蔣介石主席的左右都是以反共起家的狂人。史迪威主張該多派軍隊去打日本，政府卻把二十師最優秀的軍隊放在北方封鎖中共邊區。新聞檢查制度壓制所有對政府的批評，特務鉗制住反對的呼聲。檢查制度的帳幕後藏著陳立夫、何應欽、孔祥熙這個三頭政治。這三人不容許任何相反的意見，任何敢開口喊著要撤換掉他們的人，皆會被誣蔑為共產黨或者日本宣傳的工具。與此同時，政府機關裡的誠實公務員們，卻天天被通貨膨脹吞噬，薪水則固定不變。重慶的流亡者發現自己掉入高漲的物價與半靜止薪水間的深淵。物價攀到戰前水準的五百倍，而且還在繼續上漲。飛機不斷飛越駝峰，載進一捆捆美國印制的鈔票，政府以一日法幣五十億元的比例向市面傾瀉著新鈔票，所有這些，都影響著美國的政策。一年之內，當物價又漲了三倍，政府的生產機構的預算卻只增加百分之二十。中國軍需部發現從飛越駝峰而來的美國租借物資中取得黃銅，比從近在眼前的政府工廠去買要便宜，且更方便。政府的煉鋼廠只有百分之二十在運作，因為兵工廠沒有能力買煉好的鋼去製造槍械。

整個一九四四年的夏天，美國大使館不斷地促成幾樁事情：一個清廉有效的行政系統、全國的團結、一場徹頭徹尾的改革。美國大使館預見到即將在次年全面爆發的內戰，催促著蔣介石成立一個具代表性的政府，能反映所有集團和所有黨派的意志，讓一黨專政的狹隘氣氛裡吹進一點新鮮空氣。高斯也考慮到美國本身的利益，所以他建議蔣介石和蘇聯達成某種友好的協議，讓中國不至於在未來可能的美蘇敵對形勢下，成為一塊互相爭奪的骨頭。可是，高斯和史迪威的這番忠言都被當成耳邊風。

一九四四年八月，羅斯福總統（Franklin Delano Roosevelt）將中國的所有問題裝進一個小袋子，交給著名的赫爾利—納爾遜代表團（Hurley-Nelson mission）。這個代表團賦有總統的最高權威，能處理中國危機的每項細節，他們兩人都是羅斯福的私人代表。納爾遜來的目的，是為了讓驢子有胡蘿蔔吃，讓牠向前進，而赫爾利則是驢子身後的那根棍子。納爾遜像是一人慰勞團，來為中國畫出一幅離天堂不過一步之遙的未來藍圖。他來華的目的是視察中國的戰時工業以及中國的經濟結構，設法增加產能，找出中國需要美國什麼樣的援助，決定美國哪類型的技術專家能加以善用，與考察戰後貿易和投資的可能性，這些任務交給他，再合適不過。赫爾利本身只是一名律師，卻被賦予更艱鉅的任務，他被配來調解蔣介石主席與史迪威之間的嫌隙，讓史迪威為成全中國陸軍總司令，以及解決共產黨與中央政府之間的僵持局面，這可是一項極為重大的使命。

兩人在一九四四年九月初抵達重慶，迎接他們的列隊和儀式都很精簡。兩人都是從美國飛來，被這趟長途旅行弄得疲乏萬分。他們馬上被載去一座特地為他們設的奢華的房子，過去上海上等飯店的名廚在那裡等著侍候他們。當晚，史迪威、高斯、赫爾利和納爾遜舉行了一個半鐘頭的會談，在聽完高斯分析的中國複雜局勢後，幾人決定第二天由高斯陪同赫爾利與納爾遜首次訪問蔣主席。這一次的訪問的結果驚人地成功。赫爾利告訴蔣介石，美國政府一直是站在他個人背後全力相挺的，而且這次會派代表團來，單純是為了援助他和中國。蔣介石聽了大為高興，立刻對赫爾利產生好感，他們之間的友誼於是誕生。

湘桂一帶不斷失利，美國代表提出的迫切要求無形中加劇了。蔣介石拼命地尋求供應和援助，而納爾遜與赫爾利都向他保證，美國的援助即將源源而來，而他們的要求，只是希望蔣介石能接受一些新的處事辦法。不到半個月的時間，蔣介石答應讓史迪威擔任全中國陸軍總司令，並且將他的允諾鄭重其事地寫成一封正式函件交給史迪威。史迪威得到的權力夠大，讓他有權升貶、獎懲、調動和改組所有軍隊，只要是他認為該做的，他都有權處理。蔣委員長還解釋說，從今後，作為全中國陸軍總司令，史迪威的工作百分之六十是軍事，百分之四十政治。看來所有的中國軍隊——國民黨的軍隊、共產黨的軍閥和游擊隊，終於能統一起來歸於一個共同指揮了。

這次的授權發生在九月中，當時桂林以北的情勢岌岌可危，所以史迪威立刻飛去桂林視察這場災難。視察後，他決定留下桂林的空軍基地，其餘全部銷毀破壞掉，僅留最後的這一條轟炸機跑道到最後一刻，讓空運能救濟那些準備作背城之戰的駐軍們。對有了新權威的史迪威來說，這個戰區乘載著希望。他和桂林區的戰區司令張發奎將軍會談，張將軍同意動員全部力量，最後進行一次反攻，在敵方進襲桂林以前先把敵人擾亂。但是他有一個條件，就是史迪威必須進入戰地，親自現身監督，讓那些悲慘的中國軍隊親眼看見，讓史迪威感召他們，激起最後一次大反攻的動力。史迪威同意這個條件，立刻回到重慶，希望在直接參與這場戰鬥前，能先與中國最高指揮部有所磋商。

在飛行途中，史迪威思考著這次的戰役，起草一份備忘錄，裡頭不光是列舉眼前桂林的危機，還有整個中國軍隊改組問題的種種方案。這個備忘錄考慮的內容不是政治外交，這是一個軍事文件，是為了一場緊急戰役而構思，而且意在立即付諸執行的構想，大大顯現出美國指揮官的特色。對於只希望指揮問題、採取外交和漸進方式的中國來說，史迪威的措辭使他們大為震驚，更讓中國政府覺得被冒犯，這樣的心態大大阻礙了他們對這方案本身價值的認識。幾天以後，當中國當局還在考慮史迪威的急迫建議時，華盛頓忽然來了一封有羅斯福署名的信件，史迪威當面將它遞交給蔣介石主席。

那天晚上，蔣介石正在他的郊外別墅歡宴赫爾利和納爾遜。史迪威被引見後即告訴蔣主席有一封羅斯福總統的來函。接著赫爾利、史迪威和蔣主席都退入了另一間屋子。沒有經過半字解釋，史迪威將羅斯福信件的中文譯文遞給蔣介石。據說，那恐怕是這三年盟邦以來他收過最嚴厲的文件，內容包括一項不客氣的要求——立即、澈底地實行改革行動，以度過軍事上的危機。蔣介石一聲不吭地讀著信件，兩隻膝蓋緊張地抖動著。接著是一陣閒雜的談話，史迪威圍繞著這封信補充了一些細節。過一會，史迪威在這個冷靜虛偽的氣氛中離去，而蔣介石則陷入震動大地的盛怒中。他對親近的人說，他不需要美國，若有必要，即使沒有美國的援助，他自己照樣可以單打獨鬥！他的惱怒達到了最高點。

其後幾天，關於這件事的談論都擱淺了。日本人一天天地迫近桂林、怒江和緬北，戰爭陷在膠著狀態中，各地都等待著重慶的決定。危機近在眼前，但在蔣介石的腦子裡，裝的似乎都是單純的陰謀和投機。他看不慣史迪威已經好幾年了，不論是眼看著史迪威在緬甸建立了一支新的中國軍隊，還樹立起一個足以威脅他的統治制度，或是史迪威主持租借物資的事件，都大大觸怒了他——在蔣介石看來，租借物資是送給他的禮物，使他擁有處理物資的全權，但史迪威卻以租借物資及其部下的美國空軍為資本，逼中國參謀部作出最多的讓步。蔣介石覺得美國是一個慷慨的同志國，羅斯福是友好的，蔣夫人曾經從華盛頓勝利歸來，赫爾利和陳納德也都是他的知己。所以他覺得，中美關係中的陰影，一定是史迪威這個人的性格造成。

蔣介石清楚知道史迪威不僅受自由主義份子歡迎，而且他在中共當中也極具威望。史迪威再三促請他動用共軍並取消封鎖，這些對蔣介石來說，似乎只是削弱他政權的政治陰謀的一部分。他已經給予史迪威中國軍隊的指揮權，結果史迪威首先給他的卻是一份苛刻嚴厲的文件，要求複查他的軍事組織，接著又給了他一個從華盛頓來的荒謬信件。對他而言，羅斯福簽署的這封信，像是出自史迪威的手，是其揮刀示威的最後手段。很顯然，由史迪威來指揮，不僅意味著一個新的軍隊，還意味著一個新的中國。蔣介石亂開了好幾年的空頭支票，可是現在他得自食其言。是的，才不過是幾天之前，他曾經同意過史迪威出任總司令，可是現在，他發現他不能這樣做，他自己發的諾言，看來得靠自己把它賴掉。

蔣委員長的回信，經由赫爾利轉呈給美國政府，信裡的措辭犀利、單刀直入。他不僅取消史迪威出任總司令一事，還終結其所有在華的差事。蔣介石說，原先之所以成立協議，是因為當時他以為美國的提議是要史迪威在他之下——國家的元首——擔任指揮。「可是我已經明白，史迪威將軍並沒有與我合作的意願，他以為他是受命在我之上的指揮。」信上說：「一切都宣告結束了。」這位國家元首說出的重話使得美國代表們驚慌失措。不過，史迪威還是急迫地希望解決其他問題，因為他知道美軍預定將在一個月之內登陸菲律賓。這一高級戰略需要中國在大陸上對敵軍施以最大的壓力，才能減輕麥克阿瑟遭遇的負擔。史迪威要求行動，他主張拋開中共問題不談，中美雙方集中精力將西南的政府軍打造成一支能打仗的力量。然而，蔣介石已經咬定牙關，不願變更撤換史迪威的請求。

就在此時，一個意外的曲折介入整場談判。當時，孔祥熙人在美國，帶著一張好人的面孔和笨拙的行政才能，一腳跨進當前的史迪威危機。在一次宴會上，他遇見霍浦金斯（Harry Hopkins），孔祥熙問他，羅斯福究竟打算怎麼處理史迪威？不管霍浦金斯的話是如何講的，孔祥熙的理解是：如果蔣介石堅持，羅斯福總統會撤換史迪威。他一抓到這個絕妙的消息，立刻火速用電報告知重慶。當時中美之間的交涉在重慶是秘密進行的，甚至國民黨內的最高級人士也不知道僵局已經發展至多嚴重的程度了。不過現在，這個消息讓蔣介石覺得自己勝利了，於是召集一次國民黨的中常會，吐露他的心聲，告訴他們，他同意由一位美國人擔任總司令，因為中國可以信賴美國。但是，在任何情況下，都不允許由史迪威將軍出任總司令。假如美國堅持不退讓的話，他打算靠自己，即使日軍來襲，他可以帶領他的忠心部隊撤退到山裡去。

這個中常會，是一個在星期一下午經常舉行的秘密會議，消息往往在開會後三天至一週的時間才會洩漏至外界。但是，這一次蔣介石主席表示，他不惜為史迪威問題與美國分裂的消息，卻像電流般，以空前絕後的速度迅速傳遍全城。當天傍晚，美國大使館——消息來源源自高斯，他的消息向來靈通而且準確——得知此事，讓美國的談判代表們知情。這誠然是一件糟糕的消息，假如蔣介石主席對自己的內層幕僚宣告這種不可變更的意旨，除非不惜大大犧牲他的威信，否則是不可能讓他收回這些話的。美國大使館慌張地打電報給華盛頓，要求證實或否認霍浦金斯的言談。霍浦金斯回電說，他的話被誤引，他只告訴過孔氏：羅斯福在沒有對史迪威採取任何行動以前，一定會與馬歇爾將軍仔細商量。但木已成舟，已經來不及挽回了。中國政府裡有太多人知道蔣介下定了決心，誰也無法再改變他的心意。

羅斯福曾經試圖緩解狀況。他撤消美國當初要史迪威擔任總司令一職的要求，改成只要求給予史迪威重開滇緬路所需要的援助，但不把史迪威調離中國。赫爾利將這份文件交去，蔣介石依然不為所動。他的立場有兩個：第一，既然他是這個國家的元首，他有權在中國撤換任何軍官，不容置疑；第二，他不再信賴史迪威的軍事判斷。蔣介石覺得史迪威為了怒江和緬甸的戰役，已經把中國的人力和物資吸乾了，使得湘桂空懸無援，又覺得史迪威遠離中國太久，懈怠了他作為參謀長的職守。後來赫爾利對本書作者之一追述蔣介石的這些批評，而他自己似乎也同意這一席話。下列史迪威對蔣介石的指控所做的辯護可惜不能公開發表，但千真萬確。

首先，任命一個外國人擔任中國軍隊的總司令確實有損中國主權，但是蔣介石最並沒有對這個主權的損害提出異議，因為他當初認為這樣做是在加強自己在中國的地位。他後來反對，是因為他發現，假如他的軍隊被美國化，等於是消滅掉一向統治著軍隊的官僚腐化制度。沒有刷新中國的政治，就不可能刷新中國的軍隊。而蔣介石本人不夠格擔任這件工作，也不夠格允許別人來擔任這件工作。

第二，史迪威在怒江與緬甸進行戰爭，確實凝聚了一股巨大的力量。但是，中國當時只有兩個戰略上的人力集中處，足以提供充足的力量去牽制或阻遏日軍在湘桂的攻勢：一支軍隊派在怒江區域對抗日本人，另一支則是派在北方封鎖共產黨，兩者都受中央政府的指揮。問題是，維持對共黨的封鎖，遠比打通滇緬路更合蔣介石的意願。但就史迪威來看，沒有理由要突然終止正在節節勝利的怒江戰役，也沒有理由讓蔣介石把一支龐大的力量擺在北方不動，只為發洩他對共產黨的憎恨。將封鎖共產黨視為比攻打日本更重要的事，簡直是背理的作法，只會釀成更多的災難——事實也正是如此。

這些僅是史迪威事件的部分內幕討論。到了十月中，問題相持不下的程度讓羅斯福沒有選擇的餘地了，現在演變成有蔣介石就不會有史迪威，有史迪威就沒有蔣介石的二選一局面。最後，他勉強地決定讓史迪威走了。十月十六日星期一，一封預先關照的信件，告知史迪威，總統被迫將他免職。隔兩天後，史迪威和蔣介石都得到了通知：史迪威被免職並立即返美，今後將不以美人擔任華軍總司令一職，同時中、緬、印戰場就此取消。自此以後，中國戰場與印、緬戰場將成為兩不相關的地區，中國戰場美軍司令一職，由魏德邁將軍繼任，魏德邁將軍亦將繼任蔣委員長的參謀長。

星期五下午，蔣介石派人告訴史迪威將軍，中國將贈予他中國最高的軍事勳章，史迪威率直地拒絕了。蔣介石以茶會邀請他，他接受了。兩個人侷促不安地對坐好一陣子，蔣介石低聲地客套一番，史迪威也以同樣的語調用最簡短的方式回應。第二天的早晨顯得寒冷可怕。在重慶只有五、六個美國人知道發生了什麼事，也只有他們知道史迪威將一去不復返。史迪威收好行李——他的日本武士劍和他的公事包，離開了。在機場，赫爾利將軍和宋子文站立在一輛滿身泥濘的車子旁邊等候著要為他送行。一輛中國旅行車穿過跑道而來，何應欽將軍跳下車，行了一個軍禮，史迪威也同樣行禮。當他們的車子濺著爛泥駛去，飛機的引擎發動了。史迪威踏上飛機，眺望著一片灰暗的天空。「我們還等什麼呢？」他說著。同時，門砰的一聲關上了。

飛機走完了黏滑的路基，到了跑道的盡頭，在那裡停留幾分鐘的時間。機場上一片空無，濃密的煙雲懸掛在山頭，一個穿著美軍制服的高個子在跑道的盡頭對著飛機揮手。機師加足馬力向前奔去，在跑道的末端騰空而飛。飛機輕輕地劃過揚子江，在燈塔繞了一周，便消失在霧層裡。這架飛機當晚在怒江停了一會，第二天清晨離開。

史迪威離開了中國。過不了多久，高斯大使也相繼離去。

此後的日子裡，對於中國，美國關切的是政治，不再是戰爭。他們在中國的政治問題簡單來說就是：該如何增進對延安領袖們的瞭解，以及該怎麼與他們合作。

Chapter 15

延安的政治

Politics in Yenan

跨過綿延無盡、沒有峰巒的黃土山崗，被風雨侵蝕的波浪地形裝飾著秀麗的田野，再越過中國北部便能從空中抵達延安。在這單調的乾燥山地上，一條條細流與溪谷瘋狂地奔向天邊，三條峽谷匯集於一長列蔥綠的平地上。從空中往下看，像是一個遊俠出沒的淵藪，隱蔽在山凹裡。一座唐代的寶塔突兀地聳立在一座矮山巔上，它的黃色襯在蔚藍的天空裡，顯得尤其迷人。假如是通過封鎖線從陸路上去，坐車要兩天，騎馬則要五天，此地與華北其他縣份大同小異，但這個地方比較乾淨一些，而且人們有著罕見的活潑與朝氣。延安的景物是人們所熟悉的——一群群頭上帶著朱紅垂花的動物、從沙漠來的駱駝，以及穿著厚重衣衫的人們在北方那濃密、令人窒息的飛塵中徒步走著。這兒的空氣和重慶不同，夏天乾燥又充滿朝氣，冬天嚴寒而令人精神振奮。

延安是個讓人困惑的的地方。三萬人民在此土生土長，他們的祖先在不知多少世紀以前即定居在此。他們和吃的東西和中國北方人一樣，講著同樣的方言，穿著類似的衣服。當晨光曦微時，尖銳的號角聲在山間迴旋，與人們的歡欣鼓舞相襯著。如果你不把延安視為政治首都，或是政治上的實驗地區，也不是中國的一般縣份，而是一個軍營、一個戰區司令部、一個臨時的指揮站，隨時準備著遭受攻擊，隨時準備著明天就要轉移的話，這樣的奇妙氛圍是能理解的。這個軍營以兩座主要建築為中心——中國共產黨的總部和中共軍隊的總部。黨的總部是兩座擠疊在山下的灰磚房子，除了毛澤東，共產黨的高級人員和家人都住在附近潔白的窯裡。軍隊的總部設置在一所舊柵垣裡，周圍有座清澈美麗的花園，離延河不過幾百米的距離。這兩個總部是整個中共活動的指揮中樞，這裡鼓舞、訓練、塑造著一萬二千多位居民以及在窯裡工作的黨員。無數的窯洞散布在城圍幾英里長的山坡上。從總部發出的命令和指示，將會傳達至各地，從東北到廣州、從漢口到上海，延安來的指令動員著那群構成整個運動基礎的幾百萬農民。

中共黨的領袖們是一群十分有趣的人。光從外表判斷不準，因為他們的內部會議絕對保密。他們最主要的特徵，是他們的團結意識、他們共同經歷的二十年鬥爭。他們一起對付國民黨，後來又一起對付日本人。他們的家人被嚴刑拷打、被暗殺，甚至失蹤。他們飽受警察的檢查和壓迫。弱者倒下了，動搖者投降了，留下的一個個韌如皮革、堅如鋼鐵。他們互相信任，緊密地團結在一起，沒有一點宗派主義的裂縫。如果他們有所爭論，也一定緊鎖在自己圈子裡。甚至大多數的黨員們也不會知道最高機構的政治局裡是誰在彼此反目。

這些領袖帶著一份菁英的優越意識。他們驕傲，有些人甚至是藐視一切。他們的肩膀上，沒有那些重慶官員勾心鬥角和例行公事的沉重擔子，他們可以不慌不忙、愉快地坐下來漫談。他們經常不吝嗇花費漫長的時間思慮政策，訪談時，會為某一個重要的理論滔滔不絕地討論半天。他們不糾纏在無謂的紙上文章，一切都從遠大處著眼，再由信賴的幹部執行他們的最終決定。這些領袖不過重慶高級官員們的奢華生活，但是他們的住所與下層人員相比，仍是較為整潔，品質也較佳。他們不迷信所謂的平等主義，這裡不會出現重慶部長老爺與其恐懼、襤褸的書記之間的巨大鴻溝。然而，長官獲得一定程度的舒適與便利被視為是合理的。

這些領袖被視為，也被接受為精英。他們對自己的民主感到驕傲，並且立下行為規範來管束自己的專業。在國民黨一九四一年實行封鎖以來，他們展開一個生產運動，要讓延安邊區達到自足。他們鼓勵所有的農民去擴展他們的播植和收割，所有的政府官員和黨員都得耕地，生產自己的糧食，減輕當地農民身上的負擔。這次的生產運動獲得極大的成功；黨和黨的工作人員賴以為生的不是稅收，而是自己額頭上的汗水。毛澤東管理著一塊菸田，在戰前他抽著便宜的中國香菸，可是現在，為了有菸抽，他辛勤地耕耘自己的菸田，最後他生產的菸葉足夠供應整個黨總部的消耗。總司令朱德種的是白菜，大多數的領袖們，都以自己的親民為傲。毛澤東確實是居住在離城幾里的郊外，受到比凡人更多的尊敬。但是其他的領袖面對任何來賓都顯得非常隨和。共軍總部經常每星期舉行周末晚會。晚會內號筒、笙管和本地弦樂的雜湊音樂伴奏著，朱德和小女孩跳著華爾茲。身形魁梧的參謀長葉劍英，愉快地接受著任何勇氣十足的女孩的邀請，輕輕地跳起雙步快舞。

這一群單純忠厚的人們，不像能對重慶或世界安全造成什麼太大威脅。可是，若你稍微琢磨一下他們的思想，聽聽他們的談話，就會注意到其中有份固執，帶著現實主義的成分。最初你會先覺察到他們對中國的深刻理解：他們澈底地瞭解國家、瞭解農村。

他們是社會關係的工程師，深刻理解農民的疾苦，也知道怎麼將苦疾轉化為行動。農民是他們的基本力量，不論馬克思主義教條多麼艱澀，多麼偏理論，他們最終總是能得出精闢的結論，當這些基本的理論變成淺顯易懂、思深語近的想法時，即使最無知的農民都能理解，而且視之為自己的思想。

但是，有時他們對外面世界的知識缺乏卻叫人吃驚。他們對於高級財務、外交禮節，或者西方國家的行政系統所知不多；對於工業、西方的機械工程和國際貿易，他們的瞭解也只是皮毛。他們透過馬克思主義的經典來認識整個西方的歷史。例如，有一次在追溯美國和中國的相似處，有一人問我，美國是否在獨立革命時就已經有電燈了？雖然如此，西方國家對中國的壓迫，他們卻連最細微的細節都弄得一目瞭然、清清楚楚，他們也很懂得如何利用西方的力量和工藝來增進農民的福利。

他們為此沾沾自喜。一九四一年實行封鎖時，重慶以為他們終於要完蛋了。然而，他們依然存在，而且當我在一九四四年訪問延安時，發現他們其實比重慶的領袖們——無論在實際作為或思想上——要堅實得多。他們個個澈底的堅信自己的道路是完全正確的，也覺得重慶的官員和軍隊沒有什麼膽量和能力。他們的自信表露無疑：講演中，總是有些神聖的氣氛，會讓你回想起教會的夏令營來，參與的人們來回地相拍著肩背，流露著虔誠的態度。

毛澤東的人格支配著整個延安。毛澤東是一名矮個子湖南人，一張圓臉，上頭半條皺紋也沒，看起來奇異地爽朗；比起蔣介石的那副道貌岸然的樣子，他的臉顯得活潑得多，也堆著較多的笑容。毛澤東總是用一種對話式的語氣——問問題、講雙關話、各種手勢——來抓住他的聽眾。在共產黨裡，他們沒有正式的階級區分，但毛澤東卻受著最高的愛戴和欽仰。他在黨內有著毋庸置言的支配力，比起蔣介石對他的左右的支配還要更為密切，也更難以形容。一部分是由於一種真實的愛戴，另一部分則是因為他在智識上無可匹配的突出。他領導中國共產黨將近二十年，一九三五年時，他和長征的英雄們一起從華南長途跋涉而來，和黨一起度過飢餓的日子。和蔣介石一樣，毛澤東的形象多少也像個傳教士，黨視他為一名聖者。由於他的領導，黨從貧乏的地下狀態，進化成這場戰爭、國際事務中的一支強大力量。他的領導原則雖然是理論的，但是理論一經他的解釋和運用，成了有用的東西，而且在實際工作上有所成就。

延安有一種說法，認為毛澤東不過是同志中的一名長者，平輩中的佼佼者；人們認為他的話在會議中之所以有分量，是因為他的話最有智慧。實際上，毛澤東是人們擁戴的象徵，他的意志支配共產黨的程度或許比蔣介石在國民黨裡還要大一些。在公開的集會裡，人們不難看見政治局的其他份子——他們本身也位居高位——反復地引用毛澤東的演辭，像在吮吸著知識的源泉。在黨裡居於第二位的是朱德，紅軍的總司令。兩人有著幾十年的友誼和共同的鬥爭。總之，在共產黨裡，毛澤東的地位地居於首位。

中國共產黨像國民黨一樣，組織形式和蘇聯共產黨類似，都是以聯共的組織為模型建立。理論上，黨的最高組織是全國代表大會，由大會選出一個執行委員會，再由執委會選出一個政治局，最高的會議機構。自從一九二八年以來，中共就再也沒有舉行過全國代表大會，因為從那時起，中共遭受國民黨和日本人的驅逐和打擊，無法舉行任何選舉，中央執行委員會也難得有機會能開會，所以，黨的方向其實就是由政治局決定，這個政治局則受毛澤東的人格支配。局裡有陸軍總司令朱德、英明卓越的革命家和中共駐重慶的「大使」周恩來，以及一位不大為外界熟悉的劉少奇，他是黨的書記，機敏而勤奮。還有其他的思想家和實際工作者也在這個延安的高級政治會議裡。在延安，政策與行政之間的劃分比重慶清晰許多。政治局制定重要的決策，掌握著整個經濟政策，決定他們中央政府的態度，以及對外政策等等，再由與其相配合的黨的組織和軍隊澈底地加以執行。延安好比一間巨型實驗室，在這所實驗室裡，熱情澎湃的學生獻出他們思想的精華，黨把這些精華溶解，鍛造成全國性的政策，這些智慧鑄成現實組織的能力後，再一古腦地送回各個地區。據估計，一九四四年，中共在延安訓練了大約四千位青年男女。

在延安，他們堅信這些是有效的民主。這裡擁有批評與討論的自由，不論是某個方針的執行不當，還是文武當局誰有失錯，任何人都可以予以指摘。事實上，共產黨經常地在自我檢討，總是拿著一面放大鏡檢驗著自己的過失。他們痛擊自身胸膛以確保自我的改進，他們也為自己的失錯感到悲哀和懺悔。在各地，這種評論的自由是中國農民這輩子見識過最為民主的政治制度。地方上的會議會接受他們的控訴、滿足他們的需求。

有史以來第一次，他們成了社會裡的平等公民。但是，中共最高決策卻是另一副景象：政治局將經過上層領袖討論的最高決策往下級傳達，延安則不會有所反駁。在延安，全體一致地同意——恰好和重慶形成鮮明的對比，在重慶，中共的報紙大力地攻擊政府，無黨無派的報紙以能逃過檢查網為一大快事。在延安只有一張報紙，沒有人大聲囉嗦政府應該或不應該做些什麼（至少外國人看來是如此）。這張報紙的篇幅，經常是讓黨員們在黨政策與執行上的缺點作嚴厲的剖析。但是這裡卻沒有重慶的緊張氣氛；在重慶，專以譏誚為能事的國民黨官僚們，整天在嘰嘰喳喳的吵著，不時勾心鬥角、互相嘲罵。

至於延安內部毫無歧異的現象，每個人有自己的解讀方式。一種說法是：延安著重的是行動，而不是政治，人們都忙於他們的工作，實在沒有時間去做政治爭論。同情共產黨的人則說，這種一致性是源於全體的協議，但是恐怕很少有這樣完善的政治制度，可以自然達到一致的協議。攻訐爭執是政治當中不可獲缺的一部分，如果缺少了，就不自由了。國民黨則認為延安的團結象徵著極權，覺得延安是靠特務、集中營，以及靠其他國民黨全部在做卻不願承認的方式統御一切。但是，我在延安找不出任何極權機構的存在跡象。我在那裡的時間只有短短幾個星期，不過其他待上數月的美國人，也同樣看不出中共有重慶的獨裁專制機構。在各個地方，的確傳著一些中共殘暴對付土豪大地主的事實。在淪陷區裡，也有許多中共炮手在做地下工作；過去也曾經盛傳一時，中共的恐怖份子曾打擊並殺戮國民黨間諜和共黨的叛徒。但是，這些都只是戰爭的一部分。

重慶提出議論：即便在嚴厲的檢查制度之下，中央政府准許一份共黨報紙在首都出版，但是在延安，卻沒有任何一張反對派報紙的存在。關於這點，中共有一個相當得體的答覆，他們說，現在出版的這份報紙，都是用一台從日軍占領下的城市中偷運出來的印刷機器印製，所用的紙張也是在日本人的炮火下從淪陷區裡運來的。他們公開地說，假如國民黨想在延安出版報紙，那就讓國民黨自己運來一部印刷機和足夠的紙張，這樣的話，他們很樂意准許它印行。中共保證在戰爭結束以後，所有團體都能完全自由地出版自己的報紙。他們也指出，外國記者從延安發出的電稿，從來沒有被檢查過。關於這一點，我曾經向他們的最上層領袖之一，尖銳地提出一個問題：「你的意思是不是說，任何人都可以隨心所欲地說話，不管他說的是什麼，就像在美國一樣？」「是的，」他回答說：「只要他們不與人民為敵，他們就可以隨心所欲地說話。」至於誰來決定怎樣是與人民為敵以及應該用什麼樣標準來評斷，他卻沒有加以解釋。

共產黨人的生活乍看是不民主的，因為那裡沒有任何具組織規模的反對派政黨，而且一向如此。中共完善、堅實地組織了起來，他們的所在地是叢山峻嶺的地區，或是一片廣闊沒有可見道路的平原，這種地形日軍根本無從滲入。這些落後的地方，在戰前不具任何政治積極性。中共占領的古舊村鎮裡，過去也從來沒有組織過什麼政黨，除了莊稼生意外，誰也不會有更遠大的念頭。共產黨就是在這樣的農村中建立起來。戰爭時期，黨員的數目從二十萬發展到一百萬。他們在處女地上扎根，在機構中發揮個人效用。他們知道，沒有反對派是不民主的，所以制定了三三制，依照這個制度，任何城鎮或區域的參議會當選代表中，中共黨員不得超過三分之一。至少，三分之一必須是國民黨員（儘管國民黨指出，這些人都是國民黨的叛徒），其餘三分之一屬於無黨無派。實行時，這個制度並不是真的這樣死板，不過中共不太會讓自己的人數超過三分之一。事實上，他們多於或少於三分之一也沒有太大影響，每個地區的機關裡，他們都是唯一與國家政策相聯繫、具有凝聚力的組織。他們是軍隊的領導人，又是農民的保護者。無論就哪方面來看，農民都把共產黨人當作自己的領導人、自己意志的代言人。

中國共產黨人矢口否認某些美國友人的推斷，這些美國人認為中共只是農業改良者，根本不算什麼共產主義者。他們則堅稱自己是徹頭徹尾的共產主義者，而且以此為榮。他們說，所謂共產主義就是將馬克思主義，應用在變動社會的問題上，無論運用在俄國、美國，或是中國，這些原則都經得起時間的考驗。然而，畢竟每一個社會皆不相同，同一原則的應用就會產生不同結果。實際上，中國共產黨與世界偉大的經驗主義者並列，他們是在錯誤與經驗過程中出類拔萃的藝術家。這二十年中，他們的原則領導著他們，黨在每個時期的不同路線規劃都反應著這些終極、不可質疑的真理原則。許多其他國家的共產黨往往不負責地在理論上持反對位置，而中國共產黨治理著千百萬同胞，已經有二十年的工夫了。他們的討論建立在一個永恆、實際的基礎問題上：「這樣行得通嗎？」

馬克思主義在中國社會的應用，奠基於毛澤東一九四〇年在延安出版的一本書——《新民主主義論》，這本書至今仍是整個運動的聖經。這本書是在德蘇互不侵犯協定的時期完成，若是晚一點寫成，大概許多部分會有些差異。這本書之所以有趣，因為它表現了當時中國共產主義運動的性質。不過，這本書完全忽視美國在太平洋上的影響力，例如裡頭說：「沒有蘇聯的協助，中國抗日戰爭的最後勝利是不可能的。」這本書值得重視，因為它流露出三〇年代的激烈革命以來，共產黨一路上的基本轉變。此書寫於美國重擊日本之前，共產黨人不流於空論的，他們不斷地在增加實力。毛澤東的這本書精明踏實，而且在許多方面非常傑出，是一個在任何情況下皆能賴以引導的行動綱領。

早期，在華南一帶，中共實行著中國土地蘇維埃化的綱領——主張沒收土地、群眾暴動、嚴懲地主。那時，他們認為三民主義是破壞人民的可恥手段。當他們被迫遷移北方時，採取號召抗日統一戰線的新路線，這個政策的裁決是為了停止內戰和防止日本的侵入，就國際形勢言，它能吻合共產國際（Comintern）的大原則。當時共產國際的政策改為在每一個地方號召、組織統一戰線。根據一九三七年他們和國民黨達成的協議，中共接受三民主義，並放棄他們土地沒收和蘇維埃化的政策，也確實地遵循這項協議，但是到一九四一年時，他們的新策略已獲得超乎想像的成就。毛澤東的這本書相當於一項政策的正式書，多年來都順利的執行著。這本書的根本目標依然是社會主義：舊的制度最後必遭汰舊換新。然而，身處災難中的封建與半殖民地的「今日」中國，與那沒有階級區分、沒有鬥爭存在的社會主義的未來世界之間，有一個「新民主」的時代順理成章地插足了進來。這個階段將有多長或多短，毛澤東並沒有多加說明，只說，今天的中國還不是實行社會主義的時候，所以農民和工人必須在他們反封建的鬥爭中尋求盟友，這些盟友包括民族資產階級、進步的城市分子、知識分子，以及開明的中產階級。這些都和工農一樣受著土地枷鎖的壓迫，只有大家團結起來才有機會改變中國、創造民主，奠定走向社會主義的基礎。

共產黨的政治思想裡有許多奇奇怪怪的技術名詞。雖然毛澤東沒有使用「集團」（bloc）這個字，但是他為這過渡時期提出的方針顯然就是一個農民、工人和小資產階級組成的「集團」。一個「集團」並不一定指參與團體在選舉表決時有組織地彼此抗衡；毛澤東並沒有提及選舉，他預設的遠景是兩方的聯合，各自代表自己的所屬階級，共同掌握權力，共同享用權力。這兩個關係友善的集團，不會求靠於選民，而是採用討論和仲裁來解決彼此間的分歧。假如美國的民主黨代表著全體人民的話，同樣的情形也會在美國出現，南方和北方的民主黨員之間的分歧也會自己解決。一個全體共同得出的方案，就會呈現在人民面前，由人民自行批准。這種結合體制是中共在戰時發明出來的，他們把最進步、最積極的人吸收進他們政權裡，這些人不必非是共產黨員不可，但是他們會與共產黨密切地合作以抗擊共同的敵人，實現造福大眾的目標。實踐時，這種政策就是三三制。中共覺得，他們在農村中與中產階級協調合作的政策驚人的有成，由於這項團結的政策，每一個文化和民主活動的圈子裡都有熱情的支持者。這個政策的推行，素來是如此的成功，使人能充分相信，在未來十年或幾十年中，中共一定會繼續和下層中產階級融洽協調。除非遭遇什麼刺激，否則目前還看不出有什麼先兆顯示他們會返回農村中實行殘暴的沒收土地和恐怖政策。

毛澤東的《新民主主義論》留下了幾個沒有解答的問題。第一個問題，是這個新民主的過渡階段究竟會有多久？中共和其他集團的結合是暫時還是永久的？共產黨人是否最後會橫行霸道地獨自實行社會主義？抑或是去說服其他的集團，使他人相信社會主義社會也是屬於他們的社會？

第二個問題是民主權利和少數權利的問題，究竟哪一個是美式民主觀念的基礎？戰時，中共認為中國社會兩者都需要，他們攻擊國民黨的獨裁專政，為了所有其他團體的自由權利而戰。但是，時至今日，中共基地還是建立在一些沒有反對聲音的落後農村裡。他們要怎樣應付城市裡會有組織規模的反對派呢？大城市裡，國民黨的中產階級有著穩固的基石，而他們的金錢和勢力，能維持一間持著反對聲音的報社。假如中共統治的是繁雜、龐大的城市，他們會不會允許反對派報紙的存在呢？他們會不會允許人們向他們做意識上的挑戰呢？他們出言說會，因為他們相信，在任何人民有權投票的誠實的競賽裡，人民都會擁護中共和其有友軍結盟，反對少數的地主階級和有錢人。但是，假如共產黨人的估計錯誤，票數被人超過，他們是否能為了和平的選舉而讓步呢？他們是不是還會像今天這樣熱心地擁護民主權利呢？這是一個沒人能回答的問題，除非我們能有機會看到這一個過渡的聯合政府如何在和平的時代中獲得實踐。

對於中共，美國人還有另一件更要緊的提問。在《新民主主義論》裡，毛澤東列出過渡時期聯合中產階級的三項基本條件，其中的兩項無可指摘：與共產黨合作、保護工農的利益。而第三項條件被它列為首要：所有的團體都要贊成中國與蘇聯之間結為同盟。不過究竟是怎樣的結盟，他並未加以說明。如果是一個排外的同盟，把中國僵化地緊鎖在一個假想的、反對所有其他國家的蘇聯世界戰線裡，那未免也太危險。如果只是中國與其他各國所建立的聯繫之一，則是一項開明的要求。中國共產黨人究竟認為一個革命的中國只要一個盟友，還是許多個盟友呢？

透過許多觀察，可以肯定《新民主主義論》是毛澤東對外在世界看法的最後總結。他的看法在後來的幾年中不斷在生長和發展，也都會反映在黨的整個態度上。中共對外國觀感的轉變，最劇烈的是對蘇聯和美國的態度。簡單來說，就是自珍珠港事件以後，美國對於中國共產黨，一天比一天來得重要，蘇聯反倒變得日益疏遠。

在二〇年代，中國共產黨曾經是共產國際下的一個機關，受莫斯科的控制。他們被黨內的論爭、理論上的宗派主義，以及蘇聯黨的專斷指令弄得震蕩不定。一九二七年它和國民黨分裂時的慘敗，一部分反映出它本身的不夠成熟，一部分反映出蘇聯的建議缺乏根據，不過，最大原因還是由於帝國主義對蔣介石的支持。在華南蘇區那個時代

（一九二九到一九三五）中共與整個西方世界地隔離，他們在地方上無情地實行極端的革命政策，當時仍受共產國際顧問指揮。許多思想較先進的中國共產黨人，至今仍將他們在華南的失敗，歸罪於當初甘心聽從失策的外國顧問。

萬里長城標誌著一個轉折點。中國共產黨在自己的領導下，在延安重新安定了下來。毛澤東——黨內無可動搖的精神支柱——是一個從來沒踏出中國過的中國人，他的天才，除智力上的卓越清澈，還有他對中國農民問題超乎想像的深刻認識。黨內的極左派以幾個莫斯科回來的黨員為首，他們沒有被清除也沒有被趕走，不過他們的力量確實漸漸式微了。但是，若視毛澤東具有的支配地位為中國對蘇聯的違抗和示威，根本是多慮。蘇聯不論如何仍會是世界革命的母國、聖者和護衛。中共會有這個新階段的出現，只是因為中國共產黨比任何一個外國黨更懂得什麼才是中國的福利。在一九四一年的一次演講中，毛氏極力強調自己相信中國的實踐——而不是外國的學說——才是中國共產黨人唯一該考慮的方針。他說：

> 我們的許多同志，完全不瞭解自己的歷史（或只懂皮毛），他們不以為恥，反以為榮。……既然缺乏自己國家的知識，於是只剩外國的故事……幾十年來，好多留學生都犯下這種錯誤。他們的作用只不過像台留聲機，忘記自己創造新鮮事物的責任，這種毛病現在也傳染到共產黨裡了。

此時，蘇聯的外交政策進入新的階段。早在三〇年代，蘇聯發現自己受到東西方德國和東方日本的威脅，於是尋求別國來對付這些威脅。在歐洲，蘇聯企圖用神聖的條約，與法國和捷克結為反希特勒的同盟。在東方，唯一可以用來反對日本侵略的最大力量，就是蔣介石的國民黨政府，於是蘇聯不以內在的不寧削弱他，反以物質的援助加強它。當中日戰爭爆發時，蘇聯是第一個出來援華的大國。當時美國運輸鐵礦和石油給日本，蘇聯則運送汽油和飛機給中國。自一九三七年至三九之間，蘇聯對中國政府的援助，光是蔣介石在華中作戰的空軍就已達二億五千萬美元的價值，而當時美國對華的援助總數，僅及這個數字的五分之一。

蘇聯當時主張實施一項審慎政策。他只承認蔣介石為中國元首，當一位親共的新疆主席建議將新省併入蘇聯時，蘇聯回絕了。西安事變時，這同一號人物建議蘇聯與中共聯合，向南京的蔣政府發動全面的進攻，也被拒絕。蘇聯需要一個強大的中國來和日本抗衡，連國民黨也覺得蘇聯的態度無懈可擊。

中國共產黨在抗日戰爭中缺乏軍火和給養，他們不可能從蘇聯的這項審慎政策中得到什麼利益。在整個戰爭過程中，他們從未直接從蘇聯那裡得過一架飛機、一噸汽油，或者一箱彈藥。所有蘇聯來的援助都給了蔣介石。蘇聯全部的援助中，據說中央政府僅在抗戰初期給中共四支舊槍，中國共產黨是完全自食其力地在打仗。一九三七到一九四五的幾年當中，飛到延安的蘇聯飛機總共不超過五架，而且每一架得先經過中央政府的批准，要帶上一位中央政府的監督員，貨物也都經過通盤檢查。一九四四年時，兩位塔斯社的記者和一位蘇聯醫生來到延安，他們算是延安裡僅有的少數蘇聯角色，也都事先經過中央的批准。美國在延安所設的軍事觀察團，是他們人數的五倍。

一九四四年時，中國共產黨已經在自己的土地上紮根，他們中國化、民族化了。長期與外來敵人抗戰，他們的愛國之心不落國民黨之後，領導方針亦已完全符合中國的需求和中國的利益。同時，他們也開始重新評估美國，過去在中共的眼裡，美國一直是個專以掠奪為事的資本主義國家，它貪婪的帝國主義深入中國土地，想掘發利潤，還培養了一個落後的國民黨來成就自己的利益。中共與在華美國人有了直接接觸——這些美國人深受史迪威的影響——一九四四年時，這些美國人讓中共看見了不一樣的美國對華政策。因為史迪威和高斯的關係，美國當時提出的要求，是每一位正直的中國人都一致要求的基本改革。一九四四年夏季，美國激烈要求國民黨實行改革，使得中共相信美國人口中的「民主」，和華北解放區的「民主」是大致相同的東西。美國，已經不是改革與改進的敵人，而是他們的同道了。

另一個原因，加深他們對美國的期望。雖然蘇聯在德國取得勝利，也確實該報導塔斯社關於東線戰爭勝利等消息，但不論如何，中共在對抗的是日本，而在抗日的戰爭中，美國比蘇聯要有力多了。在中共治理的山地農村裡，最終勝利如同一個遙遠的幻象，是從絕望中誕生出來的海市蜃樓。不過，美國在太平洋戰爭的消息帶來了希望，讓勝利有機會成為事實，這希望激勵著每一位戰壕裡的士兵，他們瞭解了，遠在太平洋上的某個地方，有著一個比日本更強，有著更多坦克、飛機、大炮和海軍的盟邦，而且那個盟邦正在向中國海岸靠近，要來支援他們抵抗侵略者。這種雙重盟友的感覺——同時反對國內與國外的敵人——隨著中共與延安美國軍事觀察團的接觸而日益加強。一九四四年夏天在延安成立的美國軍事察團，由美國最優秀的中國問題專家包瑞德上校（Colavid Barett）領導。包瑞德是正規陸軍上校的模範，這個人的性格溫暖，具備一種豐富、動人的幽默感，他說自己是一位忠堅的共和黨員，也是一位「黑心的反動分子」。中國共產黨人都很喜歡他，他以純正流利的中文講出的各種笑話，打破了許多中共對美國帝國主義的假想形象。包瑞德關於中共的報告，都是誠實、無懈可擊的軍事報告。因為他本身就是一位軍人，他發現共軍都是能打仗的戰鬥員，是能打倒共同敵人的有力盟友。中共見到他對自己尊敬，也相對的尊敬他。對中共而言，史迪威、包瑞德，以及來來往往的熱情美國記者們，各個代表著美國的友情。

一九四四年的秋天為美國帶來一個大好的機會。有一小段的時間，我們是有機會向中國的革命分子證明美國的贊同。在過去二十年內，中共的活動和信念都被拘謹地限制在蘇聯的主持之下。此時，正是向蘇聯以及中國共產黨人提出證明的時候，證明美國的立場並非出於什麼馬克思主義的理論，而是出於良知，要在世界各地追求自由與民主。

但是，我們放過了好機會。此後的六個月，我們向中國共產黨證明的，反而是無論他們對我們如何友好、無論在什情況下，我們將會支持蔣介石的政府而與他們對立。我們向中共證實，他們唯一的友人只剩蘇聯，我們逼得他們重新與蘇聯結為盟友，而且是自長征以來從未有過的友好。我們一手造成美國自己最恐懼的事情——讓規模龐大的亞洲農民誤信美國是敵人，蘇聯是他們唯一的朋友。這並非史迪威的救濟政策造成，中共認為這是美國的無知造成的小悲劇。一九四五年，美國的對華政策，終於讓中國共產黨確信，美國就是一個與他們敵對的帝國主義者。

Chapter 16

筆挺如槍銃的赫爾利大使

Patrick J. Hurley

高斯大使和史迪威將軍相繼離開後，中美關係的史頁掀開了新的一章；而這新的一章，由赫爾利寫下開頭。

一百年來——自從顧盛[12] (Caleb Cushing)，在一八四四年的條約裡從清帝國手裡為美國強索到貿易特權以後——美國只賦予它的駐華使節們一項任務：獲取貿易上的利益，也就是保障美國經濟的擴張特權。可是，到一九四四年的時候，遠東外交早就不再只是關稅、條約權利、借款，和貿易權之類的問題了。那時美國的外交擔起建立和平的任務，而中國正是和平可以成立，也可以消失的地方之一。美國在重慶的大使館，身負著評斷紛爭與促進和平的神聖職務。中國需要槍枝、飛機、錢、現代機械，和國際威望，而這一切都可以從那俯瞰著揚子江的白色平台源源而來。[13]

高斯眼看著這個變遷的到來，並且與它並進。自從服務國務院以來，他已經從三十五年前的副領事升遷到特任全權大使的要職。一九四四年夏天時，高斯感覺到，有一股新的力量逼得他不得不對美國大使一職採取新的觀點。和史迪威一樣，高斯看到中國國內的和平是美蘇融洽的前提，藉著這個融洽，一個沒有戰爭的新世界才有希望出現。也和史迪威一樣，高斯因為努力促成這個和平的誕生而被免職了。

12 顧盛是與清朝簽訂一八四四年《望廈條約》的美國駐華公使——譯者。

13 當時美國大使館在重慶南岸揚子江畔——譯者。

史迪威被召回國、高斯辭職，這兩個事件將全世界的目光焦點集中到這位新任大使身上。重慶的美國大使館成了全球三大前哨之一，和倫敦、莫斯科有著同樣的外交地位。而它的職責比起另外兩個前哨，甚至要更困難與複雜。它的功能是要將美國的政策與那不可控制的革命連結起來。身處一個破碎文明的混亂當中，它的任務是要在這騷亂的泥沼中找出力量，激勵這個力量，使之促成中國社會的穩定和諧。而他最重要的責任，就是不論中國最後變成什麼模樣，彼此還是能維持友好的基礎，在這個基礎上美國便能建立恆久的和平。

美國首次在中國有了決定性的作用。中共和國民黨雙方都明白一件事：美國站在哪邊，中國就是誰的，如果美國站在敵對那方，勝利就會變得遙遠。同時，雙方都信賴美國擔任他們糾紛的調節人。於是，美國大使館成了東方命運的十字路。

新任大使肩負上述這些重責大任，赫爾利原先是以羅斯福的私人特別代表身分來到中國。赫爾利也真的是挺特別的，他儀表堂堂，留著一簇堅硬的鬍髭、一叢飄垂白髮，還有著挺直如槍銃的體態，穿上軍裝再佩戴上勳章，簡直是現代少將的模型。他是一個能說會道的人，特別偏好粗俗的語彙。無論體格還是儀表，無論是在人格還是氣量上，他都超越其他與中國人打過交道的使者。中國人小心謹慎地接待著他，期盼能從他身上揣摩出一點端倪。

赫爾利在美國的生涯，追述起來像在讀荷瑞亞・愛爾迦（Horatio Alger）的作品。

他生長在奧克拉荷馬，是一名孤兒。他始終思念著家鄉奧克拉荷馬。他曾經在煤礦裡做工、當過兵，做過放牛的工作，還學會講巧克陶印第安人的語言（Choctaw）。他在第一次世界大戰中當軍官，他會跟你講一則漫長的故事，是關於他怎樣發明出一種省時又不會洩露機密的電碼：在軍中的電話兩端安置好他的印第安朋友，然後讓他們用巧克陶語傳遞訊息。他當過律師、富翁，還曾經是陸軍部長，在任內，他曾經認可派兵壓制酬恤金進軍事件（bonus march）。在墨西哥政府與當地美國油商的談判中，他曾擔任重要角色。在這場戰爭的初期，他負責派遣救濟船到封鎖中的菲律賓。他還曾經作為一個外交上的「糾紛調停者」（trouble-shooter）而環遊世界。

赫爾利一再強調自己不會被任命為大使，他既不需要也不會接受這項職務。他還解釋說，他曾被提名為駐蘇的大使，這份更重要的差事他都謝絕了。來華初期，他以為高斯大使對他這位華盛頓接連派來的「特使」有所不耐，會干擾高斯大使本身職務。赫爾利說他有一次以一則奧克拉荷馬的老故事使高斯放下戒心。他告訴高斯他孩提時在美國西部所見的一則故事：一間酒吧的後頭附設一間理髮店，在一個特別陰暗的傍晚，來了一位顧客，他躺在椅子上刮鬍子時，突然響起往返不斷的槍聲。這位顧客掙扎著要坐起來，理髮師卻漫不經心地用手臂將他推回椅子上，邊說著：「躺下去吧，朋友，沒有人在射擊你！」赫爾利以這個故事勸高斯別緊張，沒有人在射擊他。他屢次地告訴高斯他並沒有出任大使的意思。

當他後來果真出任大使時是一九四四年。美國大使館坐落在郊外陡削的小丘上，俯視著整個遭政治震盪的都城。各種人物與政治關係輪番上演著，重慶分析著這齣戲劇中的每一位角色，探索一切事態發展的線索。美國大使館當時成了這城市中最重要的勢力中心。在不到幾個月之內，那些在內部悶著的能量，終於從重重圍牆內爆發出來，讓觀眾看了一場好戲。

中國人往往將人與事混為一談。將一名代表和他所代表的國家混為一談。赫爾利是美國的代表，所以在中國人心目中，赫爾利就是美國。中國人發現高斯冷若冰霜，他的新英格蘭氣派更是高深莫測，他們就幫他取了一個綽號叫「嚴正的釋迦牟尼」。赫爾利呢，則是個好群喜眾、有說有笑的人，在跳舞會和慶祝會中總顯得愉快無比。在重慶，沒有所謂私生活這種東西，政府官員和外國人生活於同一個狹隘緊密的社會裡，他們互相拜訪、喝酒、邀宴。這個小圈子裡的每個人都清楚知道彼此的習慣、偏見、脾氣、癖好。重慶很快地就耳聞赫爾利的生活方式，他接見了什麼人、說了些什麼，任何微不足道的小動作，在其他場合沒人在意，在重慶卻被視為天大的事情。

他們看到這位新大使在某次大使館的舞會裡，跳了一支印第安的戰鬥舞，在另一個場合，還聽到他表演那個驚心動魄的巧克陶嗥叫之後，他們便幫他取上各種綽號。共產黨不用多久就開始叫他「小鬍子」。赫爾利可不輸他們，他將中共領袖毛澤東的名字讀成「摩斯東」，也許赫爾利以為毛澤東就是姓東，而且在抵華六個月後，每次提到蔣介石，還總是稱他為「石先生」。許多美國人則稱赫爾利為「紙老虎」。但是在所有加之於這位美國使者的小名中，最痛快淋漓的，還是國民黨朋友所贈給他的「第二大風」。

赫爾利本身的個性沒有什麼值得關注之處，但是作為世界第一強國的大使，他的個便隨官職而來而具有重要性了。人人都知道赫爾利來到中國，懷了極大熱誠，希望竭盡所能實現華盛頓的指令。但是許多與他深交的人們，在當時便已預見這齣超過他能力範圍的悲劇了。

當赫爾利正式接任時，已經不年輕了，他容易疲乏，他的眼睛常常困擾著他，他不喜歡閱讀長篇文件或書籍。他很少去大使館，但那裡保有關於中國所有錯綜複雜問題的編目檔案。任何一個想瞭解中國的人，必須要先有系統的研究中國歷史、土地問題、社會結構、叛亂造反，和政治運動等等。然而赫爾利卻不是如此，雖然他的記憶力並不可靠——有時候他連講過的話都會忘記——他卻寧願從親信和少數喜歡的人那裡，用聽的方式吸取資訊。他的僚屬常常會到他的寓所，向他高聲朗誦函電和公文。

他外表的莊嚴，時常會被那爆發的脾氣和鄙俗的言行所破壞。他到達後不用幾個月，全重慶就知道他曾經當著許多中國官員的面，把宋子文駁得下不了台。幾個不識趣的美國記者，也曾被這位大使當面咒罵。有一次在一場盛大雞尾酒會裡，魏德邁的參謀長麥克魯少將觸怒了他，他也不管場合當眾大發雷霆。

即使魏德邁將軍，在華美軍的總司令，仍不能倖免赫爾利的火爆脾氣。當赫爾利仍是特使時，他和魏德邁住在一起，他成了大使後，照理應該搬到大使館去。但是，他不喜歡那間房子，於是下令全部重新油刷過，買新的地氈、新的傢具——儘管重慶物資極度缺乏。大使館的房子整修完畢幾星期後，赫爾利卻還是住在魏德邁那裡。後來，突然有天他和魏德邁發生了激烈的爭辯。他們冷戰好幾天，赫爾利才決定搬出去。於是，他通知那些一向是居住於使館內的隨員們，要他們在幾小時內，在重慶那人滿為患的地方另找居處。然後，他就孤零零地搬進這間房子，與他共享這份寂寞的，只有他的上士衛兵和中國僕人。

赫爾利承繼下來的這個大使館，像是一架運作精巧的機器。日常的文書工作順利、敏捷地在工作人員的桌上處理著，大使本人不必操心。政治人員都是一些精明的年輕外交家，他們受過訓練，因能力而被選來負責報道中國發生的所有事情。美國政策的大使負責制定和執行基本的美國政策，他們必須隨時將那些年輕人搜集到的重要政治情報，機靈的地應用在手邊正在處理的問題上。

高斯是一名嚴厲但公正的領導著，他為人謹慎，處理事情會探索究竟，對於他所處的機構具有極大的信心。他堅持他的大使館要成為中國消息最靈通的所在，他也真的做到了。他的手下們，即便在困難的條件下，也能在中國各地廣泛深入的旅行，收集地方上大量有用的情報。這也讓使館裡的大多數職員，在中國累積了多年的經驗，有廣闊的交游，還能說上流利的中國話。赫爾利卻把這一批優秀的助手，視為前任留下來的不友善冗員。這一批人非常熟悉中國政治的複雜性，然而赫爾利只看見兩個爭執不已的政黨。大使館職員裡，凡是不同意他的說法的人（其實，就是當時使館裡的每一位政治報道員），都會被列為「赤色份子」。當他們向他指出政治談判幕後的現實時，他便指斥他們搗亂他的政策。

國務院內有一項優良傳統，是要求其職員將自己目睹的實情，據實的報告給美國政府，絕不能為了討好上司而沖淡報告的真實性。赫爾利卻駁斥掉所有批評蔣政府的報告。也就是說，任何關於中國人民、媒體和政治的事情，能提的不多，而一般的輿論、中共問題，或者軍事背景問題，則是完全不能提及。當政府軍與共軍的衝突越演越烈，赫爾利的一名職員做了一分此事的相關備忘錄給國務院，內容參閱、對照過美軍情報處的情報。可是在某次會議上，赫爾利卻指斥這份報告無事實根據，也違反了美國的對華政策。大概有幾個月的時間，當華盛頓早該獲得一切情報時，卻只能從重慶大使館那裡得到幾乎都帶有偏見的情報。赫爾利寄出的簡短報告講述著他的成功績效，然而中國的政局，卻正在沒有美國意見的介入下，一天天地步向內戰。大使館內的生活，隨著大使每次新的政策架構，顯得越來越狹隘，館員們也變得沉默、畏懼。所以當這個大使要對他們進行「清黨」時，他們反而覺得欣喜。

重慶的生活，很快地就在赫爾利初期帶來的愉快中消逝，他將他的僚屬愈驅愈遠，自己也越來越痛苦、孤立。在他到任後三個月，他便成了美國居民中，一座尊嚴被淩辱的孤島。他感覺到其他美國人對他產生的分歧意見、對他持續不斷的毀謗計謀，這些讓他對新聞報導的畏懼日益增長。於是他召來兩位私人新聞隨員，也邀請來華訪問的記者們和他住在一起。大使館密切地留意所有發回美國的電訊，並根據這些來判對在華美國人對大使的評論狀況。而中國政府對他是真的關切備至，衛護著他，讓他不受美國報紙的抨擊。一位新聞檢查官曾經正式地對一個美國記者表示：「中國的新聞檢查不容許任何會危害兩國政府（美國和中國）間友好關係的消息洩漏出去。赫爾利大使代表美國總統和美國政府，所以任何美國人在中國境內對他的攻擊，都不容許洩漏出去。」駐華美軍總司令魏德邁將軍，也覺得保護大使免遭記者們的群起攻訐是明智之舉，雖然他私下也承認，許多對他的批評是有根據的。因此，一群外籍記者只能在沉默與失望中憤怒著，他們相信這種形勢總有一天會爆發為一連串的災禍。

當赫爾利將注意力轉向當時中國國內劇烈的政治鬥爭時，他先前被賦予的職責已有多處缺失。他曾受命為美國獲取中國軍隊的控制權，他失敗了。他又受命要協調史迪威和蔣介石的關係，這一點他也沒做到。然而這一切與他的第三項任務——完成國共之間的和平——比較起來，前兩件事情顯得只是小事一樁。只有透過無限的耐性、某種聖人的受難精神、幹練有力的行政能力，以及對於中國深切的瞭解才能達成，但赫爾利以輕鬆自若的態度面對這份工作，他認為機智的討價還價就可以解決革命中的亞洲的基本社會問題。不過，他在共產黨問題上的成就，足以補償他的失利之處。同時，他的一項「赫爾利協定」將在中國的歷史上，永遠刻上美國外交的光輝。

史迪威被召回以前，赫爾利曾經對本書作者之一透露，他已經與蔣介石及兩位中共領袖進行過談判。這驚人的消息，意味著美國首次為免除中國內戰採取積極的行動。作者向赫爾利追問，赫爾利卻說不出這兩位共黨人士的名字來，他細聽完作者對中共諸代表的容貌、身材的描述後，承認其中兩位他曾經談判過，而且認為有望圓滿解決一切紛爭。因此，我們二人馬上趕到共產黨那邊，以求證實此項消息，想探聽他們對於這個可能的圓滿結局的想法，以及他們對於赫爾利的看法。共黨人士卻直率地否認他們曾與赫爾利碰過面，並且說他們曾經邀請他吃飯，可是他卻從未答覆。同時他們對於什麼時候才能被邀請去談判也摸不著頭緒。於是我們又回到赫爾利那裡，告訴他中共的說法，並要求說明真相究竟為何，但是這位大使除了反覆聲言他曾主持談判之外，並不能解答我們的疑慮。

這兩位被大使認為是中共使者的人，始終沒有被證實出究竟是誰。赫爾利曾經在一次例行公事的會議席上見過他們，僅此而已。不過有一點是可以確定的，那就是他們並非延安政府的正式代表。

赫爾利開始大膽的執行他的任務。他聽了毛澤東和蔣介石的文告，發現二人引用同樣的信條，有時甚至用同樣的語句，表達他們對民主團結與和平的熱切期望。也只有對中國有深切瞭解的人，才說得出這二位領袖的真意為何，誰是反動的，誰才是革命的。赫爾利卻根據這兩人的宣言，證明兩黨之間協議的距離是多麼近如咫尺，只不過是程序上的相異，阻止他們彼此擁抱對方。他以為只是一些少數陰謀份子在阻撓他對和平所做的努力，而在這些陰謀份子之中，他相信有自己的同鄉之人。他認為蔣介石是對的，中共則是在無端挑釁。因此，如果誰覺得蔣介石不是真的那麼潔白無瑕，就會被他懷疑為共產黨。

在技術上，這位新大使陷入政府與軍隊這兩大難分難解的問題中，但對二者的背景皆無澈底的瞭解。雙方的軍隊都是黨軍，中央政府的軍隊是徹頭徹尾的國民黨軍，它的軍官是國民黨員，每一單位均有國民黨的政治指導員，它更是公開正式接受國民黨的指揮。國民黨把它叫做政府軍。中共軍則直言不諱它是一個黨軍，向黨非國家負責。只要對方仍握有武力，另一方就不會放棄軍隊。

一九二七年的第一次大分裂以後，雙方便開始種下無數的猜疑、欺詐、迫害和剿滅的種子。蔣介石也許對天發誓只要中共放下武器，他決不會消滅他們。可是，共產黨知道，如果他們放棄了軍隊，蔣介石的秘密警察便會在全中國四處活躍，中共軍則會四分五裂，然後像新四軍一樣遭到宰割。他們更不會忘記一九二七年上海的大屠殺，他們拒絕信任蔣介石的空話。一位中共將領說：「我們會向他伸出一隻友誼之手來，但是我們的另一隻手，卻必須緊握著的槍桿。」只有等到一個中共也算一份在內的政府成立，他們才會放棄防禦的手段。

不管怎麼看，毛澤東都認為國民黨不能被信任。國民黨要為他首任妻子的謀殺負責，他的兄弟一九四二年時在新疆被絞死，許多中共人的親屬也被殺戮，他們視自己的軍隊為安全的唯一保障。赫爾利提出的說法毫無道理，他說：「放下你的槍桿吧，舉起雙手走出來，蔣介石說他不會打你們。」辯論什麼法律問題也是毫無意義的，國民黨說一個集權化的現代國家必須只能擁有一支軍隊、一個統帥部，赫爾利同意這點，但是他卻忘了國民黨並不代表中國，國民黨只是中國的一個政黨，一個有著一黨獨裁政權和一支黨軍的政黨。

聯合政府，則是另一項更為複雜困難的問題。蔣介石委婉地拒絕考慮聯合政府，這個讓其他集團有權過問他的決策的聯合政府，他認為訓政時期是國民黨的合法責任。蔣介石願意擁有的聯合政府，是共產黨只能享有一些不關緊要的名義，一切命令仍由他發布，而共產黨必須服從的聯合政府。共產黨拒絕這種特殊限制，他們不願說出他們要占多少席次，應得怎樣的代表比例，或者應設什麼樣的機構才能讓他們成為政府的一份子。根據重慶流傳的講法，所謂聯合政府就是由共產黨參加軍事委員會、國防最高委員會，以及行政院。實際上，只擁有幾個次要席位不能滿足共產黨，他們要求的是一個不一樣的政府，能真正解決國內所有社會問題的政府。他們在意的是改革的執行、徵糧問題、教育問題、人身自由和政治，以及堅決抗戰等事。一個誠心要解決這些問題的政府，即使只給予共黨表面上的代表權，仍是可能贏得他們的支持的。相反地，如果是一個照樣保留檢查制度、特務活動、獨裁制度，以及恐怖統治的政府，就得給予共黨足以摧毀它的權力。共產黨希望主權能交還人民，也確切感到他們擁有人民的支持。

當赫爾利加入談判時，他手上握著全部王牌。在史迪威事件中，蔣介石是勝利了，但那是一個得不償失的勝利。許多美國軍官感到十分不滿，美國報紙衝破新聞檢查，爆發出一連串針對蔣政府的猛烈抨擊。在中國國內，對他的政策的苛責也達到了巔峰。那時候的他比以前更迫切地需要美國的援助和支持。他的軍隊簡直像竹籃做的，日本軍隊可以隨心所欲地突擊通過，所以，該讓步的是他。至於共產黨，雖然他們因為史迪威被召回而表示惱怒，但他們對美國的態度是友善、信賴的。若有一位手段高超的美國調停人出現，這位美國人更早就能讓美國站上領導的地位。

一九四四年十一月七日，赫爾利乘飛機赴延安訪晤中共領袖。他沒有事前告知，出人意外地降落在寒冷、荒涼的山谷機場上，他的軍服閃著耀眼的光彩，胸前掛著繽紛的緞帶。毛澤東和其他的中共領袖，在他著陸後才接到電話通知。中共總部的人立刻集合起來，擠進毛澤東慣用的那輛被戰爭毀傷的救護車，在亂石顛簸的路上向機場疾馳，他們急忙忙地奔上跑道迎接赫爾利。大使也熱情地招呼他們，發出一聲印第安人的嗥叫，爬進那輛救護車。這一路上的氛圍真有夠歡欣，在滾滾泥塵中顛簸前進時，他們立刻成了老朋友。當他們遇到牧童趕著一群牛羊路過時，毛澤東說他過去曾是牧童，赫爾利也說他少年時是一位牧羊孩子。他們經過淺淺的延河時，毛澤東說明這條河在夏天高漲而冬天水涸，這段話使赫爾利回憶起奧克拉荷馬的河流，在夏天是如此的乾枯，簡直可透過一陣激起的飛揚泥塵知道有一群人正游水而過，包瑞德上校再把赫爾利的這個笑話譯成中文。當救護車抵達郊外美軍聯絡處時，他們遇見成隊迎接他的群眾。當晚共產黨舉行了一個盛大的宴會慶祝蘇聯的十月革命，赫爾利就成了上賓，雖然他偶發的「凹屋！」吼叫常讓中共人士覺得怪異。

不過，赫爾利與中共的實際談判，才開場就很淒慘。赫爾利帶來蔣委員長的建議，要給予中共合法的政黨地位，共享由租借法案而來的國外物資，並在國防最高委員會裡占有一席；而交換條件是要求中共將其軍隊及其全部地區交由他指揮，受他支配。毛澤東不願將他的軍隊和人民交給這樣的政府，在那裡當乞食的客人。接著毛澤東便對國民黨大肆批評和指責，赫爾利聽了不禁大怒，他說毛氏是在重複中國敵人的宣傳。毛氏則堅稱，他所說的是大多數有見識的中國之友都早已知道的事。赫爾利極力為國民黨辯護，於是這第一天就在失敗中結束。

當晚和隔日清晨，赫爾利草擬了一個他自認能圓滿解決僵局的方案。這方案建議成立一個共產黨可以參加的、真正的聯合政府，中共軍隊則交由中央政府節制。除了這兩點之外，赫爾利又漫不經心地列出一張自由權利的總帳單——出版自由、言論自由、行動自由、集會自由等。這的確是一張動人的文件，至今還是「團結」一詞的卓越綱領——

但是，這只是更充分說明了赫爾利對他的老朋友蔣介石的瞭解，是多麼淺顯。共產黨非常興奮，這個文件的內容已超過他們原先的預期。他們同意將自己的軍隊交給一個真正的聯合政府。赫爾利又謹慎地說明，他不能代表蔣介石說話，這只是他個人的看法，但他可以促成實現。為了表示誠信，他願意在這文件上簽字，文件一式二份，一份由中共保存，另一份美方保存，兩張赫爾利都簽上了字。基於這份文件和赫爾利的支持，中共派周恩來作代表飛往重慶，與蔣介石進行討論。

此時，蔣介石介恰巧在病中，於是周恩來等著鵠候傳見，同時和次要的代表們以赫爾利草案為基礎進行談判。這份文件是美方與中共之間能達成的最好成果，但呈交到蔣介石主席面前時，他然地拒絕了，並依然堅持最初的條件：交出軍隊，便給共產黨國防最高委員會一席的席位。周氏只見了一次蔣委員長——而他受到如此輕侮、藐視的待遇，以致他發誓不願再回到重慶。

赫爾利開始另作努力以促使共黨妥協。他要求周恩來接受談判，至少先跨出第一步，往後才可能有更大的讓步。周恩來非常痛苦，他認為赫爾利出賣了中共。他說他不能光憑蔣委員長的一句空話就交出百萬共軍，只為換來一個國防委會的席位。後來周氏被邀往美軍總部，魏德邁又重複了一遍赫爾利的要求，之後，周恩來飛回延安。

當時，還有另一個為時已晚的嘗試，企圖解決這個問題。提供這個新建議的人是兩位國民黨的自由主義份子——宋子文和王世傑。他們的意見挺類似更早孫科曾向蔣介石提出，但也遭到拒絕的建議。兩人建議讓共黨加入一個戰時的政治委員會，該委會享有很大的行政決定權力，但隸屬於國防最高委員會（也就是說，蔣氏仍有最後的決定權）。若是在一年前，這樣的提議是會被接受的，因為那大概是國民黨最願意與人民分享權力的時刻。然而，這個建議在這個冬末才被提出來，此時共產黨已經開始在爭取華東控制權，更不願意向一個使他們，以及全中國屈居於蔣委員長之下的條件妥協。

二月的商談破裂，兩黨之間的爭端簡單來說就是：蔣介石的地位。共產黨不樂見全中國只由一個人的意志統治；而蔣介石則不願接受任何會威脅到他的權威的解決方式。他說自己統治中國是受孫中山神聖的信賴與付託，不能由他人分擔。當中共的廣播越罵越兇，蔣氏的後頸也越來越僵硬。共產黨在封鎖線後，用盡一切惡劣的字眼向他大聲咒罵，這更是加深了蔣介石的仇恨。中共說他是瘋子，稱他的左右黨羽為惡棍，他們宣稱，如果容許蔣氏留在中國，而且若要實現聯合政府的話，他首先得補贖自己過去的罪惡。共產黨的斥責越加惡毒，甚至會引起對國民黨的同情。國民黨大體上是完善的，它唯一的錯誤就是領袖的腐敗、特務的橫行霸道、諾言是謊話，以及它倚靠全中國人民的血與淚存活。

一九四五年的春天，在美國的戰略中，中國成了次要。美國早已決定繞過中國，直搗日本本土。史迪威與高斯曾經企圖改組政府，避免軍事上的崩潰。如今，中國的政治已不再具有任何急迫的軍事意義，所以赫爾利可以隨心所欲解釋美國對他下達的籠統指令。在美國的新政策中，中國和蔣介石根本是同一事物，但蔣介石本人、他的政府、他的黨從來不是人民公開選舉來的。中國有著兩大武裝的政黨，他們曾經攜手合作掃除軍閥，一起抗擊日本，雙方都有千百萬人民的支持。他們之間唯一的區別是：國民黨獲有國際上的承認，而中共沒有。國民黨為列強所承認，獲有物資、援助，以及榮譽。而共產黨可不甘心外界不承認其存在，如果他們不能透過談判獲得美國的認可，他們就要以武力贏得。因此，這一年春天，中共展開了新的行動。

Chapter 17

一九四五──「諾言」的年代

1945—The Year of the Great Promise

國民黨與共產黨在這次的談判決裂後，便分離奔向各自的道路，以爭取美國的支持為相同目的。

國民黨採取的路線是宣傳和諾言，他們已經藉此贏得美國大使的心，所以想繼續以高深政治手腕，鞏固他們已得的勝利。而這條道路，如果共產黨要走的話也贏不了。中共採取的方式相對粗野，直接指向戰場。他們似乎覺得，只有一個方法可以爭取那些大量流入國民黨之手的援助，就是進行軍事上的反攻。如此便能得到美國的承認和那隨之而來的軍火與物資。共產黨認為美國之所以承認蔣政府，並不是出於民主政治，畢竟美國顯然很清楚蔣政府是多麼的墮落腐朽，所以，美國與蔣介石的關係，肯定是建立在現實的需求上。美國需要他們的協助來抗擊日本，所以向他提供資助。現在，共產黨打算用事實證明，在抗擊敵人這件事上，他們比蔣政府要更有效用。

他們相信美國在攻入日本本土前，勢必會先在華北登陸。於是下定決心要控制從上海到天津，所有海岸線。如此一來，在中國沿海登陸的美軍司令將受到共軍的歡迎，立刻得到所需的協助。敵後的共軍游擊隊隨時準備好，在美軍建立登陸據點的同時，去掘斷鐵道、破壞橋樑，切斷日軍的交通線。在登陸部隊鞏固其據點時，游擊隊還可以阻擾日軍的增援。共產黨認為，隨便哪位美軍司令在獲得這樣的協助後，絕不會再考慮政治立場的問題。他會與所有能幫助他殺敵的人進行合作，而透過這樣的合作，便能誕生出美國對共產黨的承認。

共產黨於是啟動一項新的擴張計劃。他們早已控制住長江流域通往延安，以及長城的交通線。他們派遣優秀的作戰司——王震，一位紅光滿面的將軍、北方封鎖線上的保衛者——向南部推進。王震的目標是克復並重新組織湖南的日軍占領區。三月底，他已經成功克復離長沙僅三十英里的平江，開始在那建立一個民主政權。湘北是一九三〇年左右中共的老根據地，農民們依稀還記得這些人，立刻和與他們合作。王震的成功，引起國民黨的反攻，在四月時，內戰已在兩湖區大規模地展開。

同一時間，一場規模更大的行動也在沿海一帶進行。成千的共軍在江南地區，從南京附近向杭州灣推進。他們希望在長江與杭州之間建立一道不可突破的防線，以切斷國民黨和上海的聯絡。他們一度獲得成功，但國民黨頑強抵抗。顧祝同——狂熱分子，也是何應欽的老同道——負責華東區的指揮，以保衛該區國民黨的利益，他突破共軍防線，重建國民黨與上海區的聯絡線。雙方都認為控制住上海就是控制了美軍登陸區，誰占領了土地，誰就稱王。

爭奪的中心就在上海展開。上海以北的海岸是漁民的小村子，是船夫們的集中地，這些地區在中共的控制內，城內的中共份子也開始加強他們在學生、碼頭工人、產業工人中的群眾勢力。但是，上海畢竟是國民黨以及中產階級精神與財政上的堡壘。蔣介石在上海也有自己的地下人員，人數還不少，且具備高超的技能。當奸商、漢奸傀儡們在狂歌酣舞，而飢民輾轉於煉獄之際，日軍正追打著國民黨和共產黨的激進份子，那彼此之間也在互相監察、相互打擊的中共雙方。

但是，上海當時仍關在森嚴檢查制度的鐵欄裡，這些鬥爭的消息不易傳到重慶，而且重慶當時正陶醉在美妙的勝利中。

一九四五年一月底時，湘桂日軍被阻攔。史迪威在印度訓練的幾師中國軍隊，正通過重重封鎖向祖國邁進。這支勁旅在一年內，取得五萬平方英里的叢林地區。盟軍守住了一條四百七十英里長的路線，從印度的鐵路線直到中緬一帶的平原區，一條公路也隨之建成。這項任務由一班多國混雜的隊伍負責，有英國人和美國人，也有卡欽族人和印度人，但是主要的英雄們是那些中國人。大家都知道史迪威這幾師人厲害、能幹、精銳，他們如鐵錘一般，肌肉飽滿，手握著現代美式武器，而且運用自如。他們不只是充滿自信，根本可以說是自大。當美國人、英國人、緬甸人，或任何一個人冒犯他們，他們總是回以重擊。他們的一支步槍就可以繳一群人的械。他們的確是中國從未見過的優良軍隊，當他們抵達那個將他們與祖國隔離的最後一個目標時，他們可真是得意洋洋。

日軍占據的最後一個據點，最後一個將他們與祖國隔開的，是一個叫平海的村子。一月二十七日那天，最後的進攻開始。美式坦克在村區裡馳騁，他們的七五炮吞沒所有的香蕉樹；他們的機關槍檢查了每一座可疑的叢林。以營為單位的中國步兵，在一位美國將軍的指揮下，散布在村子四周的田地裡；當坦克停止，這位將軍便下令以戰鬥隊形向前推進。於是他們匍匐前進，在村邊無聲的林子裡埋伏下來。一切都毫無動靜，沒有叫聲，也沒有槍聲，只有一片寂寥冷清。村子裡有幾個中國兵坐著，啃著甘蔗，日本人早在進攻開始前兩小時就撤離了，中國派出去的部隊抵達時，輕鬆容易地就通過了。

身穿卡其制服的中國兵向大路上推進。當他們接近一個十字路口時，這群曾經在緬北掃蕩日軍的驕傲士兵們，看見穿著藍灰色制服的人們在交叉的路口上，他們馬上斷定對方是敵人，立刻散開來準備舉槍射擊。但是一位美國准將斯立奈突然躍出，擋在槍口前，命令他們不許射擊。然後他疾步向前走去，他漸漸走近時，那些穿藍灰色制服的人們──從封鎖線另一頭出來的中國軍隊──認出了美國人的制服，立刻奔向前來大聲地歡呼，熱情地與他握手，緊拉著他不放。

美式坦克馳進路口，中國人狂笑著、喧嚷著，對每一位美軍高呼著「頂好！」從中國那邊來的軍隊都骯臟、滿是泥濘，一個個眼睛盯著那些在印度受過訓練的同胞，看他們穿著整齊的卡其制服和皮靴，背著閃光的槍桿。這些滇西來的大兵，以農民的目光注視著怪物般的美國坦克。其中有一、兩位還站了出來，用手去觸摸。一群飢餓的東方人，目不轉睛地注視著這五輛坦克所代表的美國力量。滇緬公路就此重開。

這條封鎖線被打通，的確是讓重慶重振旗鼓的因素之一，但更重要的因素，是中國戰區來了一位新的司令──魏德邁中將。魏德邁來中國的時候，抱持不沾染政治的決心，他認為過去都已告結束，所有有關史迪威事件的文件、電報和備忘錄等等都被密封在標註著「奧克拉荷馬」字樣的袋子裡，放進司令部的保險箱裡。魏德邁拒絕打開這個袋子，他要忘掉史迪威時期的痛苦和潛伏著的困難，他要與各方面為友，取得每個人的歡心，以便單純地執行自己的工作。而他受的指令很特別，是要創造、訓練，以及裝備一個頭等的中國戰鬥機構。這個機構作何用途，誰去指揮它，目標為何，都不是魏德邁的事情。三十年來，武力左右著中國的政治，而當魏德邁開始督率中國空前最優秀的軍隊時，他堅稱自己置身於政治之外，政治是赫爾利的領域範圍。而假如赫爾利要將美國捲入中國的內戰，魏德邁認為他是會追隨而行的。

現在，赫爾利是中國的第一號美國人物，第二號美國人物則是魏德邁。後者經常為赫爾利的暴躁和嘮叨碎念困擾，但事情一過，他也就算了。赫爾利批評魏德邁的政治助手，魏德邁就會解僱他們。因為魏德邁有足夠的情報讓他充分瞭解實際情況，所以他知道中國內部的不團結嚴重影響著軍事，可是他選擇保持緘默，而這種對政治不聞不問的態度，挺受中國政府的歡迎。他們已經趕走史迪威，如果再趕走第二位美國將軍，他們與美國的援助與合作大概就會完全中斷了。他們迫切地需要與魏德邁為友，而魏德邁所持的態度，也讓友誼能順利地發展。

魏德邁可以說是一位完善無缺的參謀人才，專家們稱他是美國最精明的戰略家之一。當他還是華盛頓設計部門下的一位低級軍官時，他曾協助草擬一九四〇年動員的初步預算。身為馬歇爾（George Marshall）手下幾位傑出的年青軍官之一，他參與了每一次重要的國際會議，包括開羅會議。此後，他被任命為東南亞盟軍總司令蒙巴頓的參謀長，後升任陸軍中將以及中國戰區總司令，成為美軍中最年輕的中將，也是最年輕的戰區總司令。許多人都認為眼前這位將軍，大概就是美國未來的參謀總長了。

在重慶，魏德邁召集一批傑出的年輕軍官，組成一個集團協助他的行政工作。他和中國的參謀人員開始一星期三次的參謀會議，透過這個會議創造彼此間的信任，並且更廣泛地交換情報。他又在各戰線上建立起中美合作的機構。他召來許多食物專家，研究中國士兵的營養需要，設計中國的農業發展以適應這種需求。魏德邁計劃的中心目標是創建新軍，也就是史迪威計劃的擴大。史迪威當初計劃從一群中國的古老軍隊中，訓練並裝備出幾師用作示範的勁旅。當時中國軍隊約有三百二十個師，卻聲名狼藉、身體衰敗，魏德邁想把這些大而無當、實力不足的軍隊裁減至一定的數字，同時他也開始著手建立三十九個師的精兵。

前線一片沉寂，由疲憊的士兵守衛著，他們依舊飢餓，依然在塵埃中蹣跚著行軍，配備惡劣，給養不足。在遙遠的西南後方，新軍正在開始集中整訓。他們將超越剛從緬甸打仗回來的史迪威師，以及參加怒江之戰時那群訓練不足的部隊。中國其他最優秀的部隊都被挑選出來完成這個建軍計劃。他們的裝備是透過駝峰及透過重開後的滇緬路運來，改組後的中國後勤部有較多的給養。漸漸地，這些美式師的士兵們開始長出肌肉，他們用美國的槍械操練實習，他們的軍事技能也隨著體力的進展而逐步提高。日軍向他們的西南基地突擊過一次，但當場就被擊退。

暮春時，魏德邁開始為他的新軍計劃做第一次的反攻。對他來說，這支新軍是單純的抗日武器，然而蔣介石對他們的看法卻遠甚於此。蔣介石認為在戰爭結束後，這支軍隊無與匹敵的力量，能用來加強政府的意志。共產黨強而有力，而且實力蒸蒸日上，現在他們已經證明自己比國民黨所想像的要強悍得多。他們在華東一帶以燎原之勢向外蔓延，而且似乎有可能，蔣介石將在對日本戰爭中成為勝利者，卻在共產黨手裡成為敗兵之將。現在美國的這支新軍中創造出來的武力，會是他唯一保障。蔣介石的希望與魏德邁的希望一致，兩個人都打算讓這支軍隊迅速、完善地建成。這大概也是魏德邁能獲得成功的主要原因。同樣的目的，史迪威遭受嚴峻的拒絕，魏德邁卻得到充分合作，只要他有什麼要求，國民黨無不立刻伸耳聽從。

貴州的崩潰，以及隨之而來中美雙方不斷的批評和指責，使蔣氏深深意識到他必須為了自保安全而增進效率，也就是說，他的政府內部必須刷新。他解除掉何應欽一項極其重要的職務。何應欽仍然擔任參謀總長和統率新軍，但軍政部長一職卻給了素得美方讚譽的陳誠。陳誠信任美國人，他贊成他們盼望推行的改革，也盡可能地清除他繼承下來的機構裡的所有腐敗。陳誠當上軍政部長，魏德邁更是獲得了前所未有的合作保證。

蔣介石對美國的追求迎合，並不止於軍事上的合作，他也開始重新裝潢他的政府，讓它更對美國的胃口。他任命王世傑為宣傳部長，王氏為人誠實又能幹，美國人以及中國的進步人士都信任、尊重他。他認真地執行著蔣委員長放寬檢查尺度的諾言，而且試圖把政府的言論，由一味粉飾轉變為說明和解釋。

而最重要的，是蔣介石讓宋子文擔任行政院院長。此職可說是全國第二把交椅，相當於宰相的工作。宋子文的出任有其必要，因為當時只有他能夠廓清政府，能為效率奠下基礎。同時，需要他來滿足美國的要求，只有他才能建立美國式的行政機構。

十年了，這是宋子文第一次重登權位，重任行政院院長。他的輝煌事業，受蔣介石複雜、與之對立的性格擺佈，算是他個人的悲劇。蔣氏乖戾的政治思想，與玩弄政治的精密手段，使其與宋氏隔絕。兩個人都高傲、自負、暴躁、衝動，重點是兩人都熱愛權力。宋氏是政府中唯一有辦法挺身與蔣介石爭辯的人，他們之間的水火不容，是這宮廷政治中的重要事實之一。

宋子文擁有在歐美的廣泛經驗，這或許使他比其他人更留意中國在世界上的地位。他愛國而且有遠見，他的野心限於自己的國家內，他不樂於喪失權力，相信擁有權力才能偉大。他的野心冷酷，受熱情驅使，近乎殘無人道。但是他要想得勢，就得依賴蔣介石。儘管他對蔣氏的作法是毫不掩飾的懷疑和厭憎，但國難當頭的時刻，宋氏總是和蔣氏站在同一陣線。他是蔣介石家陣營中的一名俘虜，是蔣介石在迫切需要的重壓之下，才動用的一把工具。因為在這種危急時刻，國家民族的需要蓋過了分離他們的恩恩怨怨。

宋子文是國民黨中的一個怪物，不屬於任何派系，但是誰也不敢忽視他。他是一個魯莽、主動、咄咄逼人的角色，他在黨內同時受到敬重與憎恨。無論敬重或是憎恨，都是來自他特別講究的西式效率。他是哈佛大學的產品，無論思考、說話，或寫字，都偏好英文而不使用中文。一般中國人重視的客氣寒暄，常常使他感到不耐。他是一個幹練的行政長官，也是政府裡少數幾個懂得如何立下施政大要、分派責任，同時要求效率的幹員之一。他做事魯莽，但斬釘截鐵，而這種性格，對國民黨內那些虛有其表的人而言，簡直是駭人聽聞。他對缺乏效率的藐視和憤怒，以及對任何形態的散漫不加掩飾的炮轟，常常顯得近乎殘酷。

許多中國人把宋子文視為外來種，往往以他的英文名字 T.V. 稱呼他，而不叫他的中文名。他們誤以為他不太能閱讀或寫自己祖國的語言，所以在一九四四年時，聽說他在被迫退休的期間曾經細讀中國歷史古典時，他們滿心歡喜。也幸好他們永遠不會知道，在他出任宰相的那一星期，他正捧著一本美國小說《永久的琥珀》[14]作為消遣，而且還非常地喜歡。宋氏是兩個極端集團——自由主義的知識份子與西化的實業家——希望的象徵。他們覺得宋子文是效率的體現，商人們從來沒忘記在戰前他曾主張要有一個平衡

14 《永久的琥珀》（Forever Amber）是美國小說家凱薩琳．溫莎（Kathleen Winsor）所作之歷史性感小說——譯者。

的預算、一個穩固的稅收制度，並且要取消專制的徵斂。一九三四年，他為內戰的事和蔣介石大吵，認為繼續向共軍進攻，將損傷整個國家、枯竭國庫。他漠視孔祥熙，後者手下的散亂政府，更是讓他沒辦法用什麼客氣的態度提及他的這位姊夫。宋子文的反對者，促使他成為一名自由主義份子，朝共同目標——民主——邁進。

在那段長時間的政治流放時期，宋氏運用他在商業上的技能和狠勁，獲得巨額的財富。外界流傳著許多他那奢華私生活的流言，實際上他就只是過著西式生活罷了。他對華麗的建築有特別的愛好，重慶最為豪華的房子中，有三幢先後屬於他。他離去後，政府徵用初期的兩幢給美國軍官使用，而宋子文本人則孤零零地住在離城六、七英里，可以俯覽嘉陵江的第三幢房子裡。他經常因腹病而痛苦萬分，常常整夜失眠，在房裡踱步直至天明。苦力們說，他的煩惱和疾病，是起因於這棟新建的房子。他們相傳的鬼故事是這樣的：在建造這所摩登大廈的大門時，有兩個墳墓被掘掉，土工們將兩口棺材移到鄰近的山丘上，然後繼續建築房屋。這大大地觸怒了被挖出的死者，於是死者的靈魂每天夜晚都出來漂泊，向房子裡的居住者作祟。

宋子文重掌行政，就像杜果（Turgot）進入法國波邦王朝時代（Bourbon artistocracy）那頑固守舊的貴族制度（ancien régime）一樣，他鞭策整個機構，要求按時得到法定，更要求人人履行他的約言。他宣佈所有公文——原本例行的核准，往往要經過幾百人之手——只要簽字就行，毋庸再蓋官印。光是此項決策就節省了許多時間。

一些機關也很快地開始貫徹這種美式的作業方式。但是，宋子文的活動範圍只是機構中許多階層裡的一層而已。在他上頭，所有核心決策還是由蔣委員長決定，重要委任也是由蔣委員長決定。在他底下的糧食部、兵役部，以及廣泛的地方政府，仍保持著那一成不變的舊態。他下達清晰的指令，但是唯一執行的機構，還是那些貪得無厭的收稅員，以及中飽自肥的保甲長之流，而這一些人他可動不了。不過，美國人看見宋子文了，而不是看到中國農民，所以有好一陣子，改革顯得突飛猛進。

歐洲的勝利來臨，重慶以和悅的態度迎接它。歐洲的戰爭遙遠，那是一場坦克、戰車、飛機、雷達以及天曉得是什麼的神奇怪東西間的瘋狂戰爭，是一種高級的屠殺。中國的戰爭是對抗日本的戰爭，歐洲的勝利聽在中國人耳裡，像是困於重圍中的戰卒，聽到微風吹來援軍的號角聲。五、六年來累積的鄉愁，像一塊鋼鐵壓在重慶的流亡者身上。春天帶來勝利的和風，吹散了烏雲，路旁小販的攤棚也插上鄉下來的香花。白天，山巔穿過灰白的晨霧，望著耀眼的陽光；黑夜，微弱的街燈好像圍繞山脊的金項圈。重慶意識到，這將是戰時的最後一個夏季。「當和平到來，」一個家庭婦女說：「我要買一隻雞，燉湯給孩子們吃。」「當和平到來，」一個女孩子說：「我要買一套紅衣服，穿著去跳舞。」「當和平到來，」每個人都這麼說：「我們就可以回家了。」空氣裡蕩漾著喜悅。政府在炸毀的城區裡栽種樹木，上頭掛上了綠葉，紀念重慶最後光榮的一年。

報紙對監獄的污穢環境大肆抨擊。警察負責推行一項「滅蝨運動」，每一位囚犯每天得繳出二十隻蝨來，否則就要挨手板。蝨子雖然是減少了，但打手心的次數也增加了。囚犯們於是私下推行另一項「養蝨運動」解決這個難題。蝨子數目激增，每個囚犯每天都能繳出二十隻來，不會再被打手心。獄卒們大為滿意，雖然監獄裡的蝨子比以前更多，但是皆大歡喜。

美國人在當時揭穿了重慶的虛飾。美軍總部附近的一家黑店裡出售著不純正的威士忌和純正的妓女。「吉普女郎」伴著美國軍人到處橫衝直闖，肆無忌憚地招搖過市。有一家報紙為她們辯護，認為應該要授與吉普女郎勳章，因為她們賺來美金，充實了中國空虛的外匯。市政府草擬著設立特許娼妓區的計劃，但毫無結果，不過三家舞廳卻開張了，生意非常興隆。小孩子們歡呼迎接美國兵，翹起他們的大拇指喊著：「頂好！」一個小女孩以她唯一會的英文「Hi, uncle」（叔叔，你好）向每一個過境的美國兵招呼。

眼看著久旱就要成災，熱心的本地居民組織起「求雨龍團」，他們坦胸裸腿、身著短褲、頭繫綠枝，打鼓吹號地滿街遊行。重慶的報紙對此發出狂怒的撻伐，認為這種遺留的古老迷信必須鏟除，並且會讓盟友留下不好的印象。但是第二天，天還真的下起雨來了。重慶，正忙著為和平及美國人處處裝飾，政府頒布一道通告，要人力車及馬車等等重新油漆，警察局計劃在所有公共空地上建造花園，且不容許市內有垃圾堆的存在。

這是一個改革的時代，是「偉大諾言」的季節。諾言像狂歡節時投擲的彩色小紙片，一個接著一個地，從國民黨的顯要人物以及蔣介石的嘴邊送了出來。國民黨當時開了一次盛大的代表大會，這是十年來的第一次全會。它的決議案像一個新世界的導言。其中最引起媒體以及外交界注意的，是它決定在一九四五年十一月召開制憲會議的諾言。這個制憲會議，就是政府所謂的國民大會，是給予人民的最後一件大禮——無論人民要或不要，政府決心把它從喉管裡吐出來，因為，不管怎樣，美國想要民主！蔣介石主席用良好的意圖克制自己，他不要求人民等待和平以後再實行民主，甚至連等到十一月都不用。他要求那些與人民最接近的基層立刻結束國民黨的一黨專政，軍隊中的黨部在八月一號以前都要撤消，學校內的黨務機構在十一月以前都必須廢除。給予人民真正的民主基礎，也允諾人民將有權普選選舉地方及省級參議會，而這些參議會更將握有真實的、鞏固的權力，甚至還有權制訂預算。所有登記過的黨派都能參加競選，而且所有男人都有權選舉，不問其財產、教育程度等等。

國民黨的決議案，像奔放的瀑布，從代表大會中流瀉出來。政府將鼓勵兒童的優生、改進性教育，而且將制定八小時的工作制，工人將能組織起來，參加職工會，每年還享有工資照付的假期。施加農民的各種強徵剝削都將停止，高利貸也要廢除。多麼千載難逢的好事啊！照理來說，重慶應早該為此狂號歡呼了，但是，重慶的人們只是聰明地點了點頭，根本就不敢相信，沒有一位中國人認真地注意這些決議。這種高調在中國政治舞台上已經唱了二十年，其中不少也已經是法令上的白紙黑字。不過，今年這些漂亮的諾言，有其特殊意義，因為所有這些都是為了迎合美國的輿論。美國曾經強迫中國改革，而這些福利，就是用來償還當初美國給予的「承認」和支援的代價。只要美國及其代表能滿足於中國的紙上吹談，政府是隨時準備好要履行義務的。

Chapter 18

胎死腹中的烏托邦

Utopia Stillborn

這些華麗諾言的背後，是猙獰的政治現實。國民黨這次的代表大會驗證了一個真理：該黨仍然掌握著那鉗制中國七年之久的反動集團。黨內的自由主義份子曾試圖有所作為，他們滿懷希望地草擬著一份烏托邦綱領。可是，幕後爭奪黨權的鬥爭卻周旋於兩個委員會的選舉上，這兩個委員會，可以執行抑或破壞掉這個綱領，因為它們能決定政府要職的任命、國家的整個政策，還有政府與其他各黨的關係等等。

國民黨代表大會的前一週，在殘酷、熱鬧的競選氛圍中，代表們進行著拉攏某方、打擊另一方的各種活動，他們互相交換選票、舉行盛大宴會，或者在煙霧迷漫的密室裡竊竊私議：一派是要求改革的份子——政學系，朱家驊及其追隨者，一些黃埔系份子，以及孫科那一派，另外就是CC派和何應欽的軍人代表。當會議達到最高峰時，爭奪愈形緊張。第一張候選名單提出來了，名單包括自由主義份子在內的七百人，大會從這七百人中選出三百六十人來組織這兩個委員會——執行委員會和監察委員會。主張改革的那批人，雖然不敢希望獲得大多數，但是他們卻有足夠的力量動搖反動集團的掌控。

選舉當天，蔣委員長現身會場。他說明自己並不是來左右這次集會，只是有一個意見要提出：候選人的名單太長了，為了代表們的便利，他另擬了一份名單，稱為候選名單「乙」，在這張名單中，他親自選了他認為適合擔任中央委員會職務的代表，而他不是要獨裁，在他所提出的名單上，他還留給代表自由選擇的餘地，讓代表剔除他們不要的人。誰要是願意用原先那張候選名單，當然也悉聽尊便。說完，大會主席將此次建議提付起立表決，看看有多少人贊成。八百個代表裡只有大約二百人站起來表示贊成，這大逆不道的景象，引起了一陣的騷動。蔣委員長馬上說，也許是因為他沒有把話說明，所以再解釋一遍。待他解釋完畢後，再度舉行表決，這一次以多數通過委員長的建議。

蔣委員長獨斷地將委員名額增加至四百六十名。而他的候選名單上有四百八十人，這樣的選舉本來就不是一個公平的競爭，因為參與者能選的只剩二十人。他為了確保選舉的不公平，又再規定每一個投票人必須在選票上簽名蓋章。結果，大約有一百人拒絕投票，另外一百多人堅持要沿用原先的候選名單，可是其餘的人接受了蔣委員長的名單，於是，他的囊中人物便完全入選。

此舉宣佈了改革希望的死亡。蔣委員長的名單是CC集團的全面勝利。他提出名單根本是在諷刺黨內的自由主義份子，使自由主義份子只能毫無進展地保持著原先地位，仍是少數孤單的聲音，仍是起不了太大作用的少數派，這恰恰就是委員長的意欲和他的民主觀念。國民黨將繼續由一群曾經把中國推向毀滅邊緣，曾經抗拒一切民主或團結的舊派控制。倘若委員長本人有何變故，他的繼承人，也會由那些與他理念相同的集團推選出來。政府裡有一個所謂的改良行政機構，但那也是蔣委員長一手安排的，無論何時，只要他決定有所變動，這個機構也只好撤銷，因為也沒有任何操縱組織的核心集團能來為它爭取任何事。

國民黨曾宣佈，要在八月以前解散它的軍隊黨部。八月來了又去，國民黨的工作依然還在軍隊中進行。十一月來了又去，校內的黨團依舊存在。和平降臨，內戰也降臨，停戰協定緊接著出現，而原來宣佈在春季即將舉行的大選，始終沒有成為事實。對於這一切，國民黨根本無所謂，反正一切的諾言和決議都已傳到美國，也都為美國所讚揚，這才是最重要的。

只有一項未兌現的諾言，能振奮自由主義者的精神：由於承受不了戰後群眾的洶湧壓力，蔣委員長屈服了，他無限期的暫緩國民大會的召開。而根本不瞭解這個憲法會議是怎麼回事的美國人，對自由主義者大聲反對召開國大的行為，抱持著厭煩、鄙夷的態度。許久以前，早在一九三六年時就已經寫下憲草，確定制憲會議的召開，代表也已「選」出來了。當時全中國沒有一處舉行過公開的選舉。誠然，在上海，市商會曾被准許推選幾為商人作為代表，但除此之外，所有地方都是國民黨一手獨攬。一九三六年的國民黨是極端反動的，當時共產黨處於非法的地位，其他的自由民主黨派也是如此。於是只有最純正的國民黨員才被選拔出來承當這份榮譽，一千四百四十名代表中，有九百五十名的人選，都是在抗日戰爭迫使國民大會停擺之前選出的人。如今，九個年頭過去了，蔣氏卻要把這批一九三六年名單上留下來的人馬召集回來，為一個新的國家制定新的憲法。儘管那些曾投入日本懷抱的人將被取消資格，但剩餘的老代表們，仍將有權力制定整個中國的政綱，同時國民黨的中央委員均將參加大會。這簡直是對戰爭改變的大環境的事實視若無睹，新一代已經成熟，舊代表除了能代表老大國民黨中最不民主的一部分以外，完全沒意義。他們也同樣忽視反動集團無法贏得人民這件事實。

蔣介石的改良政府只是徒勞一場。陳誠為了改良軍隊擬定種種計劃，結果卻發現他的「軍政部長」頭銜代表不了什麼，何應欽依然控制著軍隊。宋子文去了趟華盛頓、舊金山、倫敦，在各大集會中為中國宣傳，但是回來以後，只發現事情沒有什麼改變。

嚴冬時，通貨膨脹衝上驚人的高峰。公務員一個月的薪水買不起燒飯或取暖所需的煤炭。雞四百元一磅，魚七百元一磅；花生米一塊錢一粒；戰前只要幾分錢的雞蛋現在一顆要賣五十元；物價已經漲到戰前的兩千多倍。市政府想把每月的房租限制在建築費的百分之二十。酒精製造商控訴他們每造一加侖酒精就要虧損七百元，因為政府強制他們限定售價，卻不限制原料的售價。平價委員會想提升洗澡、皮革、理髮、洗衣，和印刷等行業的法定價格，但是當決定宣佈時，市面上的價格卻已經超過了新訂價格百分之五十至百分之一百。再來就是大批大批的工廠倒閉。鹽產減低五分之一；成千的棉織廠關門了；麵粉廠、酒精廠，以及礦場紛紛停業，因為銷貨所獲還不夠去買下個月要生產的原料。

人民都處在飢餓中。重慶一所設備最佳的中學裡，有四分之一的學生患著肺病，一所遷入內地的大學的教職員中，有百分之四十三以上染著相同的疾病。重慶的電燈像鬼火一樣，城裡每一區、每星期輪流一晚無水無電。有電燈的晚上，燈光像蠟燭般短命，除非你自己裝上一個變壓器，但是裝個變壓器得花二百萬。管理陰溝的機關飽受攻擊，但也僅此而已。根據一位當地的社會科學家，中國歷史上的每一座城市，多少都被排泄物的處理問題所煩擾，除了上海以及幾個其他沿海城市以外。城市的發展受制於附近農民對於城市居民糞便的使用量。重慶的人口較過去增加了五倍，而農民的肥料消耗量頂多增加三分之一。於是，每天就有五百噸以上的排泄物透過陰溝或溪河流入揚子江——這揚子江卻又是人民飲水的源泉——或者積聚在叢山之間的大死水池裡。這個城市還能照樣生存著，真是一件奇蹟。除了一般的霍亂、痢疾、花柳，以及皮膚病輪流不息，沒有其他嚴重傳染病的襲擊。

受新任宣傳部長王世傑和氣的態度影響，當地的新聞檢查制度解除了。可是，當報紙想測試一下新尺度時，他們發現自己依舊無法報導前線的情況、共產黨問題、中蘇關係，或是新疆的變亂。他們不敢進一步調查那些因為無力扶養而在街上出賣兒女的社會現象。也不敢在報紙上重述那件在重慶弄得滿城風雨，關於四川軍閥與他的小老婆的故事。那故事是說：有位軍閥幾年來一直在前線，離鄉期間把他的小老婆送進一所大學念書，要讓她深造一下，更襯他的地位。當他回來後，卻大為驚奇地發現，大學教育為她裝備了自由的思想，而她也就蹤跡杳然地消失了。

雖然如此，重慶的報紙總算揭發兩件當地救濟院的舞弊案，這兩家救濟院內，一個月裡有四百個成人和一百個孤兒先後死亡，調查人員更發現有三百具屍體未被埋葬而「到處堆放著」。重慶的報紙還簡短地報道說，在蔣介石正式宣佈執行《人身保障法》的四個月後，有名的自由主義教授費鞏被特務綁走，從此沒了下文。此外，報紙報道那曾經轟動一時的財政部黃金舞弊案。其實這只是無數舞弊案中的一小件，幾個局中人預先知道黃金官價即將提高，就大量購入金條以圖大利。由於美國運黃金來華，是為了穩定中國的幣值，而不是為了製造富豪中國官員，於是舞弊案的消息傳到華盛頓，後立刻傳了回來。政府答應要追查禍首，並予以懲治，他們逮捕了一次人，接著任沉默籠罩整個事件，不用多久便被人完全遺忘了。

在中國沸騰的徵兵丁的浪潮中，其中的兇惡粗暴、冷酷無情，以及貪污舞弊，即使在中國最黑暗的史蹟上，也稱得上是惡劣透頂。政府的虛偽誓言越是聲稱今日一切均已改善，苦難越顯悲慘。許多人用金錢來逃避兵役，所以保甲長之流就無法徵到足額的兵。為了要供應足夠的「人肉」，出現了有組織的巡邏隊，逡巡四鄉，綁架路上行人，再把他們出售給村中大亨。軍官在他們的管理範圍內也從事著同樣的交易，所以壯丁的體質再衰弱，也沒有太多怨言。在成都，一個黑市的壯丁——被這種巡邏隊綁去的肉票——可以賣五萬至十萬法幣，相當於買五袋白米或是三隻豬的價格。

在四川某縣裡，一個村長帶著他的武裝村兵，守在交叉路口，抓到了一位五十來歲的老頭和他的孫兒。那孫子原本是要陪著他祖父去醫院看病的，但這個理由無濟於事，村長還是把他們抓進壯丁營。還有另外兩個村子的村長，親自帶領他的衛隊到船埠上去抓船夫，船夫出示證件，證明他們正從事一項重要的工作，而且都已免役。結果是，這兩個人被活活淹死，一個被鞭打至死，一個的手指被砍掉。還有一回，一位連長帶上他的士兵，要在大路上隨機抓壯丁填充兵額，他們抓到了一名便衣路人。可是這個路人卻是一位比這連長位階更高一層的營長，這位連長恐怖萬狀，當場把這營長打死，隨後又畏罪自殺。儘管政府的宣傳機構，不斷在開出堂皇的諾言，恐懼依然蘢罩著所有鄉村的道路。壯丁紛紛逃離家舍，在叢山中組成匪幫，等待抽丁事件平息。青年農人不敢出門趕豬、擔米去城裡售賣，深怕在路上人財兩失。

其實，中國人並不畏懼為國家出力賣命，人民的愛國心一絲一毫未曾減少。只是他們各個明瞭壯丁營的模樣。政府的規定就是最有力的反證，政府規定說：官員不得在壯丁的食米中摻雜砂粒，不得掠奪壯丁帶來的衣著、被服、私人用件，不得對壯丁私刑拷打或夜晚禁閉牢房等，並且不得向壯丁家屬勒索壯丁制服費或給養費。戰鬥部隊的情況已經夠嚇人了，但是與壯丁訓練營比較起來，前者根本就是天堂。壯丁能吃的比挨餓度日的士兵還少，有時甚至連水都喝不到。他們許多人都被剝了衣服，睡在泥地上，他們被鞭笞，死掉壯丁屍體的放在那裡好幾天沒人管；在許多區城裡，真正到達前線的壯丁還不及入伍總數的百分之二十。當歐洲貝爾遜（Belson）和布欽華爾德（Buchenwald）集中營傳來慘絕人寰的故事時，正值中國徵兵的高峰期。在成都壯丁營工作的醫生，對於德國種種恐怖手段不怎麼大驚小怪，他們說，納粹集中營的描寫，根本就和他們工作地方的壯丁營一模一樣。成都附近的一個壯丁營，要接受四萬名壯丁受訓入伍，但是在來營的途中許多人就已經死了，能夠拖著命撐到訓練終結的，只剩八千人。據說還有一隊一千名的壯丁營，由於訓練官員的失職，竟死了八百名之多。

少數該為這些恐怖事件負責的人被槍決了。中央社的一個電訊這樣說：

徐正功（譯音，下同）克扣軍糧，導致壯丁一百零五名死亡。犯下謀殺連長衛兆仁，活埋壯丁戴清山等罪……。中尉方震犯有毒打壯丁孫巧新，拷打其親屬，並勒索國幣一萬元等罪。上尉李伯達犯有克扣軍糧，非刑殘害李正清及其他壯丁，勒索國幣十九萬七千元，並使壯丁曾憲方殘廢等罪……。

新任兵役部長[15]繼任那位被槍決的前任署長，負責改善役政。新任部長用行動說出他的任內成績。在春季，他應該徵集新兵三十六萬，事實上他卻徵集了五十萬名。陸軍機關報說：「兵役部已將努力工作之幹部名單送呈蔣委員長，請頒獎狀。」可是正當兵役部在四鄉竭力搜捕新兵時，軍政部長陳誠卻正竭力地將中國陸軍從三百師以上減少到

15　當時兵役署改為兵役部——譯者。

一百師，好讓留下的軍隊能夠獲得足夠的裝備和給養。

憤怒漸漸在人民之間茁壯。他們眼看沒有任何事改變，而且未來也不會有什麼改變。政府用迷惑人心的花言巧語，掩蓋掉他們堅決抗拒改良的決心，如果這個腐敗的政權繼續下去，那麼一個包辦一切的國民大會，與一部不民主的憲法，將會使這陳腐的壓榨合法化。從農夫到政府官員，每一個階層內都懷著深沉的不滿和憤慨。農民在徵兵徵糧下呻吟，工人憤怒的忍受著通貨膨脹和貪污腐化，知識份子要求人權保障。國民黨內部的鴻溝也日益擴大，進步份子擬定計劃想要招納共黨參加聯合政府，可是反動份子依舊悍然拒絕。

中國人不敢在公開場合談論太多。但是政府裡的部長、銀行家、工業家、學生、作家、官員、小販，以及苦力，私下都不約而同認為，現在勢必得有所作為了。儘管如此，他們仍是沒有什麼選擇，除了國民黨以外，每一個政治組織都是非法的。無疑的是，絕大多數中國人都認同中共擁護的暫時綱領，可是很少人能接納共產主義。所以僅存兩條路可走：一是逼國民黨本身改革，給人民中共曾給與的一切權利、兌現所有的諾言。然而只要 CC 集團還掌握大權，這似乎是不可能的；再來就是逼國民黨同意聯合政府，如果共黨參加，兩黨均可相互牽制，以爭取人民的支持而競爭。同時，當所有黨派都獲得合法地位後，民主的中間集團也許就有機會出現。

有一個中間集團——民主同盟，曾經衝破窒息的政治壓迫。他們認為自己是「站在國民黨與共產黨的左右之間，毫無保留地反對任何形式的獨裁政治，堅決地相信團結是勝利的先決條件。」民盟是六個政黨在一九四一年合併而成的集合體。我們無法知道他們究竟擁有多少盟員，畢竟一個被認為非法的政黨是很難宣佈他們的黨員的。在民盟裡，有教授、作家、學者、一些銀行家和工業家，還有一些軍人。他們承認在農民那一塊，他們滲透不了，也知道組織是十分冒險的，因為國民黨的特務四處活躍，壓迫一切的政治活動。民盟的領袖幾乎不被允許在城市間自由地旅行，只好謹慎地舉行會議和發表言論。他們相信自己代表著大多數的中國人，英勇地堅持各黨各派以及無黨無派的領袖們，必須聚集起來共商國事，在戰爭未結束前，共同來為團結與民主奮鬥。

勝利降臨重慶時，正值炎熱、黏膩的夏季。那個夜晚重慶進行著例行的日常事務，母親們已把孩子送上床，河邊滿是漫步的年輕男女，市區裡的店鋪哄鬧著，魏德邁將軍邀來英國大使舉行了晚宴。城裡的幾個無線電傳來勝利的消息，接著一個電話到另一個電話，一個朋友到另一個朋友地傳來傳去。重慶突然爆發為一座歡呼和爆竹的城市，起初零星、錯落，但是一小時之內就成了一座狂歡的火山了。

男人、女人，以及孩子們如潮水似的從家裡湧進重慶的廣場。魏德邁取消了美軍十一點鐘的熄燈就寢令，美國兵也加入了慶祝行列。吉普車在人海中開過，二、三十人攀在上頭搭順風車，公共汽車載著雙層的人在街上蹣跚遊行，站在車頂的人歡呼著、揮舞著旗幟，車前的橫檔和汽缸蓋上也坐滿了人，軍用卡車在人群中蕩漾而過。由於實在趕不及出號外，中央社就在它的牆壁上張貼巨幅的手寫佈告。成千市民聚集在美國新聞處的門前聽播音器的廣播。美國憲兵也把美國兵放生在人群裡，人們拉住他們不放，向他們歡呼，幾乎快讓他們窒息，高喊著：「美國頂好！美國頂好！」有的人搜盡了他所知的英文喊道：「Thank you, thank you!」（謝謝你，謝謝你！）或者把香菸塞給每一位最靠近的美國人手裡。

勝利來臨了，戰爭過去了。次日早晨，重慶城恢復寧靜，狂歡消逝得很快。和平雖然到來，但陳腐的政府、由來已久的苦難和恐懼全都還在。中國並沒有比從前更接近改革，一點也沒，反而是離國內的和平更遠了一些。

戰爭結束，但等著中國的是長期的流血與鬥爭。

Chapter 19

勝利與內戰齊來

Victory and Civil War

勝利降臨後四十八小時，內戰的烽火便燃遍全中國。延安的電台立刻向所有部隊宣布戰略計畫。各地的共軍都接獲朱德的第一道命令：奪取並解除所有日軍的武裝，要他們依據《波茨坦宣言》（Potsdam Declaration）投降。第二天的特別命令，更清楚說明中共的意圖：游擊部隊全部向北推進，越過蒙古沙岡和草原地帶進入東北，與自北而下的蘇軍會面、合作，一齊殲滅困在他們之間的日軍；在黃河盆地的共軍，則奉命要讓日軍鐵路線立即投降，如遭對方拒絕，立即進攻。

重慶毫不遲疑的向朱德反攻，下令共黨的八路軍和新四軍全部各駐原防，靜候指令，同時又命令其他軍隊立即向日軍駐區推進。延安答覆說：「我們認為你的命令有些誤會，而這誤會可不小，讓我們不得不向你表示：我們拒絕這道命令。」爭奪淪陷區控制權的戰爭於是開打。

一年前，國共雙方就已經深深體會，隱藏在那日漸成熟的勝利後頭的，是一場全面的內戰。突然結束的戰爭，讓雙方一下子無法回神應付他們老早就已經計畫好的危機應對方案，不過他們都直覺地知道必須實施什麼緊急措施。只有美國這位希望拉攏雙方的盲目調停人，還矇在鼓裡不曉得危機的真實性。美國的指示依然還是那個不可能實現的矛盾妄想：要支持蔣介石的政府，同時避免捲入中國內政問題。

中央政府與共產黨之間的鬥爭，成了搶奪中國領地的鬥爭。一直被日本侵略所阻遏的革命，現在是不可能隱埋的住了。對共產黨來說，問題已經簡化為：他們能保持住多少已經被他們改革的土地，以及在這混亂的數星期中，如何迅速地進入東北。對國民黨來說，問題也很簡單，他們要如何迅速地在一九三七年它所控制的區域裡，重建它的舊秩序，以及如何快速地進入日本統治十四年之久的東北。

五年來，中共軍一直包圍著華北鐵路線和重要的城市，還控制著鄉區。日軍會不會一直控制著這些鐵路與城市，直到蔣介石以自己軍隊來占領呢？或者日軍會不會馬上心甘情願地交出武器給那些一直在抵抗他們的共軍，讓黃河以北的地區成為中共的大本營？蔣介石還是一如往昔地堅持「朕即中國」，堅持日軍在法律上必須服從他的命令、交出武器，並且堅持只有在國民政府掌控貫穿共區的鐵路線以後，「法律和秩序」才能維持。共產黨的答辯同樣地漂亮，且理由更簡單。他們說這五年來，為了掃蕩這些敵人的據點和鐵路線，他們戰鬥、流血、犧牲生命。他們的軍隊在真實戰場中扎扎實實的贏得占領據點的權利。

這一年來，中美外交的成果變得明朗。如果中國早有團結，就不會有今天的問題。如果史迪威建議的聯合統帥部早點被採納，如今和平早就緊隨著勝利出現了。美國在一年前，身為一名調停人，是真的有可能促成中國團結並確保和平。可是今天，美國只成了蔣介石的一個夥伴，要不惜一切來拯救他的命運。中美合作的軍事計劃的制定，原本是奠基在一份相信勝利將在一九四六年到來的信念上，所以當勝利突然來臨的時候，魏德邁的新軍正以戰鬥單位的姿態向華南海岸推進。一支強大、訓練有素的中國軍隊正在廣州灣一帶準備襲擊，同時一支早已在海上的美國艦隊正駛來會師。這個進攻計劃在八月十五日開始，如獲成功則將是十月全面反攻廣州的先聲。中國的行動更是計畫好要與太平洋上的行動相配合，當中國軍隊在十月征服廣州時，麥克阿瑟將在日本的九州登陸；在次年春天，當麥克阿瑟在東京灣登陸時，這裡的中美軍隊也將進攻上海。依照這樣的計劃，當勝利到來時，國民黨軍隊已經滿佈長江沿岸，並處於穩取北方鐵路線的優勢地位，可以一舉兩得地同時擊潰共軍，又解除日軍的武裝。

可是當真正的勝利突然於一九四五年八月間出現，全球為之錯愕時，人們卻發現政府軍已經處於異常不利的劣勢地位。它最優秀的軍隊離華北、華中的沿海城市遙隔數百英里之遠，他們要不是正在向廣州灣推進，就是還散布在遙遠的西南後方受著訓練。在中國，最具政治重要性的地區是沿海地帶，可是要讓政府軍隊通過殘破險惡的道路，運送到沿海低地，得經數月之久。在另一方面，中共軍隊則可能會要求或脅迫整個東部那些戰敗的日本駐軍，交出武器給游擊隊。蔣介石狗急跳牆，他迫切地需要立即將軍隊運到華東，否則八年戰爭的果實將完全落入共黨手中。所以，只剩美國能及時地運送他的軍隊，挽救他的命運了。

美國陸軍、空軍，以及海軍動員他們所有力量來解救蔣介石。向廣州灣的進攻被取消，軍隊直趨廣州，再由美國海軍從廣州運到華北。第十四航空隊、第十航空隊以及空軍運輸隊司令部大部分的飛機都被組織起來，作一次大規模的軍隊空運。蔣介石最優秀的八萬軍隊也被集中起來，等待美國飛機以飛速將他們運走。派去南京的是那些由美國訓練裝備、在緬甸擊敗過日軍的新六軍，他們帶著解放者和勝利者的心情去接收首都，但迎接他們的是一座冰冷、帶著敵意的城池。南京沒有熱烈歡迎他們的人們，這些人在日軍統治之下，過著長久悲慘的日子，他們不曉得國民黨政府取代汪精衛傀儡政府以後，他們的命運將又會如何，他們十分恐懼。新六軍通過街道時，高聲地喊道：「我們是重慶的軍隊，我們回來了！」但是，得到反應卻是冷若冰霜，沒有歡呼，也沒有笑容，他們只好靜下來默默地進行解除日軍武裝的工作。

派去上海的是一支部分由美國訓練的九十四軍，他們得到的則是截然不同的歡迎。當瘦弱、襤褸的士兵跨出C54巨型機的機門時，迎面而來整個機場、整個跑道擁滿歡欣的群眾，而無數個搖動的旗幟、千萬人歡呼的聲浪，配和著樂隊的鼓號，以及童軍的笛聲。電影攝影機的卡車嗥叫著，到處都是照相機。這些農民士兵羞怯地走下陡峭的扶梯，試著和大家答禮，被那些他們要解放的人的神采弄得頭暈目眩、不知所措。這些被解放者身著絲綢、足登革履，可是解放者卻穿著一雙雙風塵僕僕的草鞋。

第三支軍隊則從漢口飛赴北平——中共的心臟地帶，他們想用刺刀和美國的星條旗重振國民黨的權威。軍隊從群山深谷中調出來，在美軍基地重聚，他們五、六年前曾經狼狽地撤退到山地裡去，如今他們帶著苦難和疾病和高速飛行的翅膀，勝利地走上他們潰敗時走過的道路。

國民黨並不只依賴這些軍隊，它還有其他政治資源，一些老早就事先為這個緊急狀況儲備好的政治資本。戰時流傳著一件醜聞：重慶政府中某些份子與南京、北平的汪精衛偽政府之間維持著密切的關係，他們的使者和代表時來時去，不斷地透過火線遞送函件、締結協約。國民黨表面上反對與漢奸有任何來往，暗地裡卻為了私利，不知道進行了多少交易。若有必要，它希望在戰爭的最後期間，偽政府會轉回頭向日軍進攻——當然也不論如何地會進攻共軍。偽政府控制的這些倒戈軍隊，數量在五十萬至一百萬之間，日本主要是利用他們守衛中共區域內的鐵路和城市。其中不少還是由那些深信日本必勝而背叛國民黨的將軍指揮著。現在在緊急關頭上，整個的偽組織重回國民黨的懷抱。在華北，有六個曾經替日本打共軍的將官，又被收回國民黨的羽翼之下，再度舉起國民黨的旗帆，受命直接抗拒共軍，向鐵道及城市的進逼，等候政府的接收。

為了向國民黨反攻，中共動員全部的力量，進行一項大規模的軍事行動。華北是他們的堡壘，他們決心要保衛住。國民黨對他們的城市、公路及鐵路進攻，因此山東、山西、河北四處都點綴著零星的戰事。日本人，並沒有因東京的投降令而狼狽，卻以數年來未有過的緊張加以反擊。曾經與日本為友的漢奸賣國賊，變成國民黨的支持者，高舉起國旗，斥責共產黨為背信不忠。幾星期內，中共軍割裂了黃河以北全部的交通線，幾乎將他們的游擊區和政府的進攻隔絕開。在一個多月的激烈戰事中，共軍遭受了一次打擊，也獲得了一次大勝利。共軍占了三分之二的山西，而山西正是中國礦藏最富的省分之一。

他們相信省城太原遲早也要落入他們手中，但是那位機靈的山西主席、舊軍閥閻錫山——不僅是國民黨的人，也是日本的密友——竟以日本的裝甲車調動他的軍隊，通過中共區的鐵路線，在日軍的保護之下衝進太原，控制了省城外的鐵道。

雖然在太原失利，但他們隨即得到了更大的補償。中共接著占領張家口，那是他們在華北占領區內最大的一座城市。張家口的日軍早在蘇軍迫近之前便倉皇逃去了，走的時候還丟下供應品和武器，共軍於是大方地開了進去。張家口恰好位於長城北部，是銜接中原和長城以北地區的一個鐵路中心和戰略據點。占領張家口，使中共有了一條能輸送游擊部隊進入東北的安全道路。

在華南，中共的領導卻相當混亂和不果斷。將近一年來，共軍竭盡一切努力要爭取控制上海地區，準備與登陸的美軍相配合。他們派遣了最優秀的幹部分佈於上海一帶，但他們的組織尚未完全成熟。日本在八月十日宣告投降，十五日新四軍已經逼近上海，城市郊區開始出現他們的標語，預告著他們的到來。城裡的黨組織者，集中起各種工會，組成一個「總工會」，包括所有重工業工人、洋車夫，以及其他勞工等等。像這樣的一個「總工會」，曾經是一九二七年上海共產黨暴動的原動力，短時間便有五萬名工人在十多家大工廠裡展開罷工，但不用幾天還是被日軍的槍尖平息了。

共產黨當時的情況的確不樂觀。美國飛機正在將國民黨的強大部隊運進城市，與此同時，日軍仍依舊握有槍械和重炮，更要命的是，他們對共產黨懷著無比仇恨，正醞釀著破壞中共的暴動，而且即使現在有了盟軍的命令，他們還是和兩星期前，不被任何情勢制約時一樣，自主又踴躍地進行破壞。

此外，還有一項重要因素：上海如此地沉醉在勝利的狂熱中，對於任何一種暴動都毫無準備、毫無招架力。過去這裡曾經是國民黨的堡壘，雖然工人們在一九二七年曾暴動過，但是這裡龐大的中產階級，還是視蔣介石為中國民族生存的象徵。隨同勝利的來臨，一夜之間，蔣介石的巨幅照片又從封存多年的角落裡找了出來，照片的他看起來出乎意料的年輕漂亮，店員還裝上了花環和紗綢，莊嚴地供奉在每一個櫥窗裡。全城瀰漫著假日的歡樂氣氛，空氣微醺著，到處都像在過節。歡樂的行列像泡沫在每一條街道上此伏彼起，人們向穿著公務員制服的人歡呼，留戀不捨地逡巡在華麗的大飯店門口，在那裡新近來的美國人，正在恣意地享受著落後內地，以及中印緬戰場無法得到的一切奢侈繁華。

在這陣令人困惑的迷霧中，共產黨向上海共黨分子發佈的第一道確切指令，從勝利二星期後，自延安到達上海，命令當地的共產黨人不得引起流血事件，不得實行暴動。他們在郊外等待著，而同時國民黨則把大批地將力量湧進城內。幾星期後，中共軍隊開始離開上海地區，去與黃河以北的弟兄會合。這一爭奪戰的第一回合結果是：蔣介石控制了長江盆地，而中共控制了黃河以北。東北，則還在爭奪中。

數日之後，當中共有機會重建其戰略時，事實證明他們對於政治及軍事形勢具有先見之明。共產黨把長江流域拱手讓給蔣介石，並不是徒然出於恐懼，放棄上海是決定以上海換取更富饒的東北。新四軍早已在九月初開始向長江東部移動，一部分的部隊進行著這場空前未有的戲劇性長征，向北疾速推進，從上海北部直到東北的瀋陽，其中一千英里的途程得通過國民黨軍、偽軍、日軍和美軍的重重防線。一九四六年春天，長春能陷入共軍之手，他們當中一定有成千成萬的人加入了這場戰鬥。

戰場上的戰鬥與重慶的國共談判同時並進著。一股來自中國社會最深處的巨大壓力，迫使著雙方走向和平。報紙上和私人間的呼聲，構成了自抗戰以來前所未有的真實民意，那呼聲是：「勝利來臨，讓它帶來和平吧！」

有了美國政府的安全保證，毛澤東乘美機飛到重慶，很快地達成一些技術上的協議。在政治方面，國民黨答應延期召開原本預定在十一月召開的國大，雖然他們未曾允諾要擴大代表名額，同時也答應釋放一些拘留在集中營裡的政治犯。中共則同意將他們的軍隊要求縮減到二十師共軍；同時建議在次年舉行各黨派會議，雖然這會議究竟要幹嘛沒有說明。中共希望這個會議能達成全面的政治協議，國民黨卻不願提出任何諾言。最後，談判在彼此的安全，這項基本問題上擱淺。美國人不可能想像當時談判進行時的氣氛，因為，雙方都認為自身的生命如置危舟，二十年來的恐怖、痛苦和流血，籠罩在兩黨間的每一次接觸上。當雙方代表在進行著和談時，成千上萬的共產黨人以及「嫌疑共產黨人」，還在集中營裡熬受著苦刑和磨難。

中共針對安全問題提出的方案，堅持要政府承認戰時他們在敵後建立的邊區政府的合法地位。他們取消自己在一九四四年所提的要求——承認他們在長江流域的政府，但依然要求政府給予河北、山東、晉北、察哈爾以及熱河的合法承認。這一塊四省半的地區裡，五年來一直在中共的控制之下，由他們徵收賦稅，也由他們為人民抵抗日軍的侵犯，他們說那個地區裡的政權都是由民選產生。此外，中共感覺到北平、天津、上海這些城市裡存在著大量的親共團體，所以，政府應當任命一個共產黨的副市長。區域控制權的要求是中共安全的起碼保障，如果國民黨接收了這些地方政權，他們的生命便會受到威脅。蔣介石答應取消恐怖手段和特務組織，但共產黨人不敢在蔣介石那一紙諾言的微弱保護下求生存。而且事實上，六個月後，蔣介石的特務依然肆無忌憚地在逮捕共產黨，依然在搞那些老套的集中營。

如果接受國民黨政府完全控制爭執地區的要求，共產黨等於是將每一個村鎮重新交給腐化的官僚和土豪劣紳，等於讓苛捐雜稅、高利盤剝，以及橫行霸道惡行再次出現。在國民黨占領的城鎮裡，國民黨的黨棍已經充分地顯露所有暴虐和貪婪。不僅如此，在一些收復區內，國民黨的官僚已開始與那些戰時幫日本人攻打共軍的漢奸勾結。當這些問題僵持不下，共產黨提議在爭執區裡、在國民黨監督之下，讓所有居民（甚至包括過去曾投靠日本人的人在內）舉行公民投票來解，但是連這個要求，國民黨也拒絕了。

國民黨統治的中國，是一個中央集權的國家。由中央任命每一省的主席，透過法律管理全國路政、教育、離婚以及社會治安等等事務。在中央集權制度之下，國民黨擁有直到縣長的一切官吏任命權。中共認為，中國有著如此複雜、互異的風俗習慣和方言，公路又是如此之少，交通如此原始，在這樣的地方實施中央集權是行不通的。因此，最合適的政權形式應該是聯邦的制度，像美國或蘇聯那樣。在聯邦制度下，中央政府的職權在於國防、外交、貿易、商業、財政及其他類似事務。而且由各黨分別掌管各省，並不會削弱中國的統一，就像由共和黨及民主黨分別治理各州不會削弱美國的統一。

蔣介石在一條能顯現高超政治才能的途中徘徊著。他如果同意共黨的建議，和平便能馬上實現，否則就是大流血——然而，蔣介石仍舊不同意。

十月十日，特地舉行一次為中共代表而設的盛大宴會，發表了一篇無意義的文告。過後不久，中共代表紛紛離開陪都返回延安，談判算是失敗了。在蔣介石眼裡，中共一直身為蘇聯政策在中國的「代理人」。他認為，由於中蘇條約的簽訂，他已經以東北部分主權和外蒙的獨立為代價，從蘇聯那裡買回他在國內為所欲為的權利。蘇聯既已買通，那麼他們的「代理人」——中國共產黨，勢必會陷於無權的境地，而他自己有美國撐腰。赫爾利支持蔣介石，魏德邁則隨時準備著執行任何赫爾利認可的政策，不顧後果將會如何嚴重。當談判進行至第四週時，傳來美國海軍陸戰隊將調赴中國，以援助蔣政府的消息，蔣氏的態度立刻轉趨強硬。美國已經幫他保住了長江流域，現在又派遣他們最優秀的戰鬥部隊來幫他接收華北，於是他更看不出有什麼理由要向中共讓步了。在開羅會議裡，他曾被賦予全權去接收投降的在華日軍。現在，他要所有盟邦來幫他實現這個諾言。

戰鬥現在圍繞著平津地區進行。持有美國武器及供應，以及美國空軍掩護的中央軍，以壓倒性的優勢進行著內戰。共軍攻擊政府軍的方式，猶如當初在攻打日軍，他們運用側面抄襲、游擊戰術，和交通破壞等等方法。整個華北戰事的關鍵，是那條貫通天津北平和東北的鐵路。這些鐵路是整個政府軍的神經系統，而共軍無法在這些地帶順利大展身手。因為鐵路是由美國海軍陸戰隊所保護，而這是一支全亞洲最精銳的戰鬥部隊，單單只是一面美國國旗，就足以使這些鐵道及護衛者成為不可侵犯的象徵。除非政府軍走出美國星條旗的保護，否則共軍是不能向他們進攻的，因為，要進攻國民黨軍隊的基地，等於是要進攻美國。

美國海軍陸戰隊、國民黨軍隊、過去的偽軍，以及日軍，以一種前所未見的奇怪同盟，合力防衛這些鐵道，以對抗游擊隊的襲擊。而最令人痛心的諷刺是：在這個平津地區，在過去局勢最險惡緊張的時候，中共游擊隊曾經屢次出生入死地從日軍手下搶救美國飛行員，當B29型美機在轟炸日本的歸途中被迫降落時，這些飛行員們就是由當地村民偷運至安全的後方，現在這些村民成了美軍眼中的敵人。在這些區域裡，共軍向陸戰隊的列車射擊，陸戰隊便以掃射整個村落作為回禮。而我們的星條花旗，就飄揚在中國內戰的鬥雞場上。

就是在這個時候，一九四五年的十一月底，赫爾利辭去他的職務，而且未事先通知總統或國務院，他在華盛頓突然地發表聲明，就此宣告他政策的全面破產。他早在毛蔣介石會議之初，就已離開重慶回返華府，而談判的破裂，證實赫爾利一年來的工作完全落空了——中國還是沒有團結。在赫爾利的政策邏輯下，美國已不再是國共紛爭的調節人，而是加入內戰了。美國的政策認為，中共所占有的華北是法律上的一個真空，而唯一有合法權利進入這個真空的人，就是蔣介石，因此美國陸戰隊的責任，是要不惜一切地支持他。赫爾利的政策，在美國人民面前提出一個可怕的選擇：蔣介石，還是共產黨？要中央政府，還是要混亂的局面？沒有人提出過一條中間路線，沒有人問過中國人民，究竟他們需要一個怎樣政府，沒有人和他們商討過，也沒有人舉行過選舉。在華北，千百萬人民擁戴著一個反對蔣介石的集團，而現在我們卻拿著槍尖，硬把蔣政府塞進他們的喉嚨，完全不過問他們的意願。

我們的政策，同時還造成另一個惡劣的後果：使蘇聯在亞洲與美國正面為敵。當德軍直叩邊陲，蘇聯處於危急的存亡之秋時，它對中國的興趣已降到最低程度，它對中國共產黨採取漠不關心的態度，雖然它底下的報紙曾經再三表示對蔣政府的不滿。事實上，蘇聯報刊上所有對華的批評，與當時美國政策的聯合指揮者——史迪威和高斯——的意見不謀而合。可以這樣說：直到一九四四年的秋天，美蘇的遠東政策，是兩條指向同一目的平行線，都想要建造一個團結民主的中國。但在赫爾利繼任駐華大使之後，美蘇的對華政策便開始分道揚鑣。現在，美國全心全力地站在國民黨身後，我們對蔣政府無條件地支持，以及在中國的介入越來越多。漸漸地，蘇聯認為美國有意要獨霸遠東。重慶的報紙很少出現對美國的批評，蘇聯大使館則對中國新聞檢查當局，容許報紙不時謾罵蘇聯，感到不悅。蘇聯清楚國民黨的高級領袖們憎厭他們。對他們來說，中、美之間的聯盟，是直接威脅。

一九四五年八月，《中蘇條約》（Sino-Soviet treaty）的簽訂，標誌著中美蘇三角關係的中繼點。這項條約之所以加諸中國身上，是由施出的、同等壓力的美國和莫斯科所逼迫而成。條約中所有的要點已在雅爾塔會議中取得協議，蘇聯從中國取得的讓步是美國給他們作　蘇聯參加對日戰爭的酬勞。當宋子文在《雅爾塔協定》簽訂的六個月之後，心懷著能談判一個完善條約的希望，飛往莫斯科，等著他的，卻是一個早就由其他二強預先擬定的草約，而他不過是來表示首肯而已。

這條約中的內容，可以說是由兩個鄰國間，彼此的共識與理解而定。外蒙古獲得獨立，不過是在對一項早已存在二十年的事實予以合法承認而已。條約上，蘇聯獲得了中東鐵路的聯合控制權，這控制權在一九三一年日本進軍東北之前就已存在，而且由於蘇聯濱海省的特殊地理結構，聯合管理也是現實所必需。所以，條約的真正要點，是要中國放棄大連旅順兩地的主權，大連成為一個國際自由港，蘇聯據有特殊權利，同時蘇聯有權在旅順建立海軍港。這樣的一個條約，在過去是會被認為是帝國主義，而今日仍真實發生著。八月時，條約的簽訂使蘇聯有辦法應付兩種可能要面對的情勢：若要對付遠東的聯合攻擊，它已有了妥善的防禦；如果戰後能出現一個團結的新中國，它也可以據此條約與之建立友好的關係。因為，條約中保證蘇聯將全面尊重、支持中國的合法政府，換言之，就是尊重、支持蔣介石。同時，蘇聯也因此在側線獲得了兩個優良的海港，能用之於貿易，或者用之於軍事。

國民黨與美國軍事力量的同盟，他們直接合作攻擊共產黨的行為，激起蘇聯的下一步動作。如果我們為了謀取中國的穩定而袒護國民黨，那蘇聯就會袒護中共，作為對抗的途徑。日軍潰敗後數星期，蘇聯對中共採取的態度謹慎。一位紅軍將領曾經飛赴延安，告訴中共說，中共武裝部隊不得踏入東北。但是現在，共軍卻突然開始出現在東北各鐵路線上，顯然是已經得到蘇軍的默許，來與美國支持下的國民黨軍作戰抵抗。這大概是中共與蘇聯之間，自一九三五年來的首次直接諒解，而這個結果，是美國行動所一手造成的。

待東北站穩腳步，蘇聯移走了部分東北的工業設備，這個行為可以被理解，卻不能被寬恕。蘇聯因為對德戰爭而飽受蹂躪破壞，而日本在東北的工業帝國，自然是激起了蘇聯的慾望，他們急需機器，於是把它搬走。第二個解釋是，鑒於一個敵對性的中國在南方漸漸形成，破壞東北的工業似乎是初步的防禦。這兩種解釋都沒有充足的理由。東北的機器、工廠，是中國用勞力建造而成，即使日本人曾經經手管理、使用，但這樣的行為就是在掠奪中國的財產，這個絞盡中國人血汗建成的物品。若就所有權討論，以及作為日本對華的賠償，這些設備都是屬於中國的。不論控制中國的將是共產黨、國民黨，或是聯合政府，東北的工業設備都將為中國殿下穩健的基礎。不論蘇聯從東北收穫多少，這個行動終將在中國人民的腦中留下懷疑和敵對的印象。而多年來，中國政治上的右派，首度找到了一個訴諸全國人民的藉口。

這大概是高階政治中的一個不幸的時機巧合：正當蘇聯無所懼地在遠東開始新政策時，美國也正在打算從回它過去的遠東政策。透過與赫爾利的政策斷絕關係，美國希望能藉此重建在中國內爭中的中立地位。當馬歇爾啟程來華時，中國處於一個遠比戰爭時期更危險、更艱難的局面，帶著一個已經過期十二個月的政策，他受命在一場內戰的困難與痛楚中，塑造出和平。

當馬歇爾來到中國時，所有正常的政治軌道都已陷入癱瘓。如果以為他能像在戰爭中獲得全面勝利一樣，讓在華任務得到全面成功，是不切實際的幻想。他的重要性和偉大，在於他個人堅持要促成停戰的信念，不論停的多脆弱、多搖晃不定，這個停戰還是出乎意外地，一個月又一個月地撐過去了。

馬歇爾的任務所具有的複雜性是史無前例的，這部分起因於戰後美國在太平洋的特殊地位，另外則起因於中國政治本身。馬歇爾的第一項工作，是重建美國外交政策的誠信，並且讓他人視美國為這場糾結不清的紛爭中的公正裁判。但是，真正執行時，所要面臨的問題是：軍事上要調節的紛爭中，美國已經是個完全不中立的黨派支持者，他前任留下的遺產是美國在武裝上的涉政，以及支持國民黨的立場，儘管違背他想推行的和平政策，卻不得不給予尊重。他的第二項工作是把強大、充滿活力和信心的共產黨，與一個落伍、無原則，腐化的統治政黨拉到同一張會議桌上來，敦促他們再度討論那談了八年還沒有結論的老問題。

一九四五年年底，當國共兩黨參與馬歇爾會談時，雙方對於停戰與團結兩大問題，整整一年勢不兩立。共產黨堅持政治協議先於行政協議。當時他們大約控制著三分之一的中國，管理著三分之一的中國人口，因此堅持政府大規模的改組，使他們在有關中國未來的一切決策上，占有相當於他們目前在各省實力的比例的發言權。中共也堅持，這種政府未建立前，國民黨必須同意終止一黨獨裁。只有如此，他們才會同意恢復交通及整編共軍為國軍等等其他談判。

而另一方面，國民黨像絕望之人一樣，死抓著空虛的法統。他們堅持中共必須先在軍事行政各方面就範，再來討論政治問題。誠然，國民黨曾對所有人民保證過各種諾言：言論自由、出版自由、結束一黨專政、取消特務等等。但這些都是期票，只有在遙遠的將來，共產黨「就範」後而達成了統一才會兌現。在這些諾言傾瀉而出的時候，政府的集中營裡甚至還拘留著無數政治犯，而特務依舊在追補著準備候補的政治犯。

一月時，馬歇爾居然在軍事和政治的協議中，成功拉攏雙方。政治方面，由於馬歇爾的敦促，他們召開政治協商會議，參與會議的包括：國民黨、共產黨、民主同盟的代表，以及無黨無派的人士。最後共同協議取消國民黨的一黨專政，建立各黨各派的臨時聯合政府，以為戰後穩定政府的誕生作準備。在軍事方面，國共同意全國各地都全面停戰，並按五比一的比例整編中共軍為國軍。

但還沒有等到執行結果如何，國民黨就在三月召開二中全會，其中反動派構成的多數壓制了少數願意接受政協決議的溫和分子。二中全會堅持將來中國的新總統——想必就是蔣介石——將擁有近乎專制暴君的權力，否定行政院向立法院負責的原則，削減了共黨及其他小黨派將來參加政府的人數比例，並且再次用上那個委婉的名詞「代理」。他們固守著陳腐的說法，宣稱只有國民黨單獨有權決定新中國的命運。

中共準備好對撕毀政協的那一方予以迅速的反擊。抗戰結束後不久，他們就已深入東北。現在，他們全面攻擊東北鐵路線，以此對付撕毀政協決議的國民黨，他們包圍東北首府長春，占領自長春以北直達邊境全部鐵路線，是這一系列行動的高潮。

馬歇爾在初步停戰的「勝利」聲中飛回美國。當他在四月下旬重回中國時，卻發現一切翻盤、面目全非，他的成就付之一炬，國民黨的威信已因中共在東北的勝利而飽受打擊；蔣介石卻死硬地表示，在重新談判前，他必須先以武力重建權威，或者以中共的自動就範來奠定權威。然而比以往更有自信的中共，現在已清楚地看出，美國與國民黨之間有著緊密積極的同盟關係。僅管馬歇爾本人顯得很純潔，美國的軍艦還是繼續運兵北上到東北戰場。每一個太平洋上的船隻都載著美國的專家和技術人才，加強國民黨的執政。美國的救濟物資，在政府的不當利用之下，於沿海各地製造出大批富豪，而共產黨區內的農民卻在繼續挨餓。

馬歇爾再次發揮他的個人威望，讓共軍退出長春，國民黨不經流血就重占了東北首府。蔣介石立刻飛到北方檢閱他的勝利軍，國民黨的報紙隨即發佈熱烈的凱歌，高唱著他們深信一定會接著出現的全面掃蕩。國民黨繼續向松花江及哈爾濱逼進，待帶滿足自己的權威及虛榮後，蔣介石回來了，且同意再來一次停戰，和談也隨之恢復。於是，北方的軍隊等待著首都的決定，一面為將來可能分派給他們新任務養精蓄銳。

第二次的停戰和第一次不同。第一次的停戰帶著微弱的希望，願意相信戰爭前途的可怕不堪。第二次的停戰，則連這一絲微弱的希望也幻滅，它產生於一種日趨高漲的恐怖氛圍中。如同希臘悲劇，每位參與者正急速走向他命定的、不可避免的毀滅。

國民黨似乎已做出最後的決定：中國人民只剩兩條路可選，除了「中共統治」，就只能接受恐怖統治，別無他途可循。整個夏季，在政府的獨裁機構權力所及的地方，自由份子與民主人士不是被殺害就是被逮捕，或是被恐嚇不准作聲。被暗殺的不是共產黨，而是隨心所欲、直言無諱地表達自己思想的民主同盟人士。在昆明，教授們只能在美國領事館的屋簷下尋求庇護。在蔣氏巡視東北的時候，北平有七十七間報紙和期刊被迫停刊；在廣州有兩家報紙被搗毀；在北平軍隊在大街上架設著機槍陣地，以應付任何事變；在上海，警察登記所有知識份子和「有思想的人物」。在整個華中，國民黨在勝利前後所作的諾言，全被棄如敝屣。在華北，不可避免而且意料中的事件終於發生，幾個月來目睹美國海軍陸戰隊與國民黨軍聯防守衛鐵路線的中共游擊隊，已經忍無可忍了，一隊游擊隊開始朝來往於平津公路上的美國海軍襲擊，於是美國人與共軍相互廝殺[16]。國民黨以低聲歡呼的心態面對這個事件，因為這下終於挑起共、美之間的仇恨了。共方馬上釋放宣言譴責美國，也不管其他證據證明事實並非如此，他們仍宣稱自己之所以會進襲美軍，僅是因為美軍在輸送國民黨軍隊。

孟夏之時，辛苦經營的停戰機構，以及馬歇爾企圖建立的美國的中立地位，都迅速地在崩塌。馬歇爾拉來司徒雷登（Dr. J. Leighton Stuart）——一名睿智、莊嚴的教會人士——出任大使，做他的臂助。兩人在幾星期內對外發表一個聯合聲明，承認他們外交上的失敗，並且表示要達成一個為雙方皆能接受的和平解決，已是癡心妄想、不可能了。聲明發表後，緊接而來的是蔣介石主席的勝利週年文告。自從史迪威事件將中國問

16　一九四六年七月二十九日，晉察冀解放區香河縣西南安平鎮附近解放軍防地，受到美軍突然襲擊，解放軍被迫自衛。冀東軍區司令部向北平執行部要求調查安平衝突經過，並嚴重抗議美方武裝干涉中國內政——譯者。

題帶至決定關頭以來，差不多兩個年頭過去了。然而，蔣介石這份圓滑的文告卻充分表露出他的思想和理解完全沒有為過去的發展而有所更動。他依然堅持只有共產黨先將軍隊交給政府，或者向政府投降，才能獲得和平。而這個政府，將交由那些十年前國民黨縝密挑選出來的國民大會作最後的決定。

炎熱潮濕的夏天即將過去，在黃河盆地一帶，國共雙方的軍隊彼此進行著小規模的戰爭。中共占有大部分北方的土地，他們的軍隊包圍著政府控制下僅存的幾條鐵路線。政府則控制著長江流域，並延續不斷地向他們支配的華北鐵路線輸送更多的物資、軍隊，以及美國裝備。和談步履蹣跚地向那日趨遙遠的海市蜃樓——政治和解——前進。每一個人都企盼著某種奇蹟出現，以阻止最後總攻擊的開始，一旦最後一擊開始，一切便無法挽回了。

Chapter 20

中國與它的未來

China and the Future

盼望中國能在我們這一代獲得穩定，是不成熟的幼稚想法。中國要不是有所改變，要不滅亡。

在我們這一世代，中國必須將五億人民，從中古世紀轉送到原子彈世紀。由於理性的發展速度遠超越感性，造成的危險失調，差點讓西方社會毀滅。而中國面臨的困難更是艱鉅，除了滿山滿谷的現代問題以外，中國人還要解決屬於昨日的古老問題，要建造鐵道和工業、提倡普及教育、培養科學頭腦，擁有的時間又不多。中國的根本問題，在於國內兩大黨是否能在一個提倡變革的綱領上達成一致，這一綱領同時也要能迎合中國廣大人民群眾的需求。如果真的如此，變革將和平地到來，反之，軍隊便將縱橫國土、壓榨百姓，為世界各國帶來各種災難。

未來給中國的試煉，比其他任何國家艱難。美國太平洋的對岸，緯度二十度至五十度間，一個遙遠國度上，居住著世界上最大一群承載著集體歷史的人們。這群人的數量之多，沒有人知道究竟有多少。根據中國人口估計，有的估計四億人或是五億五千萬人，光是數量相差值就要比美國人口總數多。這一大群人需要大規模的動員，他們必須得到公平、必須學會建設和創造、必須受教育、必須在短短的時間內，吸收西方世界奮鬥將近五個世紀才達成的所有變革。

中國各方人士都同意動員的需要。中國在歷史上的不團結紀錄，以及未來可能面臨更淒慘的內戰，這些事不斷地被再三強調，即使在中國內部也習以為常了。可是未來對中國的要求很高，一旦建設進行，所有人的才智和精力都得經過充實的利用，以至於再也沒有剩餘的精力來實行政治暴力。不管由國民黨還是共產黨執掌中國的命運，不論是兩黨聯手當家，抑或兩黨皆非執政者，中國照樣得在同樣的山谷裡建造同樣的鐵路、開發礦山，疏浚同樣的河流、建築同樣的煉鋼廠。未來的光明與戰爭的恐怖，這兩者的對照是鞭策中國政治團結的最大動力。

中國的復興，處在計畫階段四十年了。第一次的西化提案大約五十年前由一群改革家呈交一位少年皇帝。他起草聖旨，想實行自上而下的西化改革。他的諭旨讓北京宮廷大為詫異，官廷發自內心地認為他發瘋了，於是慈禧太后上演一次官廷政變，將他關起來，一路關到他死去，他的計劃就這樣被人遺忘。慈禧太后掌管了中國，暴戾地將中國摧毀，使整個大清帝國崩潰。

接著，第二個為中國的前途提出計畫的是孫中山。一九二一年，他出版一本《國際開發中國》，這本書公開呼籲英美資本投資，促進中國的工業化。對國民黨來說，此書至今仍是國家的最高計劃。有一群中國工程師，在戰時曾企圖將孫氏的工業遠景變成具體的計劃，蔣介石供應研究費用，並且將研究結果放進《中國之命運》一書裡。若經過技術專家的審查，或是有更充分的知識後，蔣氏的數據一定會需要做些修改，但作為將來的指標，仍是有趣、值得參考。一直以來，中國的各種計劃在起始階段便會面臨一個基本阻礙，因為中國的基礎材料實在是少得可憐。中國的土地僅有三分之一透過地質學的方法來測量，也就是說，中國偏遠地區富含的寶藏，可能比目前所知的還要豐富。對中國學者們來說，自己國家的人民是一團迷霧，因為他們缺乏足夠統計數字來分析人民的日常生活。因此蔣介石的各種計劃，是建立在這些零碎的中國資源數據上。

眾所皆知中國的煤藏之豐，可以確保自身的富足。中國的煤礦貯量和美國或西歐一樣多，估計地下有二千四百億噸煤礦，尚未發現的還不包括在內。近期人們認為中國的鐵礦不多，樂觀估計地下藏量約十六億噸；但在戰時，日本宣稱在朝鮮附近的中國地區又發現了十二億噸，若日本人的說法屬實，代表中國已知的鐵礦含量將近多了一倍。鐵和煤是最重要的礦物，在中國還有一種藍色的礦物，它在現代冶金工業中別具重要性。中國有目前世界所知最多的鎢礦和銻礦藏量，這兩樣東西若與鋼混合將極具價值。中國的鎂藏量也是世上最豐富，而鍊鋁需要的鐵礬土中國也不少。就目前所知，中國缺乏銅、鉛、鋅，也缺乏石油。在戰時，新疆省的喀什噶爾至長城終點的玉門關一帶，卻發現油田，長達一千五百英里。這些油田若加以開發，大概有加勒比海或波斯灣油田那麼大，但這也許是另一場空泛的希望，沒人知道。

或許中國最好的寶藏，是擁有多處可以建設水力發電的天然地形。中國西部背靠著西藏的高牆，西藏山上終年積雪，河流湍急地從山和高原上傾瀉下而下，雖然多少摧殘了中國的土地，另一方面卻也使它肥沃。在任何地方，只要有自高原衝下的急流，幾乎都能裝上水閘加以控制，供應無窮無盡的動力。中國能夠建設水力發電的地方，與中國資源分佈的狀況相符。這些地方多半落在華西——最需要動力之處，因為這些地方和有煤礦或其他礦物的產區相隔甚遠。要開發水力就需要投資龐大的耗費和材料，但最終的結果將極具革命性。中國內地的偉大省分四川，戰時每年有二萬五千瓦的電力，整個中國共有六萬千瓦，若等到正在擬議中的長江三峽電廠發動，每年就會有一千萬千瓦。

中國資源首先要投進交通發展。中國若想起死回生，最先、最首要的關鍵就是運輸。在中國想復活起來並過上現代化生活以前，山嶺必須先打穿，河流必須加以控制，並設置橋樑。中國有數百萬個鄉村，每個鄉村都被悽慘地釘在沒有公路的地圖上，除了少數幾條公路和鐵路，中國到處一片叢莽。像船上跳板一樣狹窄的小路，依然在數百萬平方英里的大地上，為千百萬人民服務。一塊地區有數千人餓死，而隔一條山脈的另一塊地區卻糧食過剩。只要公路不進入農村，那些鄉村的農民將永遠留在昨日。

《中國之命運》制定了幾個開發中國資源和交通的十年計劃。按照該書所述，中國在第一個十年，需要有二萬五千英里的鐵路。戰前只有一萬二千英里，戰爭結束後，能通車的只剩五六千英里。美國有鐵路二十三萬六千英里，而中國的最終目標是十萬英里。還希望能有一百萬英里的公路，這數字可要比戰前多上十倍。有了公路和鐵路交通，就得建造或進口二萬五千個火車頭、三十五萬輛貨車、三百萬輛公路上用的汽車，也要建立一些工廠，才能夠在十年之內每年製造五十萬輛新汽車。船隻的需求也極為迫切，戰前的中國沿海和內河來往的船隻大約有一百五十萬噸，和平來了之後只剩破舊船隻十萬噸。期望近來至少能回到戰前的數量，最後目標則為一千五百萬噸。

重工業必需和運輸系統同時發展。戰時中國每年所產的鋼為一萬至五萬噸。美國每年產量九千萬噸，而中國想要在十年內擁有每年至少能生產五百萬噸鋼或鐵的工廠。五百萬噸這個數字只是需求的一部分而已，假如建設進度超越計劃，便需要從外國運入大量鋼鐵。中國鐵礦不多，若由已知礦藏量來判斷未來發展，它可能永遠不會成為美國所謂的大工業區。但各地重要的生產區仍要繼續發展。重工業大概會在滿洲、山西和湖南三個地區發展起來，因為這三個區域內的煤礦、鐵礦及運輸工具分布均勻。此外，中國各地也許能建造一些較小的煉鋼廠，每天從本地市場附近的的煤礦或鐵源區，煉製五十至五百噸的鋼。

中國思想家雖然承認中國缺乏良好的鐵礦，但也指出這一點並不會像二十年前那樣阻礙進步。我們的時代是輕質礦物的時代，鉛、鐵和輕質合金的時代。在輕質礦物方面，中國還有巨大資源尚未開發，而且不用太費工夫，僅需透過電力開發即可。如果宏偉的水力發電廠按照計劃建設，中國的電力也將充沛富足。

中國也在其他工業上設下遠大的目標。包括一個電力廠，一半以水力發電，一半以燃料發電，每年發電二千萬千瓦。每年要造一百萬幢新房子、三十二萬架織布機、一萬五千架羊毛機，以及九萬四千架絲織機。他們預計在戰後的五年內，中國製造精細機件的工廠大約需要九萬套工具。若要現代化生活那樣發達的資訊傳播，他們計畫需要八百萬個電話，及一千二百萬英里長的電話線。不過美國有些專家認為，中國大可以跳過傳統電話發展，直接躍入無線電時代。有了無線電裝備以及各種周波，傳統電話系統所需的電線桿、電線以及其他麻煩設備即能一併免除。中國地形崎嶇、道路惡劣，無線電比電線交通方便許多。

這些目標都只是最低標準。等到這些目標達成，中國才能建立一個真正的現代國家，開始計劃接近東洋標準的工業生產。美國工業目前每二十人擁有一輛汽車，中國在完成這些最低限度的工業化目標之後，九百人之中可有一輛。

新中國的物質建設是浩大的工程，但它的精神建設更大、更具突破性。中國政治機構的遲鈍和輕率，常令旅華的美國人覺得莫名其妙。中國缺乏效率是因為瞭解西方技術的中國人有限，中國真正受過教育的總人數還不及紐約、華盛頓等地受過教育的男女中的一小部分。教育在中國不該是奢侈品，而是必需品，重要性不亞於建設鐵路或創造一支軍隊，甚至比那些還更重要。中國的目標是在戰後的最初十年內，教育出二百五十萬人。其中一百萬人是公共衛生、看護和藥房必需，另外一百萬人是工業必需。土木工程師至少需要十一萬人，機械工程師四萬一千九百人、合格的醫生二十三萬人、建築師二萬五千人、電機工程師一萬二千人。一項事實可判斷出這個任務的浩大：中國目前有的技術人員，還不到這些數字的百分之十。這個國家各大學的學生總人數最多也不過四萬人，要怎麼教育出這麼多專家呢？教師從哪裡來？實驗室和房屋由誰提供？工頭、管理員和技術工人的需求量將因此暴增，這些人又該從哪裡來呢？

要開創大量大學、技術學校和工程學校，在世界上沒個地方都是巨大工程。蘇聯證明了要完成這個任務需要花費一個世代的時間。可是在中國，知識的傳播特別困難，社會的阻礙也使情形更為複雜。想從工場走進繪圖室，從工人階級升到中產階級，都是極難實現的野心。中產階級和工人階級之間的界線殘酷又嚴謹，難以攻破。職員們極度蔑視勞動大眾，他們避忌低廉齷齪的工作，這關乎他們的面子問題。中國技術人員和工程師們，通常是中產階級出生，不論是在國內還是國外受教育，在工廠裡幾乎都不願意穿上工衣和工人一起工作，中國大學畢業生完全沒有美國慢慢晉升的傳統工作概念。這是值得關注的問題，一般大學畢業生開始在工廠中工作時，不願意當衣服滿是油漬的學徒，他們想做的是乾淨體面的差使。戰前中國的工廠，一天工作十四小時又沒有星期日，童工工廠到處都是。大學畢業生不願意成為這種奴隸制度的一部分，這很容易理解。不過，這也使得這項訓練數十萬熟練及半熟練工作人員的任務變得複雜。

假如上述這些遠景的數據或大綱，讓你產生一個思慮周全、組織良好的印象，那麼你錯了。

這些計畫的數字龐大，條理也清楚，可是這些十年計劃，像重慶政府所做過的其他任何事情一樣糊裡糊塗。要把差勁計畫的罪名全加在重慶身上也不是辦法，因為這個政府基本上缺乏計劃的能力。這與他們身處的國際環境有關，這裡有三四個職權衝突的機關，全部都在起草中央計劃，彼此毫無配合又經常發生衝突。戰時的焦點是在戰事本身，但最好的工程師忙於生產和行政，沒有在紙上規劃將來的世界。真實情況就是，由於中國被迫所處的世界大環境，讓中國的計劃者無法成就有效的計劃。

例如，重工業和輕工業計劃者之間的不同意見，這種爭端只有等待和平到來才能夠解決。強調輕工業計劃的人們認為和平已經來到，中國面對著許多迫切的問題——要為城市工人找到工作、要應付筋疲力竭的內地，以及人們對消費品無法滿足的渴望；要生產貨品參加世界貿易，以迅速取得外匯，購買更多的機器。投入輕工業，例如紡織機工業的資本，和投入同樣資本數目的重工業比較起來，所僱的工人數量要多好幾倍。若以人們的快樂為前提，輕工業能夠滿足中國在過去十年來，對日用品的急迫的渴望。

提倡輕工業的人認為中國人是時候該得到一點快樂了，他們對新衣服、藥品、鞋子、無線電、溫暖的氈子和潔白的麵粉的需要，遠超過坦克、飛機或打嗝的煉鋼風爐。強調重工業的計劃者考慮的則是這個世界的好戰本性。他們希望中國在工業上能自給自足，有能力應付未來遠東的任何威脅。他們堅持政府必須有強大的工業基礎，讓復活的日本或其他強國都不敢再向中國挑戰。所以要建設鋼鐵、重工業，以及具戰略性質的鐵路。

工業計劃在的地理上的分佈問題，同樣與和平息息相關。工業應該像以往一樣集中在沿海地帶，還是為了防備侵略而分散在內地呢？工業應該依據北方的礦藏路線，還是應該在華南和華中開發重要性次一等的資源，以遠離不管是真實或是中國想像中的俄國擴張威脅？

討論到私人企業和公共企業的分界線，國民黨和共產黨的說法都很模稜兩可，關於這一點，兩黨的想法大致相同。他們都認為基本工業——礦山、鐵路、鋼——是政府的責任。戰前中國的資本家缺乏組織重要重工業的勇氣、技術、遠見和款項，為了民族的利益，政府必須接管重工業。國共兩黨也一致認為中國經濟的大部分應該留作私人、自由企業的天下。兩黨的出發點不同，但結論相仿。國民黨願意給私人資本的廣大的自由，一部分由於它的根本信念贊成私人企業，一部分也是為獲得工商業家的支持。共產黨願意讓輕工業落入私人自由企業之手，是因為他們不信任國民黨官僚的能力。他們覺得自由工商業家在歷史悠久的利潤動機之中，比誰都能更迅速地創造出農民渴望的東西。西方觀察家大部分都認為政府官僚中，一流的經理人才屈指可數，若企圖將所有工業壓在政府的控制之下，只會拖延工業的發展數十年更久。戰時管理工廠的官僚已經向人民證明自己的貪汙，而且在某鞋情形下非常愚蠢，所以人民根本不敢妄想什麼日用品的豐富的景況。如果人民的食衣供給交給追求利潤的資本家的手裡，而不掌握在追求利祿的官僚們手裡，那麼人民的衣食問題，一定解決得更快。

在所有戰後計畫中，農民這一塊領域都是最薄弱的環節。農民的生活水準如果不提高，中國的工業將沒有真正的國內市場，反而會被連環鎖在世界貿易及戰爭威脅那失控的循環中。農民如果得不到援助，中國的百分之八十將壓根兒完全不變。要提生農民的生活，必需開始在鄉村中改革，解決土地所有權、租佃和貸款的問題，以及引進現代的農業技術和種子。除非改革從鄉村立下基礎，否則再宏偉的工業計劃也沒太大意義。對農民來說，新的工業會像一棵聖誕樹，樹上飾著外國運來的金箔，掛著許多禮物，但這些禮物是給別人的。

在法令條例書上，中國政府擁有幾項世界各地數一數二優良的農業法令。中國學者們寫出成堆的專業論文，解釋農民受苦受難的原因，也提出了改善建議和分析。可是不管法律還是論文都不夠，這裡真正需要的是一份充分認知變革將會到來的信念，而傳統計劃者的腦子裡是澈底缺乏信念的。戰前的中國工業也沒有解決農村問題。工業中的人力來自農民，他們在超出負荷的壓迫下被迫離開自己的農田，走進城市，在惡劣的剝削條件下工作。工業為城市生產貨品，為出口貿易生產價格低廉的精巧用品，可是還給農村的東西很少。工業將價格低廉的棉織品送進內地，更是將農民的問題複雜化。過去許多農民會利用農閑從事手工業，如今機器製造著價格低廉、質地較佳的貨物，競爭不來的小行業於是被吞噬。在許多地方，農民的收入大幅地遞減。

政府至今仍未去嚴肅地考慮如何利用農閑時節過剩的勞動力。擬議中的水力發電廠發展起來的農業電氣化，也許可以供應價格低廉、方便的動力，讓鄉村手工業復興。只要有電力和簡單的機器，農民就能生產品質較好的物品，能與城市商品競爭。戰時建立起來的合作社，能對這項實驗提供有價值的範本；在戰時，政府把這些不集中的工業合作社視為社會慈善事業，而不當作對中國有益的事業。儘管工業和農民的供需配合得再怎樣好，終究不能真正解決農村的問題。基本上，農民們依然是農民，他們的緊迫問題依然與土地息息相關。他們最需要的是公平，在他們的不滿消解之前，在他們有能力開始支持，並享受他們自己交納的稅款所建立的工業之前，他們需要能公平地分享自己種植的穀物。

農村改革這塊礁石最容易造成國民黨和共產黨的分裂。當新觀念開始在農民心中滋長萌芽，千萬個鄉村內將發生同樣的分裂。等農民激動起來要求當地鄉紳放棄鄉間的固有權力時，中國任何地方的變化，將會蔓延到其他各地。

成千上萬的農民一旦發現自己其實可以避免苛酷的租額和利息，他們會抵拒交納，他們會駁回鄉紳和民團的言語，會從此拒絕搖尾乞憐的鞠躬。暴動和地方亂事將必然發生，而兩大黨也就無法置身事外。其中一黨勢必會受農民擁護，推動農民來分擔土地財富的分布不均，另外一黨也就不可避免的會為那些希望維持現狀的集團說話。全中國的古老制度將會搖搖欲墜。

各地會有暴力的爆烈聲，會有痛苦、挫敗、狂怒。因此，早在這個普遍的危機變得顯而易見之前，在未來的美好世界被破壞之前，中國需要這個目前人人都在談論的新聯合政府。

Chapter 21

美國、蘇聯與中國

Tentatively, Then…

在中國成立這樣一個團結又穩定持久的政府，有多少的可能性呢？

團結一詞，在重慶被談了許多年，早被談到生鏽，談到毫無意義了。我們多希望有一個詞句製造廠，當一個名詞像銅錢的邊沿一樣因老舊而磨損，當上頭的字模糊不清、不易分辨時，能像造幣廠一樣直接兌換一個輪廓分明的新印幣。「團結」就是一個這樣的名詞。團結的意義，簡單說就是：在一面國旗之下，保衛自阿穆爾河起至安南，自帕米爾高原至黃海之間的國土，建立一個屬於中國人的國度；管理它的政府，則是一個國民黨、共產黨和其他集團能夠自由言論，也能共同參加制定政策的政府。

形成這樣的政府，是我們今日世界最艱險工作之一。成功或失敗，完全要看兩套相互影響的敵對關係的未來走向：一個是中國內部，另一個是今日國際上美蘇兩大國之間的關係。

中國內部的敵對關係，一般人總是視為兩爭權政黨——國民黨和共產黨——間的簡單衝突。但中國政治最基礎，也最真實的形容其實是：中國人民正在企求一個能帶來變革的政府。革命在國內每一省、每一縣、每一村落裡激盪著，直接而嚴厲地提出要求，撼動著每一個人的個人生活。革命在饑饉的難民群中，在每一兵團的宿營地中，在每一個跨越荒山涼田、直衝進災難的士兵的記憶中，展開它的工作。

在歷史向中國提出的要求中，一大集團勢必得喪失它的特權，為了另一個更龐大的集團能有所得。幾世紀以來，中國農民是那些控制著土地和政府的人們的農奴，這些農民已經被消耗到了絕望的境地。幾世紀以來，統治著中國社會的那些殘酷的君子雅士們享有一切道德、法律和權力的依憑。在擁有田產和身無分文的人之間，以及在腦滿腸肥和忍飢受餓的人間的鬥爭，也像中國歷史一樣古老。但現在由於新的技術、新的學說、新的需要出現，鄉紳的控制權首度遭受了威脅。

今天的中國，站在歷史危機的關口，這個危機尖銳、輪廓鮮明。第一個危機是：統治著國民黨的那些頭腦還裝著封建概念的人士，企圖將他們自古以來握有的特權移植到明日的新世界去，就像日本人在一世紀以前做過的一樣。因為國民黨盲目地抗拒變革，引起的第二種危機是：他們的政敵中共，可以熟練地將人民對不公正制度的多年不滿聚集起來，使農民願意放棄自身，只為制裁那些古老的不公不義。

在中國歷史上，鬥爭首度被用政治專有名詞記錄下來。那些邪惡至極的軍閥們，已停止擾亂中國的政治局面，被排擠到遼遠的亞洲內部疆隅裡，在那裡，幾十年間，他們將慢慢凋謝殆盡。中國政治將由三個壁壘分明的政治集團雕塑——右派的國民黨、中間人士和共產黨。

中國和平的最大威脅來自國民黨右派組成的統治機構。這一機構由國民黨軍事領袖、封建地主，和在戰爭中竄起的官僚們組合而成。這個集團曾經從陳舊的制度中汲取最大的利益；但是為了維持和平，這些人必須作出最大犧牲。他們控制著國民黨和他們所謂的「合法」政府，也是美國唯一承認的政府，如果蔣介石有個三長兩短，他們將提出他的後繼人。

國民黨的右派集團掌控著法律。通用於中國鄉村地方的法規，是他們的祖先寫下來的，一切的是非爭執也由他們任命的人來裁決判斷。就某種意義而言，這些人是值得憐惜的，因為他們死守著中國文化、哲學和傳統的輝煌遺跡，然而他們不知道要怎麼把這些遺跡編插到現代世界中。在他們的監護下，中國的政治思想喪失了豐富性，變得死氣沉沉、索然無味。他們的戰爭成果，是一連串的敗北；他們不能提供社會動力，不能將人們團結起來做奮鬥，因為他們把人不當人，只是奴顏婢膝的農民。農民的智慧，被國民黨貶值為商場上的小聰明，他們的堅強，被淪降為匹夫的冥頑不顧。

他們最大的罪惡還不在於貪污，或在小事情上的暴虐、狡詐，而在於他們完全無能統治和領導。國民黨在戰勝日本後重返沿海一帶，這個舊統治集團得到一個洗滌自己的最後機會。國民黨軍隊和政府的前進單位在上海和廣州曾受到旌旗飛揚，市民結隊的歡迎。在六個月間，他們不但被那些吃不飽又無權無勢的平民大眾壓垮，而且自絕於堅實的工商業集團，這一集團在十年前原曾是他們的力量貯蓄池。

一個統治集團即將沒落的最後表現，便是搶掠、高壓，和治國無方，這似乎是一條普世公理。國民黨回到沿海一幫，恰恰證實了這一條公理。在通貨高度膨脹、道德被破壞殆盡的風氣下，重慶這幫貪財無厭的官員們又回來洗劫被解放的城市和省份。一向為中國政治道德容許的中飽和賄賂，猖獗到了漫無邊際的境界。上海的人們難堪的看著他們展開雙臂迎回來的政府出售執照、出售特權和腐爛發霉國外的剩餘物資，眼睜睜的看著他們囤積物資以賺取暴利的事實。他們眼看印刷機滾出一捲捲毫無價值的紙幣，物價卻直攀而上，而官僚們在夜總會裡跳舞，在華貴的旅館裡飲酒。上海的工人團體眼看著國民黨在舞會裡召開他們的第一屆工人團體大會。過去的無賴，在國民黨最具權勢的人的領導下，又拋頭露面了。上海的人民曾見到一九三七年政府的撤退，流著血但帶著光榮，這政府曾被日本人和偽軍漢奸所接替，現在這同樣的政府又回來了，卻將最令人憎恨的漢奸納入懷中。

表面上似乎很難把國民黨機構的奢侈、放縱和蔣介石那嚴峻、清教徒式的素質聯想在一起。但是，蔣介石自己在一九四五年黨大會上批准，讓這一個機構的權力駕御於普通黨員之上。有形的官僚制度在沿岸一帶的暴虐和勒索，是歷代以來在內地農村中裡的暴虐和勒索的縮影。農村的舊有制度，因為經歷了無窮的歲月洗禮，是古老中國美德中的一部分，因此被寬恕、被掩蓋忽視。鄉紳們是支撐國民黨的最大基礎，而蔣介石自己便是鄉紳的首要代表人。他接受了他們的支持，也穿上了他們的道德觀。幾乎是違反本意地，他和城市的夥伴們攜手並進。一個賢明的美國政治家對蔣介石的評語，正適合描述國民黨。他說：「蔣介石企圖用武力、用思想格鬥，但他既不懂得思想，又不知道如何使用武力。」

因此，認為整個中國的和平和戰爭長史中，最偉大的人物是蔣介石，簡直是歷史的謬論。除蔣介石以外，其他任何領導國民黨的右派都不信任，如果需要規勸、約束或強迫他們採取進步措施的話，只有蔣介石才能做到。唯有他能向他的封建侍從們保證，在一個新型國家中他們不會被完全鏟除。只有他可以保證他們過去的權勢能保留一小部分。甚至共產黨人都承認，要得到任何的停戰，與蔣介石合作都是必不可少的。

在國民黨的極右派和中國共產黨的左派之間，還有另外一群人，他們尋求的是中間道路。他們是國民黨中的溫和分子、知識分子和無黨無派的自由主義者、民主同盟的各小集團。國民黨的基層黨員大部分屬於這個集團，中國有思想能力的人民亦是。這一個中間集團——成員有些人與美國建立著深刻的友誼——在內戰中最有可能先被消滅掉。如果真正的和平能持續一代之久，這些人終將成為新政府中的大多數；他們將統治新聞界、文藝界和戲劇界的思想。他們的目標是和平，並為之努力，如果中間派集團的人真能組織得好，他們是能保證和平的。然而他們並非如此，他們沒有軍隊、沒有政治機構沒有在任何社會地位。只有教育和工作發展可以產生足夠的近代社會人物，為他們提供寬闊的社會基礎。他們整個前途，都寄託在停戰和中國建設上面。

站在左翼的則是中國共產黨。共產黨握握有權力，他們不害怕宣威耀武，在過去，他們為權力出擊，將來也許會為了獲得完整權力再次揮刀。共產黨堅持要在華北有一個穩固的基地，保衛自身的安全和生命。沒有人知道他們會不會利用這塊地盤作為他們進一步統治的調兵場，只有當新的政府堅決地朝變革邁進時，才能考驗共產黨宣誓的忠誠。如果新的政府像舊政府一樣頑強地抗拒變革，那注定會發生不安、暴動和流血——而共產黨便將從這個機會中汲取最大利益。

只有長期的停戰才能闡明共產黨真正的宗旨。他們的領袖們曾從窯洞和山穴裡出發，進行二十年的鬥爭；他們和人民的關係太深刻了，使他們不會不知道內戰所帶來的磨難。至今為止，和國民黨相形之下，共產黨顯得光耀四射。國民黨腐化時，它保持清廉；當國民黨表現著愚昧時，它則英明；當國民黨壓迫人民，它為人民帶來了救濟。整個抗戰時期，該黨以賢明的領導抗擊敵軍、保護人民，使人民脫離古老的苦難，就這樣，他們得到了威權。訪問中共區的人們，他們彷彿是逃脫了國民黨的壓迫，進入一個光明的地區。現在共產黨要能證明自己，他們不再只能滿足於和國民黨相較，而是以成就，以歷經的考驗，證明他們比國民黨更民主。他們要證明，他們的民主到底是手段還是目的。

以美國的標準來評量中國共產黨是不恰當的。在過去二十年的混亂和紛擾中，他們比世界上任何其他的共產黨，都更直接地和人民相處。現在他們覺得自己無限地壯大了，因為他們跨在革命的洪潮大浪上。他們無情、冷酷而果斷，不加遲疑的苛求。上百萬的農民願意為他們做出最大程度的犧牲，幾乎是願意犧牲自己的性命。他們的政治手腕硬派，抹煞並拋棄了許多的協議。他們不太能容忍任何批評，認為真正進入戰場打實戰的是他們。

中國共產黨的政策裡只有一點無庸置疑：他們的利益和那些窮困痛苦的農民們的利益，是結合在一起的，而且也從群眾那得到廣大支持。他們——只有他們，曾經真正地給予農民渴望已久、最基本的公平待遇。農民現在想要和平與想要食糧的程度相當，而共產黨也盼望和平。他們寧可在某段時間內終止自己強烈不滿的聲音，參與一個和國民黨攜手的統一政府，直到中國治好自身的創傷為止。這項提議以國民黨承認他們目前的基地為前提；如果國民黨企圖把他們趕走，他們便將動武。共產黨的政策在五年或十年之後又將如何，無人能預卜。如果國民黨和中間集團利用停戰期間，向人民奉獻共產黨所奉獻的東西，停戰或許就能往多黨政府的方向走，而各黨都會受到一定程度的約束。如果停戰被國民黨糟蹋，而當共產黨準備妥當要再次出擊的時候，除了美國繼續不斷、毫無限制的援助外，世界上沒有任何東西可以救回國民黨的性命。

在這樣的局勢中，最合理的解決方案，恐怕是中國中間集團提出的：一個嚴格劃分地方和中央權力的聯盟。按照他們提議，國軍必須裁減，直到它不能在同一時期內實質地統治著整個中國的領土。每一省份應對自身內部的安全負責。每一省份，對教育、地方司法、土地稅則、刑法司法等等，也得保有相當多的自由，如同美國之所以能成為聯邦那樣。這樣的局勢，當然，會為中國帶來不平衡的發展，有些省份會進展得快些，其他的會遠落在後面。但中國太大、交通太差、技術又太原始，因此不能達成國民黨理論家過去追求的澈底集中。

這樣的聯盟要能維繫在一起，必須發揮與美國政府同等的作用——穩固國防、反抗外來侵略、制定外交政策、帶動全國經濟生活。只有在各集團和各黨派都參與的情形下，聯邦政府才能存在，且需保證每一省內少數集團的權力受到尊重，所有的黨派都有組織和活動的自由，在共產黨區域國民黨黨員、在國民黨區域共產黨黨員、在各地的人民大眾都有人權自由。

建立這樣的聯邦，是項艱巨的任務。因為每一黨派都蔑視對方。共產黨相信國民黨的強大只是因為有美國靠山；國民黨相信共產黨的強大只是因為有蘇聯在後。如果沒有外來的干涉，兩方其實旗鼓相當。在內戰時，蔣介石靠美國武器和裝備的遺產，占領公路、鐵路和城市，而共產黨靠農民的支持，保持著農村。內戰會曠日持久，代價高昂。

在中國所達成的任何聯盟和任何協議，其基礎必將陷入猜忌和戒懼的泥沙中。每一黨都會料想對方將背叛協議，而在好幾年年內彼此互相窺伺。

這個互不信任的最最佳範例，是一九四六年一月馬歇爾所主持的第一次停戰的瓦解。馬歇爾策劃了對戰爭而言最合適的妥協協定。政治方面，這項協定要求兩黨在一個最高層的新國家機構的會議中合作；軍事方面，他制定一個固定的比例，劃定雙方位置的分配，並給國民政府重新占領東北的權利。

兩黨立刻扭曲這個協議的意義。像在測試它到底經受得起多大的壓力。國民黨首先破壞這停戰，其執行委員會通過決議，劇烈地破壞掉他們和共產黨的協議。國民黨的軍隊，接到重慶的命令，在北方逐步侵占中共。當共產黨對停戰的做出反應時，他們以他們特有的頑強和勢不可當的戰略來處理。他們在停戰成立之前便滲入東北，一旦國民黨在政治方面的破壞被認定，他們便在東北加速攻勢。他們在一場占領東北首府長春而終結的戰役中，占領他們能力所及的許多城市和鐵路。局勢迅速退回馬歇爾來華前的武裝衝突慘況，而當他第二次來華時，馬歇爾發現一切得從頭開始，而且要在更困難的條件下進行他的工作。

如果中國是一個孤立的島國，經過一代的流血之後開始變革的冒險，則團結與合作是可能壓倒不團結和內戰的。中國人是明理的民族，他們想要和平。中國的人民、牲畜、機器和國土皆筋疲力竭到了極點，那裡只有數量微不足道的耕種稻田水牛，牠們要提供飢民的食糧、房屋、衣服和溫暖。成千成萬的士兵退伍還鄉，再也不想回到軍中了，他們渴念寧靜甚於一切。只要別人不干預他，中國人民將以他們自己的方式找到和平。

但是中國處在混亂的中心，在北方有世界上最大的陸上強國，在東方有世界上最大的海洋和空中強國。美蘇的互相戒懼猜忌和傾軋，以最激烈、最危險的方式在中國相擦撞。這種外來的衝突，居中國和平與團結之威脅的大半。

千年以來，中國是東方最大的強國，但樹大招風，使她被擊垮了。歐洲的掠劫國家隨後把她切成零星碎塊，剝奪她的尊嚴。中國是所有人的殖民地，但又不是任何人的責任，列強的角逐，最後到世紀轉換期，才由美國的門戶開放政策而穩定下來，但這也只是代表：中國的門戶開放給任何人，就是沒有開放給中國人。門戶開放政策較與歐洲列強的早期帝國主義相比，是一大進步，舊的列強會把這肥鵝宰割，切成易於消化的碎塊，但美國堅持保持鵝的完整，好讓大家能一起分享牠的金蛋，若從鵝的觀點來看，這比切肢剖腹略勝一籌，但仍然很難讓人滿意。

第一次世界大戰以及中國革命改變了遠東的整個局勢，沙俄這個最野蠻的列強倒台，德國也是，英國被削弱了，革命波動了中國。美國企圖以一系列會議和諒解來重建門戶開放政策，但這一政策不再奏效。日本在躍進中，日本相信中國的力量已被架空，而日本人是受了神的意旨來填充它的。從一九三一年到一九四五年，日本意圖在東方發揮統治作用。

在今天，一個嶄新的公式出現了，就歷史的一切目的而言，今天在東方活動的兩個最大的強國是美國和蘇聯。兩邊都承認由於日本瓦解而空餘出來的空洞應由一個強大的中國政府來填充，但他們兩方都堅決要這一新政府要對自己友好。如果美國和蘇聯成為中國兩大黨的保護人，視兩黨為取得新中國友誼的唯一保證，對於中國，這將是徹頭徹尾的悲劇。在某種意義上，中國人民為團結和立國所進行的這場戰爭就完全白費了。對我們美國來說，災害也一樣沒有比較少，因為按照定義，我們便是沒落和腐化一方的保護人，而蘇聯則是頑強、有力一方的保護人。

此時是歷史性的一刻，是機會蓄勢待發的瞬間。中日戰事孕育出許多這樣的機會瞬間，一次又一次的——在一九三八年、一九四四年、一九四五年，都曾有這種幸運的時刻來臨，那時中國兩黨是可能取得國內和平的。遭受敵人的迫害，或在人民的壓力之下，兩黨曾屢次被迫暫時合作。但是，每次機會都被拋置一旁，每次，內戰越來越確切地出現在國家的前途上。

在戰爭過程中，最有希望的一次難得機會，緊接著戰勝日本後而來。在歡騰和希望的瞬間，人民響亮如雷的呼聲，他們要求讓和平成為勝利的果實，人民給予兩黨的壓力空前的有力。但這歷史性的一刻被糟蹋了，而責任該由中國的黨派本身和美國政策分擔。

美國人應該要知道，中國政治裡少數的一件事實是：在數百萬中國人民眼中，內戰是美國製造的。我們是內戰戰略的工程師——我們把政府軍隊飛運到共產黨的區城裡去，我們運輸並接濟國民黨的軍隊，使他們開進了共產黨的黃河盆地以及滿洲的無人區。我們頒佈命令給日本的駐軍，才讓北方的鐵路成為內戰的角逐品。我們的海軍陸戰隊開到了華北並停留在那裡來支持蔣介石的政權。雖然後續有一個接著一個的虛構故事，以高貴的說詞，解釋他們留在華北的原因，他們日以繼月地留在那裡，是為了「遣送日人離華」。但如果與中國游擊部隊簽訂合乎常識的政治協定，只需一點時間就可以把日本人疏散走了。當日人開始遣散時，虛構的說法開始四起，海軍陸戰隊繼續留在那裡，竟說是為了對抗在滿洲的蘇聯軍隊。當蘇聯撤出滿洲時，那個虛擬故事也瘋狂四溢，於是又宣佈，陸戰隊無限期地留在那裡，只是為了「看守」通往海岸的煤的給養線。這些說法只能騙騙美國人。在中國，大家卻很清楚，美國陸戰隊的主要責任是保全、防護和捍衛蔣介石在華北區域的政權，因為在那裡蔣介石曾遭受過攻擊。中國的兩黨也很清楚，國民黨知道他的新式軍隊，沿海城市以及平津區域，都是美國的饋贈品，若要保住這些，就得讓中共和蘇聯結盟，讓美國也感受一下他們的恐懼。共產黨也知道，若不是有美國的干涉和介入，整個華北和滿洲可能老早是他們的了，他們的憤慨也因此逐月增長。中共的宣傳便又開始毫無保留地斥責美國及其作為。

有整整一年，蘇聯和美國政策的基本動力是戒懼和猜疑的混合物。二者都企圖在中國身上，一如他們在歐洲身上，建立一座屏藩來保衛自己以及保衛他們認為是自己利益的東西。以戒懼作為國際外交的動機，比貪婪更加危險。像蘇聯和美國這種龐大有力的國家的彼此戒懼，更是對中國的主權大加嘲弄。在赫爾利大使之下，我們遵循了一種政策，這種政策使我們一錯再錯，最後終於影響到了中國的內戰。在我們把自己牽扯進去之後，才派馬歇爾將軍來華，指派他去恢復美國的清白。由於對美國戒懼，蘇聯從那個從根本有問題的《中蘇條約》起便一再失策，以致最後搶劫了滿州。在滿洲，兩大強國的錯誤政策所造成的結果，是中國成千人民的流血與死亡。

美國在中國的利益很簡單。與我們在其他各國的利益一樣：和平。若要和平，美國必須將和平與穩定區分開，因為我們向來在亞洲和東歐疆界上所追求的只是穩定，設法盡外交之能事來恢復舊有的秩序，不管在哪我們的同盟者都還是那些在舊秩序中獲利最多的人士。我們被法統、合法，以及秩序之類的虛偽名詞陷害。在中國，我們有太長的一段時間都在尋求早已消散的穩定，中國人要的是變革。只要我們反對變革，支持反對變革的人士，我們便是在領導中國人民和世界至一個萬劫不復的境地。

今日的亞洲，把美國視為反動的最後堡壘——美國，口中喊著自由，但最終還是倒回舊秩序那一邊去。甚至對美國最保守的人而言，保守的外交政策都是不實際的，在穩定與變革之間，勝利的必定是變革。美國軍隊裡，「民主」一詞經常像唸咒般被反覆朗誦，雖然有助於推進變革，但最後，鼓吹變革的人士終究得鑽入鄉村，並告訴農民還另有一種制度，這種制度下的主子們會被掃除、土地將重新分配、村中的首腦不再能支配一切，而由農民自己決定自身命運。自由是一個多面向的炫目名詞，農民相信一個能最快解決他生活困擾的制度，才是最好的制度，他將為它投票、為它奮鬥、為它獻身。如果我們企圖阻止著這一波浪潮，就一定會失敗。那時我們盡力在做的，不過是在保持一個短暫，又有點卑鄙的孤立而已。

中國，在政治上是亞洲所有國家中最先進的。亞洲其他地方日後將面臨的一切，今天中國正在血泊中鑄造著。有一世紀的光景，白種人曾看不起亞洲民族，把他們謫貶到二等人的地位。每一個亞洲國家，和他們所有人民，不分貧富，在從古自今的歷史趨勢上，都是要把白種人趕走。

亞洲每一個國家裡，只有另一項鬥爭，與上述這種白種人與從屬國人民的衝突並行不悖：富人和窮人，有田人和無田人的鬥爭。這是一個享有特權的集團之間——他們想把外國人趕跑以取回其優越地位，繼續壓制老百姓——的鬥爭。

今天的中國，差不多已經將自己從外人的桎梏裡解放出來，現在正進入第二階段的鬥爭：內部的鬥爭。它比亞洲其他國家先走一步，印度人、印度尼西亞人、越南人現在還在努力從白種人的手中解放出來。明天，那些國家的農民將要反抗他們本國的主子們，要分享那一份大家合力爭來的新自由。

既然現在中國和亞洲所進行的革命無法抑止，美國外交政策應以三個目標為開端。

一、這個革命如果勝利了，應把美國視為友好國；

二、它應以最少的暴力和流血完成；

三、它的內部應保證少數集團有說話、抗議、依法活動的權利。並允許外界觀察和報導它所做的一切。

這些應該要是我們的目標。但就目前來看，美國的抉擇有限。

我們不能再重複一九四五年時採用的政策。這政策把我們的陸戰隊引導到直接干涉中國的內戰上去——這個政策是無條件地支持蔣介石。雖然毫無疑問地，蔣介石曾是一個有價值的同盟者。若從整體來看，對我們來說中國人民要比一個單獨個人來得重要。人民所要求的，而不是蔣介石個人所要求的，才是重要的東西。

這個政策也許會引發兩種不同的結果。一是中國的分裂：在南方有一國民黨和美國的聯盟，在北方有一個共產黨和蘇聯的聯盟，也就是中國南北都不自由，而摩擦將逐年轉劇，最終引發一場惡戰。這政策的另一可能結果是國民黨的全部勝利，蔣介石靠美國剩餘軍事裝備及美國人員的參謀而取得優勢，他可能會建立起對大部分中國農村、主要城市以及重要交通動脈的統治。一個完全由國民黨獨裁統治的中國——而這個歸根結蒂，都是我們一九四五年追求的——將會是歷史上的一隻龐然怪物。也許在某一時期內，會有興盛的工業，鐵路會修築、工廠會升起，然而農村裡的農民會很悲慘，受到超越以往的壓力，他們的子弟會被拉到軍隊裡去。國內的緊張找不到出路，這個國家將會變成（日本便是如此）整個東方，最後是整個世界的威脅。也像日本一樣，它將掌握近代科學的技巧和技術，而這些技巧將被一些野蠻人士操縱。

還有第二種政策我們可以遵循——孤立主義政策。我們可以聳聳肩，說：「管他媽的」。但是如果我們從中國抽身，我們的恐懼和過去成就會回來侵擾我們的安寧。如果共產黨得到莫斯科的支持，蔣介石主席連苟延殘喘的時間都沒有。如果我們單獨撤退，那麼在十年間中國可能會落到共產黨的控制之下，在屈指可數的數年內，整個亞洲也將如此。如果我們和中國的關係要在一塊新的石板上重新開始，會是一個可憎的遠景。然而，這塊新的石板是不存在的，因為我們那令人無法忍受的外交已經博得中國共產黨人的激憤和敵視。要經過很長時間，才會回到一九四四年的友誼。在敵意平息之前，我們可能會存在幾十年，但得在武裝警戒的前提下討生活。

因此，唯一實際的政策就是：鼓勵中國成立一個多黨政府。它將會是中國所需的變革的媒介，當然也代表說，我們視為朋友的許多國民黨人得被捨棄掉，我們得恢復不偏不倚的中間立場，美國的干涉必須終止、美國的軍隊必須撤退。鼓勵這樣一個多黨政府，首先要有美蘇間的諒解。只要中國的任何一黨還覺得自己能向中國以外某個私人法庭告狀，而這個法庭將對它做出有利的裁判時，中國將永遠寸步難行。

我們必須和蘇聯取得協議，直接談判或是舉行一個會議，還要讓中國的兩大政黨（包括在我們在內）一起談判。首先我們得向蘇聯述說清楚，我們期望看見的中國，是一個蘇聯擁有與美國同樣響亮、自由發言權的中國。兩黨的結合是我們的目標，也會是中國的目標；第二，必須設法讓蘇聯像我們一樣成立一個消極協定。假設我們付出全力努力終止停戰，中國的內戰仍然繼續，則全世界需要一個防疫帶。也就是說，如果內戰繼續，蘇聯和我們必需從中國搬走槍栓、槍膛和槍銃，搬走我們的軍隊以及裝備、財政和技術的援助。

美蘇的諒解只是美國政策的第一步。第二步是有限度地利用美國的經濟力量，扶持壯大和平建立起來的一切。美國的經濟援助只有在一個先決條件下才能發揮效用，那就是援助一個國民黨、共產黨和民主分子都能參加的聯合政府。要持久地停止中國內戰，便要執行中國物資和經濟的建設。中國要在這個新時代裡重建，非有我們的援助不可。我們的資源、工業技術、器材和中國有著二十年的差距，可以使得今天本來要死亡、挨餓的幾百萬人能繼續生活下去。國民黨和共產黨都知道中國強烈地需要美國的援助，而他們都願意大步和緩他們的要求，以保障住這些援助。這樣經濟援助的政策並非慈善事業，如果錢款能買來和平的話，這價錢是划算的。再則，借款給中國符合美國企業生利的傳統方式。一旦江河流域開放，一旦交通疏通，一個渴望獲得新物品的四億到六億人民市場將會出現。這樣的廣闊商品市場，將為我們的工廠帶來巨大利益。

一旦建設開始，美國和蘇聯必須彼此同意在政治上，美蘇都不干涉太多。互相攻訐的鬥爭場面在中國還會繼續幾十年，當改變的政綱接觸到農民，並且改變了他們的處境時，四處會發生此起彼伏的騷動。但這將會是健康的騷動，而且我們必須先有心理準備，不能因為任何一陣偶然興起的喧嘩聲而亂了手腳，以為自由遭到了襲擊。四大皆空的表面寧靜才該令人緊張，兩個政黨的叫囂和互相攻訐不是壞事，若兩邊都能自由表達自己的不滿，反而是進步的指標。

現在還留下最後一個問題：如果我們在撒手政策或積極合作政策上不能取得蘇聯的同意，那我們該怎麼辦？

那麼我們必須以頑強的政策，對抗蘇聯同樣激進的外交政策。我們的政綱必須逃脫過去依循的路線，也必須跳脫我們在東歐和近東採用的那一套。我們不能在民主還不存在的地方喊著民主，不能在世界任何地方保衛一個壓迫人民、封建思想又腐朽的制度，還勸告其人民說這樣做是在保衛他們的民主權力。沒有農民——不論中國、伊朗還是印度——會相信使他淪為奴隸並忍飢受餓的舊制度是民主和自由。

我們必須成為革命的贊助人，奉獻當初蘇聯革命允諾給他們的東西——麵包和平等。

而且，甚至能提供更多，因為美國自己就是被革命傳統滋育長大的。現在這場革命，不僅允諾世界的平等安全，並且還允諾著自由。我們能奉獻的不僅是未來的麵包和土地，而且現在就能有的麵包，來自我們穀倉裡的麵包。我們尋求的同盟者必須是一個能滿足人民需求的政府。如果我們的同盟者壓抑自己人民的意願，如果對於千百萬人民的貧困視若無睹，我們就不能再協助這位同盟者，也不能為他訂下政策。

革命是我們在亞洲的目標，不僅有利於亞洲，也有利於美國。朝這目標邁進，我們就不會和蘇聯粗魯地衝撞。在爭取新的民族親善時，我們能與它並進或是凌駕它，但我們不能拿政策來威脅它，它也不能威脅我們。若朝這個目標邁進，這個正在亞洲誕生的新世界，必定會是一個互相友好的世界。若企圖去破壞這個新世界的降臨，不僅錯誤而且危險。

若我們真的要這樣做，也許將來有一天，會有一句憂鬱的評語為我們這個時代下出結論：美國的世紀是這樣的一個世紀，他們為了讓和平能夠降臨，讓人們送上了性命。然而，和平並沒有來，或是來得太遲了。

第二十一章　美國、蘇聯與中國

後記

Thunder out of China 原書在一九四六年初版，至今七十餘年，對於二戰後國際秩序重整與中國內戰影響深遠。絕版多年後，本社透過台灣博達著作權代理有限公司的協助，重新取得美國 HarperCollins Publishers 授權出版 Thunder out of China by Theodore H. White and Annalee Jacoby, and New foreword by Harrison E. Salisbury (1980)

本社參考一九四九年由上海羣益出版社 以沛 端納譯《中國暴風雨》版本重新編譯，部分篇章重譯，並新譯新版本所增加之篇章。

1943 年 10 月 宋子文（右）、蔣介石（左），與來訪的英國東南亞戰區統帥蒙巴頓爵士（中）

中國驚雷 Thunder Out Of China：
國民政府二戰時期的災難紀實

作者	Theodore H. White 白修德 & Annalee Jacoby賈安娜
編譯	林奕慈
發行人	林敬彬
主編	楊安瑜
編輯	林奕慈
內頁編排	詹雅卉（帛格有限公司）
封面設計	陳語萱
編輯協力	陳于雯、丁顯維
出版	大旗出版社
發行	大都會文化事業有限公司 11051臺北市信義區基隆路一段432號4樓之9 讀者服務專線：(02) 27235216 讀者服務傳真：(02) 27235220 電子郵件信箱：metro@ms21.hinet.net 網　　址：www.metrobook.com.tw
郵政劃撥	14050529 大都會文化事業有限公司
出版日期	2018年05月初版一刷
定價	480元
ISBN	978-986-95983-5-4
書號	History-96

國家圖書館出版品預行編目（CIP）資料

中國驚雷 Thunder Out of China: 國民政府二戰時期的災難紀實
白修德 (Theodore H. White), 賈安娜 (Annalee Jacoby) 著；
林奕慈編譯. -- 初版. -- 臺北市：大旗出版：大都會文化發行，
2018.05；416 面；17x23 公分
譯自：Thunder out of China
ISBN 978-986-95983-5-4(平裝)

1. 民國史 2. 國民政府 3. 第二次世界大戰
573.515　　107004912

大都會文化

大都會文化　讀者服務卡

書名：中國驚雷Thunder Out Of China :國民政府二戰時期的災難紀實

謝謝您選擇了這本書！期待您的支持與建議，讓我們能有更多聯繫與互動的機會。

A. 您在何時購得本書：______年______月______日

B. 您在何處購得本書：____________書店，位於____________(市、縣)

C. 您從哪裡得知本書的消息：

1.□書店　2.□報章雜誌　3.□電臺活動　4.□網路資訊

5.□書籤宣傳品等　6.□親友介紹　7.□書評　8.□其他

D. 您購買本書的動機：（可複選）

1.□對主題或內容感興趣　2.□工作需要　3.□生活需要

4.□自我進修　5.□內容為流行熱門話題　6.□其他

E. 您最喜歡本書的：（可複選）

1.□內容題材　2.□字體大小　3.□翻譯文筆　4.□封面　5.□編排方式　6.□其他

F. 您認為本書的封面：1.□非常出色　2.□普通　3.□毫不起眼　4.□其他

G. 您認為本書的編排：1.□非常出色　2.□普通　3.□毫不起眼　4.□其他

H. 您通常以哪些方式購書：(可複選)

1.□逛書店　2.□書展　3.□劃撥郵購　4.□團體訂購　5.□網路購書　6.□其他

I. 您希望我們出版哪類書籍：（可複選）

1.□旅遊　2.□流行文化　3.□生活休閒　4.□美容保養　5.□散文小品

6.□科學新知　7.□藝術音樂　8.□致富理財　9.□工商企管　10.□科幻推理

11.□史地類　12.□勵志傳記　13.□電影小說　14.□語言學習（_____語）

15.□幽默諧趣　16.□其他

J. 您對本書(系)的建議：

____

K. 您對本出版社的建議：

____

讀者小檔案

姓名：______________ 性別：□男　□女　生日：____年____月____日

年齡：□20歲以下 □21～30歲 □31～40歲 □41～50歲 □51歲以上

職業：1.□學生 2.□軍公教 3.□大眾傳播 4.□服務業 5.□金融業 6.□製造業

7.□資訊業 8.□自由業 9.□家管 10.□退休 11.□其他

學歷：□國小或以下 □國中 □高中／高職 □大學／大專 □研究所以上

通訊地址：______________________________

電話：（H）______________（O）______________ 傳真：______________

行動電話：______________ E-Mail：______________

◎謝謝您購買本書，歡迎您上大都會文化網站（www.metrobook.com.tw）登錄會員，或至 Facebook（www.facebook.com/metrobook2）為我們按個讚，您將不定期收到最新的圖書訊息與電子報。

北區郵政管理局
登記證北臺字第9125號
免貼郵票

大都會文化事業有限公司
讀者服務部 收
11051臺北市基隆路一段432號4樓之9

寄回這張服務卡〔免貼郵票〕
您可以：
◎不定期收到最新出版訊息
◎參加各項回饋優惠活動

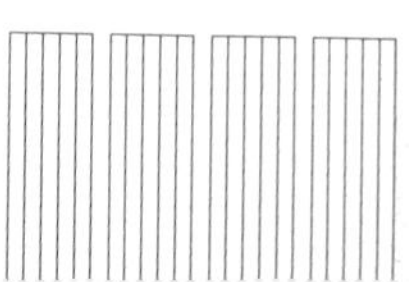